T0123394

Sammlung Metzler
Band 296

Brigitta Coenen-Mennemeier

Nouveau Roman

Verlag J.B. Metzler
Stuttgart · Weimar

Die Deutsche Bibliothek – CIP-Einheitsaufnahme

Coenen-Mennemeier, Brigitta:
Nouveau Roman / Brigitta Coenen-Mennemeier.
– Stuttgart ; Weimar : Metzler, 1996
(Sammlung Metzler ; Bd. 296)
ISBN 978-3-476-10296-6
NE: GT

ISBN 978-3-476-10296-6
ISBN 978-3-476-03992-7 (eBook)
DOI 10.1007/978-3-476-03992-7
ISSN 0558 3667

SM 296

© 1996 Springer-Verlag GmbH Deutschland
Ursprünglich erschienen bei J.B. Metzlersche Verlagsbuchhandlung
und Carl Ernst Poeschel Verlag GmbH in Stuttgart 1996

Vorwort

Der Nouveau Roman ist Erinnerung und lebendige Gegenwart zugleich. Erinnerung, insofern die Blütezeit der Strömung, die beiden Jahrzehnte des lebhaften Pro und Contra (ca. 1955 bis 1975), ohne Zweifel vorüber ist. Lebendige Gegenwart, insofern die Nouveaux Romanciers aktiv am Literaturgeschehen beteiligt sind, regelmäßig weiter publizieren und trotz mancher Wandlungen (über den Nouveau Nouveau Roman zur ›nouvelle autobiographie‹) in den meisten Fällen den wesentlichen Errungenschaften ihrer Anfänge treu geblieben sind. Der Nouveau Roman ist aber vor allem deshalb lebendige Gegenwart, weil die Auswirkungen der narrativen Erneuerungsbewegung nicht nur vom traditionellen Erzählen, sondern auch von anderen Kunstformen (Theater, Film) absorbiert worden sind und dort ihre deutlichen Spuren hinterlassen haben.

Der Nouveau Roman hat viele Gesichter. Insgesamt aber ist er der Versuch, für das gestörte Verhältnis zwischen Mensch und Welt eine radikal neue, wahrhaftige Sichtweise und die ihr angemessenen Erzählformen, insbesondere eine innovative Sprache, zu finden und dem Leser diese als befreienden Bruch mit seinen immer noch durch den Realismus des neunzehnten Jahrhunderts geprägten Lesegewohnheiten zu vermitteln. Aus diesem gemeinsamen Ansatz entstehen zahlreiche Werke von großer stilistischer Eindringlichkeit, die international längst als Klassiker der jüngeren Moderne anerkannt sind. Die Beschäftigung mit diesem Kapitel der Gattungsgeschichte ist daher eine zwingende Notwendigkeit für angehende Literaturwissenschaftler.

Das Erforschen dieses reichen Kontinents ist jedoch weit mehr als nur eine historisch-wissenschaftliche Verpflichtung. Es ist eine abenteuerliche Begegnung mit einer besonders kühnen Sprache und, wie könnte es anders sein, wenn es sich um erzählende Texte handelt, eine erkenntnistheoretisch fruchtbare Konfrontation mit bedeutsamen Inhalten: Die programmatischen Versicherungen der ersten Stunden, in denen manche Neuerer sich voll für eine autonome Sprachwelt engagieren, sollten nicht darüber hinwegtäuschen, daß auch in diesen Romanen, freilich, und das ist gerade ihr Verdienst, mit ungewöhnlichen Mitteln, das Schicksal des Menschen verhandelt wird: seine Sehnsüchte und Ängste, seine Sprache und seine Sprachlosigkeit, seine Phantasmen und Visionen und, immer wie-

V

der, sein Tod. Daß der Nouveau Roman dabei Sinnsuche nicht auf rapide und durchsichtige Weise befriedigt, daß er ohne Larmoyanz den Verlust der Unmittelbarkeit konstatiert, macht seine soziologische und philosophische Ehrlichkeit und darin seine fortdauernde Modernität aus.

Durch seine Verfahren, die er nicht verschleiert, sondern im Gegenteil oft überdeutlich sichtbar macht, kann der Nouveau Roman ein Bewußtsein für klassische Normen und moderne Abweichungen erzählender Gattungen wecken und schärfen. Seine strukturellen Besonderheiten und sein anspruchsvoller Stil machen ihn zu einer wichtigen Schule des Lesens, die zu einem gesunden Mißtrauen gegenüber epigonalem Schreiben erzieht und damit durchaus emanzipatorisch wirken kann.

Und schließlich erzeugt die aufmerksame Beschäftigung mit den Nouveaux Romanciers ein neuartiges ästhetisches Vergnügen und eine besonders intensive Lust am Text.

Inhaltsverzeichnis

1. Entstehungsgeschichte

In der Zeit nach dem Zweiten Weltkrieg wird die literarische Szene in Frankreich zunächst durch den Existentialismus geprägt, dessen Freiheitsphilosophie in Romanen, Erzählungen und Theaterstücken die gesellschaftliche Verantwortung des auf sich allein gestellten Individuums allen pessimistischen Erfahrungen zum Trotz zu stärken sucht und insofern – ungeachtet der atheistischen Absage an ein höheres Prinzip – einen fortdauernden Humanismus verkündet.

Diesem paradoxen Optimismus bereiten die 50er Jahre ein Ende. Auf ganz verschiedene Weise, aber mit gleicher Radikalität und Durchschlagskraft, setzen das Absurde Theater und der Nouveau Roman die Wahlmöglichkeiten des Menschen, sein autonomes Werteschaffen, das Sartre noch gebieterisch gefordert hatte, außer Kraft. Im Theater wird der einzelne zum Spielball sinnloser Willkür, deren unerträglicher Zynismus nur durch die komödiantische Lust an verschiedenen Strategien absurder Komik gemildert wird (Ionesco, Bekkett). Der Nouveau Roman bildet sich etwas später aus und dringt den Gesetzen seiner Gattung entsprechend zunächst weniger spektakulär ins allgemeine Bewußtsein ein. Als Ereignis innerhalb der literarischen Serie ist er jedoch keineswegs unwichtiger als das Absurde Theater, und seine kritische Position gegenüber der philosophischen und ästhetischen Tradition ist womöglich noch radikaler.

Das Gesetz des psychologischen Realismus, unter das sich der große französische Roman gestellt hatte, die fortschreitende Rivalität mit dem soziologischen Dokument, das Handlungen und Verhaltensweisen des Menschen in der mehr oder minder wiedererkennbaren gesellschaftlichen Realität untersucht, wird den Romanciers der 50er und 60er Jahre zum Ärgernis, mit dem sie endgültig aufräumen wollen. Der motiviert handelnde Mensch, Herr über die Welt der Objekte, wird fortan aus der Romanwelt mit verschiedenen Techniken und von unterschiedlichen Ansatzpunkten her ausgetrieben. Für die Richtung, der man den Kampf ansagt, muß stellvertretend einer ihrer größten Vertreter, Balzac, als Gegner herhalten. Auf ihn haben es über alle Unterschiede hinweg jene Schriftsteller abgesehen, die sich für den Entwurf eines ›neuen Romans‹ engagieren. Die energische Absage an kohärente Handlung, kompakte Figurenpsychologie, lineare Zeit und gedeutete Räume ist im übrigen fast die einzige Gemeinsamkeit jener aufmüpfigen Autorengruppe innerhalb der Editions de Minuit, die fortan unter dem (von außen verliehenen) Etikett ›Nouveau Roman‹ der großen ›realistischen‹ Erzähltradition die Stirn bieten und deren Einfluß auf die Entwicklung des modernen europäischen Romans und anderer Kunstformen (Theater, Film) nicht hoch genug veranschlagt werden kann. Im Gegensatz zum Antimodell Balzac wird Flaubert positiv bewertet und von nun an allgemein als Vorläufer der neuen Literatur eingeschätzt, da er weder soziologische Totalität noch überdurchschnittliche Protagonisten zu entwerfen sucht und immer wieder einen asketischen Stilwillen zu seinem ästhetischen Ideal erklärt, womit er dem Material seiner Kunst, der Sprache, den Vorrang gibt vor den erzählten fiktiven Welten.

Treibende Kraft und Gesetzgeber der neuen Bewegung ist ohne Zweifel Alain Robbe-Grillet, dessen Plädoyer *Pour un nouveau roman* das erste Manifest der Gruppe darstellt. Nathalie Sarrautes schon früher erprobte, aber lange unbeachtet gebliebene völlig neuartige Mikropsychologie vorbewußter seelischer Reaktionen auf Existenz und Reden des ›anderen‹ findet jetzt ebenfalls ihr ästhetisches Zuhause und mit *L'ère du soupçon* ihre selbstbewußte Standortbestimmung. Michel Butor, Claude Simon, Robert Pinget und Claude Ollier ergänzen das literarische Gruppenbild mit sehr unterschiedlichen Beiträgen, vom Pikaresken (Pinget) bis zu (kritischen) Proustschen Erinnerungsströmen (Simon) und Pseudo-Agentengeschichten (Ollier). Butors Totalitätsanspruch sucht mit den Neuerungen die Lust an der überlieferten Kultur zu verbinden.

Es gibt aber auch progressive Autoren, die sich keinerlei Gruppenzwängen unterwerfen wollen und daher die angebotene Komplizenschaft ablehnen. Hier ist besonders Marguerite Duras zu nennen, die sich mehr und mehr von ihren traditionelleren Anfängen löst und seit *Le ravissement de Lol V. Stein* (1964) und dem grandiosen *Vice-consul* (1965) eine nicht unpolitische ästhetische Pschoanalyse der (meist femininen) verdrängten ›großen Gefühle‹ in suggestiven Ellipsen zu versprachlichen sucht. Als Erzähler steht auch der Erneuerer der französischen Bühne, Samuel Beckett, den realismuskritischen Tendenzen der Nouveaux Romanciers nahe. Psychologische Kohärenz und vor allem soziale Einbettung sind seinen zur Auflösung tendierenden Figuren in *Molloy* (1951), *Malone meurt* (1951) und *L'Innommable* (1953) fremd.

Neben den Weggefährten sind vor allem die direkten Vorläufer zu nennen. Wenn sich sowohl Robbe-Grillet als auch Sarraute in ihren programmatischen Theorien mit Camus' *Etranger* (1942) auseinandersetzen, so deshalb, weil dieser bereits auf weite Strecken einen Ich-Erzähler ohne ›Seele‹, ohne nachvollziehbare Motive, einen

›Fremden‹ eben, erfindet, um ihn freilich am Schluß, dies eher zum Mißbehagen der Nouveaux Romanciers, wieder in den Netzen psychologisch-philosophischer Kohärenz einzufangen. Bisweilen jedoch gerät auch bei Camus die Welt der Objekte schon stärker in den Blick als der Mensch, der ihnen nur noch gegenübersteht, ohne sie einordnend zu versklaven. Dieses Freisetzen der Dinge, das im Roman schon früher gelegentlich probiert worden war (so zum Beispiel, freilich aus Gründen philosophischer Beweisführung, in Sartres *Nausée*, 1938, und viel eher bei Duhamel im Band *Confession de minuit* des Romanzyklus *Vie et aventures de Salavin*, 1920-1932, sowie bei dem großartigen, auf Becketts Initiative in den 70er Jahren wiederentdeckten Emmanuel Bove), findet sich aber vor allem bereits außerhalb der Gattung Roman vorgezeichnet, nämlich in einer originellen Lyrik, die nicht den Seelenzuständen des lyrischen Ichs, sondern den sinnlich wahrnehmbaren Phänomenen nachspürt und ihnen Stimme verleiht. Hier ist auf die wichtige Wegbereiterrolle von Francis Ponge zu verweisen (vgl. Zeltner-Neukomm, 1968). Sein Sammlungstitel *Le parti pris des choses* (1942) stellt in sich schon ein revolutionäres Programm dar, auch wenn Robbe-Grillet sich mit dem Autor kritisch auseinandersetzt (*Pour un nouveau roman*, 78ff.).

Auf die Uneinheitlichkeit der Suche, die nur zusammengehalten wird durch den Willen zur Freiheit von Zwängen realistischen Epigonentums, verweist Robbe-Grillet noch im letzten Band seiner ›Autobiographie‹: »Le Nouveau Roman serait donc multiple: Sarraute était dans la lignée de Proust comme j'étais dans celle de Kafka, Butor de Joyce, Simon de Faulkner« (*Les derniers jours de Corinthe*, 83). Und schon 1958 überschreibt Roland Barthes einen Aufsatz mit dem Titel »Il n'y a pas d'école Robbe-Grillet« und unterstreicht darin die Unterschiede, ja Gegensätzlichkeiten beispielsweise zwischen Butor und Robbe-Grillet (*Essais critiques*, 1964).

Das erste Ereignis auf dem direkten Weg zur Entstehung des neuen Romantyps ist das Erscheinen des Romans *Les gommes*, den Alain Robbe-Grillet 1953 gleichzeitig im Club français du Livre und in den Editions de Minuit veröffentlicht. Alain Robbe-Grillet, geboren 1922 in Brest, war zunächst Agronom und in dieser Eigenschaft für ein staatliches Forschungsinstitut in Marokko, Französischguinea und auf den Antillen tätig, bevor er sich der Literatur zuwandte. Neben seiner schriftstellerischen Tätigkeit wirkte er lange Jahre als literarischer Direktor in ›seinem‹ Verlag, den Editions de Minuit. Robbe-Grillets Romanerstling spielt mit den Vorgaben sowohl des Kriminalromans als auch des Ödipusmythos, die beide jedoch gleichzeitig außer Kraft gesetzt werden. Mit *Le voyeur* (1955), dessen doppeldeutiger Titel bereits die Bedeutsamkeit des ›regard‹ in den Blick hebt (und die konkurrierende Benennung des ›nouveau roman‹ als ›école du regard‹ motivieren hilft), erringt Robbe-Grillet den Kritikerpreis: Die revolutionäre Erneuerung des Romans hat begonnen. Unter Kritikern, Schriftstellern und aufgeschlossenen, aber auch irritierten, Lesern beginnt ein lebhaftes Pro und Contra, wie es in dieser Intensität in der Geschichte der neueren Literatur seinesgleichen sucht.

Es ist der Wille zur Erneuerung des Romans, der die fast eine Generation ältere und bereits seit längerem literarisch tätige Erzählerin Nathalie Sarraute mit Robbe-Grillet verbindet. 1902 in Rußland geboren, verbringt Nathalie Sarraute nach der Trennung ihrer Eltern Kindheit und Jugend in der Familie ihres Vaters in Frankreich. Im Anschluß an das Jurastudium arbeitet sie einige Jahre als Anwältin, beginnt jedoch bereits in den 30er Jahren mit der literarischen Erforschung der Tropismen (vgl. S. 54ff.), die ihr episches und dramatisches Gesamtwerk durchziehen und deren eindrucksvolle Gestaltung ihr neben dem Jüngeren die führende Position in der neuen Bewegung anweist. Robbe-Grillet zitiert in seiner ›Autobiographie‹ Sarrautes Bemerkung, mit der sie die Gemeinsamkeit der Nouveaux Romanciers in ihren Attacken auf das Althergebrachte in der Literatur humorvoll zum Ausdruck bringt: »En somme, il s'agirait surtout d'une association de malfaiteurs« (*Les derniers jours de Corinthe*, S. 84). Vor der Eingemeindung durch den Nouveau Roman wird Sarraute interessanterweise lanciert durch den Existentialismus: Sartres Vorwort zum *Portrait d'un inconnu* (1948) verhilft der unabhängigen Autorin erst eigentlich zum Durchbruch. In den obskuren Ängsten und Obsessionen des psychischen Magmas sieht Sartre den Grundstoff der Existenz, der aller Wahlfreiheit, allem Engagement vorausgeht und die Kontingenz des Menschen ausmacht.

Von der pikaresken Parodie einer Sinnsuche (*Graal flibuste*, 1956) stößt Robert Pinget zu den Nouveaux Romanciers und wird bis heute seinem eigenständigen, u.a. an Beckett und Kafka erinnernden, Ansatz in Theater und Roman treu bleiben. Pinget, 1919 in Genf geboren, studierte klassische Philologie und Jura und war wie Nathalie Sarraute einige Jahre als Rechtsanwalt tätig, bevor er sich in den fünfziger Jahren der Literatur zuwandte. Seine Freundschaft mit Samuel Beckett führte gelegentlich zu direkter Zusammenarbeit. Mit Claude Simon, geboren 1913 auf Madagaskar als Sohn eines dort stationierten französischen Offiziers, werden einem Vertreter des Nouveau Roman die höchsten literarischen Ehrungen zuteil (Nobelpreis 1985). Simon arbeitete zunächst als Maler in Paris, dies eine Dimension seiner Biographie, die auch die Bildwelt seiner Romane prägt. In seinem reichen und vielgestaltigen literarischen Werk, in dem die schmerzlichen persönlichen Erfahrungen des Zweiten Weltkriegs eine Konstante bilden, lassen sich mehr an Handlungs- und Figurenspuren erkennen als etwa bei Robbe-Grillet. Was Simon jedoch mit der neuen Strömung verbindet, ist die kritische Haltung gegenüber einer sinnstiftenden Tradition: Zwar enthalten seine Romane zahlreiche literarische und kunsthistorische Anspielungen, zwar setzen sie sich besonders gern mit Proust auseinander, doch hält Simon gerade Prousts Anspruch, die seelische Realität durch das Sprachkunstwerk dem reißenden Strom der Zeit zu entreißen, nicht mehr für einlösbar; die Dominanz zersetzender Kriegsmetaphorik ist dafür ein deutliches Indiz.

Im Gegensatz zu dieser Haltung vermag Michel Butor, den die Relevanz der Zeitthematik mit Simon verbindet, der gesamten kulturellen Tradition des Abendlandes doch noch sehr viel mehr Sinngebung abzugewinnen, auch wenn seine Romane kritische und affirmative Elemente in fast widersprüchlicher Unauflöslichkeit miteinander verbinden. Butor wurde 1926 in Nordfrankreich geboren. Nach dem Studium der Philosophie in Paris führte ihn seine Tätigkeit als Literaturprofessor unter anderem nach England, Ägypten, Griechenland, in die Schweiz und schließlich nach Amerika; diese vielfältigen kulturellen Erfahrungen gehen in sein Werk ein. Auch Claude Ollier (geb. 1922 in Paris), der geheimnisvoll neuartige ›Agentenromane‹ zu einem Zyklus zusammenfaßt, läßt sich immer wieder inspirieren vom exotischen Reiz ferner Länder, in die ihn sein Weg geführt hat. Nach dem Jurastudium übernahm Ollier zunächst Verwaltungsstellen unter anderem in Marokko, das seine literarischen Anfänge prägt, bevor er sich in der Mitte der fünfziger Jahre als freier Schriftsteller in Paris niederließ, wo er sich neben seiner Arbeit als Romancier und Hörspielautor zunächst auch als Filmkritiker betätigte und und auch darin Interessen bewies, die er mit manchen seiner Kollegen teilt. Die Metaphorik des Films spielt daher nicht zufällig eine wichtige Rolle in seinem literarischen Werk.

Für einen kurzen Augenblick scheint auch Claude Mauriac dem Nouveau Roman zuzuneigen. Als Verfasser der programmatisch antitraditionellen Literaturportraits *L'Alittérature contemporaine* (1958) hatte sich dieser prominente Sohn eines größeren Vaters bereits von diesem zu distanzieren, aus seinem Schatten herauszutreten bemüht. Während François Mauriac dem Romancier Robbe-Grillet seine »technique du cageot« zum Vorwurf gemacht hatte (Figaro littéraire, 8 nov. 56), faßt Claude Mauriac unter dem positiv zu verstehenden Begriff »alittérature« nicht nur die großen Ahnen wie Kafka, Bekkett, Michaux zusammen, sondern auch bereits Alain Robbe-Grillet und Nathalie Sarraute. Unter dem Einfluß der mit Sympathie begleiteten neuen Strömung liefert Claude Mauriac auch seinen eigenen fiktionalen Beitrag zu dieser Spielart des Erzählens (*Le Dîner en ville*, 1959). Mauriac zeigt hinter der angepaßten Fassade einer geselligen Veranstaltung die seelischen, unausgesprochenen Vorgänge, die oft in kritischem, kontrastierendem oder gar zersetzendem Verhältnis zu den Abläufen der offiziellen sozialen Ebene stehen. Hier sind zwar gewisse Gemeinsamkeiten mit den neuen narrativen Versuchen zu erkennen (insbesondere mit Butors *Passage de Milan*, 1954, und ansatzweise sogar mit Sarrautes ›sous-conversation‹), doch bleiben sowohl die Figurenpsychologie als auch die Sprache des Werkes insgesamt weitaus traditioneller als die Experimente der Nouveaux Romanciers. Mit seinem Gesamtwerk ist Claude Mauriac zweifellos nicht dem Nouveau Roman zuzuordnen, dessen Vertreter auf die Dauer auch nicht mehr Bezug auf ihn nehmen werden.

Nach den ersten – weitgehend polemischen – Auseinandersetzungen in der Mitte der 50er Jahre, nach wegweisenden Zeitschriftenaufsätzen (besonders in *Esprit* und *Tel Quel*) erscheinen in den 60er Jahren bereits Gesamtüberblicke und Monographien zum neuen Romanschaffen. Einen besonders wichtigen Augenblick in der Geschichte des Nouveau Roman bedeutet schließlich das *Colloque de Cerisy*, das unter der Leitung von Raymond Jean, Jean Ricardou und Françoise van Rossum-Guyon vom 20. bis 30. Juli 1971 stattfindet. Es befaßt sich mit Theorie und Praxis der nun schon nicht mehr ganz neuen Strömung, die auf fast zwei Jahrzehnte ihres Wirkens zurückblicken und ein erstes Fazit ziehen kann. Marguerite Duras verweigert ihre Teilnahme; Robbe-Grillet hält jedoch nichts davon, sie deswegen auszuschließen, und wird ihr weiteres Schaffen immer mit Aufmerksamkeit begleiten. Auch Samuel Beckett leistet der an ihn ergangenen Einladung nicht Folge. Die Vorträge der Kolloquiumsteilnehmer, insbesondere der Nouveaux Romanciers, zu denen jetzt auch Jean Ricardou zählt (geboren 1932 in Cannes), gehören ebenso wie die anschließenden lebhaften Gesprächsbeiträge zur grundlegenden Standortbestimmung des Nouveau Roman, der inzwischen bereits unterwegs ist zu dem, was üblicherweise als Nouveau Nouveau Roman klassifiziert wird, und der ein breites Spektrum neuer narrativer Möglichkeiten zur Diskussion stellen kann.

Dem Problem der Abgrenzung des Nouveau Roman, der anfangs in der kritischen Öffentlichkeit noch andere Autorennamen verzeichnete (neben Beckett und Duras zum Beispiel Jean Cayrol, Jean Lagrolet und Kateb Yacine), läßt sich am besten mit Hinweis auf diese Veranstaltung begegnen, an der freiwillig alle teilnehmen, die sich als zugehörig empfinden, und aus deren Reihen andererseits niemand abgewiesen wird. Insofern sollte man mit Ricardou die Liste der Nouveaux Romanciers aus ihrem hier zutage getretenen Selbstverständnis gewinnen:

»C'est cette auto-détermination unique et récente que nous nous proposons de suivre désormais. Elle met en jeu les écrivains suivants: Michel Butor, Claude Ollier, Robert Pinget, Jean Ricardou, Alain Robbe-Grillet, Nathalie Sarraute, Claude Simon« (Ricardou, 1973, S. 13).

Die von Ricardou benannten Schriftsteller sind auch unserer Übersicht zugrunde zu legen. Das entspricht zudem den Gepflogenheiten des größten Teils der einschlägigen Literatur. Aus Gründen, die an gegebener Stelle noch zu erörtern sind, wird das aufgeführte Siebengestirn im folgenden jedoch nicht in der wertneutralen alphabetischen Reihenfolge behandelt, die Ricardou wählt.

Die Buchwiedergabe des Kolloquiums von Cerisy-la-Salle (Ricardou, van Rossum-Guyon, éds., 1972) präsentiert aber nicht nur die Abgrenzung einer Gruppe aus ihrer eigenen Innenperspektive, sondern beweist ebenso deutlich die Vielgestaltigkeit des Phänomens ›Nouveau Roman‹. Daß diese Bezeichnung sicher keine einheitliche Strömung und schon gar keine literarische ›Schule‹ meinen kann, geht auch aus Robbe-Grillets Worten hervor, der das sehr pauschale Etikett gerade wegen seines weiten Bedeutungsumfangs den von Kritikern vorgeschlagenen Konkurrenzbegriffen ›école du regard‹, ›roman objectif‹, ›école de Minuit‹ (letztere Benennung nach dem Verlag, in dem die Autoren publizieren) vorzieht und dies in »À quoi servent les théories‹, dem Vorwort zur Aufsatzsammlung *Pour un nouveau roman,* so erklärt:

»Si j'emploie volontiers, dans bien des pages, le terme de *Nouveau Roman,* ce n'est pas pour désigner une école, ni même un groupe défini et constitué d'écrivains qui travailleraient dans le même sens; il n'y a là qu'une appellation commode englobant tous ceux qui cherchent de nouvelles formes romanesques, capables d'exprimer (ou de créer) de nouvelles relations entre l'homme et le monde, tous ceux qui sont décidés à inventer le roman, c'est-à-dire à inventer l'homme. Ils savent, ceux-là, que la répétition systématique des formes du passé est non seulement absurde et vaine, mais qu'elle peut même devenir nuisible: en nous fermant les yeux sur notre situation réelle dans le monde présent, elle nous empêche en fin de compte de construire le monde et l'homme de demain«. (9f.)

Diese Begriffsrechtfertigung hat den Vorzug, daß sie gleichzeitig doch Leitlinien für einen innovatorischen Umgang mit der Gattung Roman andeutet: Es geht darum, in der Literatur die Beziehung zwischen Mensch und Welt neu zu definieren, und dies im Bewußtsein, daß ein Schriftsteller in der Mitte des 20. Jahrhunderts schon aus Gründen historischer Redlichkeit nicht mehr die Literatur des 19. Jahrhunderts fortschreiben kann. Weil diese elementare Erkenntnis jedoch offensichtlich nicht selbstverständlich ist, verspüren einige der Nouveaux Romanciers die Notwendigkeit, den von ihnen entworfenen fiktionalen Welten in kritischen Aufsätzen eine theoretische Basis zu geben. In der Zusammenschau bilden die wichtigsten Artikel eine philosophische Ästhetik, deren Grundzüge sich bei aller Diversität der Gegenstände und der Perspektiven herauslösen und zum Verständnis der neuen Romanpraxis heranziehen lassen.

2. Theoretisch-philosophische Grundlagen des Nouveau Roman

Unter den Nouveaux Romanciers der ersten Stunde haben sich insbesondere Alain Robbe-Grillet, Nathalie Sarraute und Michel Butor zu den Aufgaben des Romanschriftstellers geäußert. Während Butor in Romantheorie und Romanpraxis vielfach zwischen Tradition und Moderne vermittelt, wurden die Schriften von Robbe-Grillet und Sarraute zu Recht schon bald als programmatischer Ausdruck des neuen ästhetischen Bewußtseins verstanden. Tatsächlich ist die Lektüre von Robbe-Grillets *Pour un nouveau roman* (1963) und Sarrautes *L'ère du soupçon* (1956) nicht nur weiterhin ungemein spannend und anregend, sie ist auch von grundlegender Relevanz für das Verständnis jenes Romanschaffens, das in den 50er Jahren ins ›Zeitalter des Argwohns‹ eintritt.

2.1 Alain Robbe-Grillet: *Pour un nouveau roman*

Im Artikel »Une voie pour le roman futur« (1956), der die Sammlung *Pour un nouveau roman* eröffnet, kritisiert Robbe-Grillet, daß die eingefahrenen Gleise der französischen Romanliteratur von Madame de La Fayette bis zu Balzac und ihren zahlreichen Epigonen alle beschriebenen Details der fiktionalen Welt mit einer impliziten Interpretation versehen, die den dargestellten menschlichen Leidenschaften untergeordnet ist. Hinzu trete ›neuerdings‹ die Kategorie des Absurden als bequeme Möglichkeit, Elemente, die aus diesem traditionell strukturierten Gesamtbild herausfallen, doch noch auf die Sinnerwartung, wenngleich als Abweichung, zu beziehen. Genau hier knüpft der wichtigste Grundsatz des Nouveau Roman à la Robbe-Grillet an: »Or le monde n'est ni signifiant ni absurde. Il *est*, tout simplement« (21). Diese Erkenntnis begründet für den Schriftsteller des neuen Realismus nicht nur die Vorherrschaft eines auf Deutung verzichtenden registrierenden Blicks, sondern im Gefolge damit auch den Verzicht auf jene anthropomorphisierende oder utilitaristische Metaphorik, wie sie sich besonders gern in den Adjektiven niederschlägt: »Autour de nous, défiant la meute de nos adjectifs animistes ou ménagers, les choses *sont là*. Leur surface est nette et lisse, intacte, sans éclat louche ni transparence« (2l). Dem »mot à caractère viscéral, analogique ou incantatoire« (27) sagt Robbe-Grillet den Kampf an. Statt dessen gehört die literarische Zukunft einer an der Oberfläche, die keine Geheimnisse mehr verdeckt, orientierten Sprache: (...) »l'adjectif optique, descriptif, celui qui se contente de mesurer, de situer, de limiter, de définir, montre probablement le chemin difficile d'un nouvel art romanesque« (27). Die ›signification‹ wird abgelöst durch die ›présence‹. Das gilt nicht nur für die Objekte, die in dieser neuen Sichtweise freilich eine Autonomie erlangen, die ihnen der traditionelle Roman verwehrte, sondern auch für die ›personnages‹. Auch sie sind charakterisiert durch ihre »présence irréfutable« (24), angesichts derer alle denkbaren psychologischen, psychoanalytischen, religiösen oder politischen Kommentare als unangemessen und unehrlich erscheinen. Als Illustration für die Vorherrschaft der Präsenz, des bloßen Vorhandenseins, zieht Robbe-Grillet die verschiedenartig interpretierbaren, zunächst aber einfach nur zu sammelnden Beweisstücke polizeilicher Untersuchungen heran: Der Kriminalroman wird daher nicht zufällig als Folie und gattungstypologischer Prätext seiner eigenen Romane eine wichtige Rolle spielen und in der Entwicklung der gesamten jüngeren Erzählliteratur trotz aller Paradigmenänderungen diese Rolle nicht mehr aufgeben.

1957 veröffentlicht Robbe-Grillet den grundlegenden Aufsatz »Sur quelques notions périmées«, in dem so fundamentale Begriffe wie »personnage« (31 ff.), »histoire« (34 ff.) und »engagement« (39 ff.) einer kritischen Betrachtung unterzogen werden. Die traditionelle Romanfigur mußte mit Eigennamen, Herkunft, Beruf und vor allem einem Charakter ausgestattet sein, der ihre Handlungen und Reaktionen motiviert. Zurecht verweist Robbe-Grillet darauf, daß solche Bestimmungen schon für die große Erzählkunst des frühen 20. Jahrhunderts nicht mehr gültig sind, wie u. a. Kafkas *Schloß*, Célines *Voyage au bout de la nuit*, Sartres *Nausée*, Camus' *Etranger* beweisen. Wer am Romanhelden des 19. Jahrhunderts festhalten wolle, verkenne aber nicht nur die bereits eingetretene Metamorphose der Literatur, sondern auch die Änderung einer Gesellschaft, die den Primat des Individuums längst abgeschafft hat: Es bedürfe einer Literatur, die diesem radikalen Wandel endlich Rechnung trägt.

Wie der Held des Balzac-Romans schuf auch die traditionelle Geschichte mit ihrem chronologischen Ablauf und der finalistischen Einbettung jeder Episode in das Ganze die Illusion eines stabilen, zusammenhängenden, eindeutigen und dechiffrierbaren Universums. Doch schon mit Flaubert beginnt diese Illusion zu bröckeln. Die ruhige Selbstverständlichkeit von Intrige und Anekdote gerät ins Wanken, und mit Proust, Faulkner, Beckett, die Robbe-Grillet als Stationen dieser Entwicklung anführt, verlieren die Handlungsspuren zunehmend weiter an Solidität; eine lineare Chronologie wird durch andere Zeitstrukturen abgelöst; Ereignisse stellen sich gegenseitig in Frage. Für sein eigenes Frühwerk nimmt Robbe- Grillet in Anspruch, daß es hier durchaus Handlungselemente gibt, sogar dramatische, jedoch lassen *Les gommes* (1953) und *Le voyeur* (1955) dem ›discours‹, der Darstellungsweise, den Vortritt: »S'ils ont au début semblé désamorcés à certains lecteurs, n'est-ce pas simplement parce que le mouvement de l'écriture y est plus important que celui des passions et des crimes?« (38). Auch die Kategorie des Engagement, der durch den Existentialismus eine tragende Rolle in der französischen Literatur angewiesen worden war, läßt sich für den Nouveau Roman nicht aufrechterhalten, da sie der Kunst von außen kommende Direktiven aufzwingen würde. In seiner Ablehnung solcher Gesinnungsterrorismen, wie sie u. a. der sozialistische Realismus präsentiert, ist der Romancier Robbe-Grillet unerbittlich (hier trifft er sich übrigens weitgehend mit dem Dramatiker Ionesco):

»(...) l'art ne peut être réduit à l'état de moyen au service d'une cause qui le dépasserait, celle-ci fût-elle la plus juste, la plus exaltante; l'artiste ne met rien au-dessus de son travail, et il s'aperçoit vite qu'il ne peut créer que *pour rien*«. (42)

Die Vereinnahmung der Kunst für die Tagespolitik hält Robbe-Grillet geradezu für gefährlich; beide, Kunst und gesellschaftliche Revolution (deren Notwendigkeit keineswegs bestritten wird), verkennen damit ihren besonderen Status und werden aneinander zum Verräter. Auch die ökonomisch wichtigen und in vielem unersetzlichen Erkenntnisse des Marxismus sind vom Gesichtspunkt der Literatur aus ›arrière-mondes‹, Interpretationszusammenhänge, die gleichsam ein metaphysisches Apriori da konstituieren, wo allein die registrierende ›écriture‹ gefordert ist: »Une explication, quelle qu'elle soit, ne peut être qu'en trop face à la présence des choses« (45). Mit der Formel »présence des choses« werden philosophisch der phänomenologische Ansatz im Sinne Husserls und stilistisch die Beschreibung privilegiert. Das einzig zählende Engagement des Schriftstellers hat der Hervorbringung dieser »présence« und damit den Problemen seiner literarischen Sprache zu gelten; nur auf diesem Wege, nur akzeptiert einzig in seiner Funktion als Künstler, kann er auch der Gesellschaft dienlich sein:

»C'est là, pour lui, la seule chance de demeurer un artiste et, sans doute aussi, par voie de conséquence obscure et lointaine, de servir un jour peut-être à quelque chose – peut-être même à la révolution«. (47)

Der Vorwurf des Formalismus, den manche Kritiker dem Nouveau Roman machen, geht nach Robbe-Grillets Ansicht von einem falschen Literatur- und Engagementverständnis aus: Mit ihren Inhalten, meinen viele immer noch und immer wieder, müsse die Literatur einer außerliterarischen Sache dienen. Diese Trennung von Inhalt und Form – niemand käme auf die Idee, sie etwa bei der Musik vorzunehmen –, geht am Wesen des Sprachkunstwerkes vorbei. Camus' *Etranger* beispielsweise wäre nicht mehr derselbe Roman und wäre überdies bedeutungslos, wenn man sich einfallen ließe, Pronomen (›je‹) und Zeit (›passé composé‹) ändern zu wollen. Das Abstrahieren von der ›écriture‹ eines Werkes führe zur »aliénation de la littérature dans le monde moderne« (52).

Mit Fragen der ›écriture‹ und ihrem philosophischen Hintergrund beschäftigt sich der Artikel »Nature, Humanisme, Tragédie« (1958), in dem Robbe-Grillet vor allem der Metapher den Kampf ansagt, weil sie einen unparteiischen Blick auf die Welt durch anthropozentrische Relationen zudecke und damit eine Haltung verrate, die von ihren Vertretern selbstgerecht als ›Humanismus‹ verkauft werde. Metaphern suggerieren für Robbe-Grillet implizit eine – in Wahrheit nicht existierende – Einheit oder im Gegenteil eine – ebenso wenig zutreffende – Feindschaft zwischen Mensch und Welt. Für die abwegige Suggestion der Feindschaft bietet der *Etranger*, und dies macht Robbe-Grillet dem Roman zum Vorwurf, zahlreiche Beispiele, obwohl doch Camus auch schon gelegentlich einen neutralen Blick auf die Welt zu werfen weiß. Im Gegensatz zur Theorie des Absurden, die nur die Trennung von Mensch und Universum konstatiert, ist ihre Applikation im Roman »une forme d'humanisme tragique« (7l). Robbe-Grillet kann viele Beispiele anführen: Camus spricht von der »respiration des vagues paresseuses«, vom Meer »qui halète«, von den »cymbales du soleil« (71). In der Sequenz, in der Meursault den Araber tötet, ist dieser ärgerlich anthropomorphisierende Ansatz besonders deutlich spürbar: »(...) le soleil implacable est toujours ›le même‹«, der Lichtreflex auf dem Messer des Arabers »»atteint‹« le héros en plein front et ›fouille‹ ses yeux« etc. (71). Das Absurde erweist sich also als tragischer Humanismus; die Welt wird zum Mordkomplizen stilisiert. Selbst in der *Nausée* von Sartre sieht Robbe-Grillet die Dinge um einer philosophischen Beweisführung willen ihrer bloßen Präsenz entkleidet und mit einer »espèce de souffrance moche« (74) ausgestattet. Sogar der ›parti pris des choses‹ bei Francis Ponge findet keine Gnade. Die Dinge werden dort nicht in ihrer sichtbaren Oberflächenstruktur beschrieben, sondern dienen dem Menschen als Material moralisch-philosophischer Unterweisung: »(...) dans cet univers peuplé de choses, celles-ci ne sont plus pour l'homme que des miroirs qui lui renvoient sans fin sa propre image« (77). Robbe-Grillet lehnt sowohl den Blick der vereinnahmenden Sympathie als auch die Idee der tragischen Spaltung ab. Es geht vielmehr darum, »extériorité« und »indépendance« (80) der Objekte durch den beschreibenden Blick zu respektieren.

Daß der Autor dabei ein der Geometrie entlehntes Vokabular besonders gern benutzt (symptomatisch die unverbrämte Wiederaufnahme jenes ›parallélépipède‹, 80, mit dem sich Sartres Roquentin in *La Nausée* als Gegenstandsaussage gerade nicht abfinden konnte), ist gewiß nicht nur seinem unter anderem mit Statistiken und Messungen befaßten beruflichen Werdegang zuzuschreiben. Vielmehr sind derartige streng formbezogene Beschreibungen programmatische Absagen an ein den Dingen innewohnendes Jenseits, wie es ein mit Analogien operierender Stil dem Leser einreden möchte. Robbe-Grillet privilegiert den lediglich konstatierenden, besonders Konturen und Distanzen erfassenden Blick. Schon der Farbsinn, obwohl er auf dessen Einsatz nicht völlig verzichten kann, ist ihm verdächtig, weil er eine ganze Palette von Psychologisierungen mitzuführen pflegt. An einer Handvoll Schriftsteller erkennt Robbe-Grillet in dieser Hinsicht in gewissem Maße verwandte Seelen (Italo Svevo und Raymond Roussel gehören dazu); er nimmt sie auf in seine »anthologie moderne« (85ff.). Die Faszination des irritierenden Raymond Roussel teilt Robbe-Grillet unter anderem mit Jean Ricardou, der sich diesem keiner finalistisch ausgerichteten Weltsicht, keiner Mimesis verpflichteten Schriftsteller ausführlich widmen wird (vgl. aber auch Julia Kristeva, 1969, S. 41, die mit Bezug auf Joyce, Mallarmé, Lautréamont und Roussel von »production irréductible à la représentation« spricht).

Bald nach dem Erscheinen seiner ersten Romane und der sie begleitenden Reflexionen über die Tendenzen der neuen Epik sieht sich Robbe-Grillet veranlaßt, auf massive kritische Angriffe zu antworten. Die Thesen des Artikels »Nouveau roman homme nouveau« (1961), ebenfalls in dem Band *Pour un nouveau roman*, wollen mit einem aus Irrtümern, Vereinfachungen und Mißverständnissen zusammengesetzten »mythe monstrueux« (143) aufräumen, der sich inzwischen um den Nouveau Roman gebildet hat und für Verwirrung sorgt. Die Verteidigung Robbe-Grillets ist allerdings ihrerseits auch wieder eine – strategisch verständliche und in dieser Hinsicht an Sartres berühmte Beschwichtigungsschrift *L'Existentialisme est un humanisme* (1946) erinnernde – Vereinfachung, in der Widersprüche zur ursprünglichen Position zu notieren sind, die sich nur als eine Art Schutzbehauptungen erklären lassen. Robbe-Grillet verwahrt sich zurecht dagegen, den Nouveau Roman in erster Linie als Theorie anzusehen und nicht als die Suche, als die er sich selbst begreift und durch die er sich bei aller scheinbaren Radikalität in eine längst begonnene Entwicklung einschreibt. Tatsächlich hatte Robbe-Grillet, der die Erneuerung mit Flaubert ansetzt, diese Ansicht von Anfang an vertreten, so wie sich auch andere Gedanken (etwa zum literarischen versus politischen Engagement) schon zuvor bei ihm finden. Überraschender (und irritierender) ist sein Bekenntnis: »Le Nouveau Roman ne s'intéresse qu'à l'homme et à sa situation dans le monde« (147). Zuvor hatte er das anthropozentrische Weltbild und die anthropomorphisierende Sprache so unerbittlich verworfen, daß die Annahme, er wolle den Menschen aus dem Romanuniversum vertreiben, ein Vorwurf, gegen den er sich nun ebenso energisch zur Wehr setzt, keineswegs abwegig war. Auch die Romane *Le voyeur* und *La jalousie* verlagern ja den Blick zunehmend von den Figuren auf die im Raum verteilten Objekte. *Le voyeur* spart eine Täterpsyche, *La jalousie* die Eifersucht aus. Trotzdem versichert der Autor jetzt:

»Les objets de nos romans n'ont jamais de présence en dehors des perceptions humaines, réelles ou imaginaires; ce sont des objets comparables à ceux de notre vie quotidienne, tels qu'ils occupent notre esprit à tout moment«. (147)

Tatsache ist jedoch, daß die wahrgenommenen Gegenstände, nicht mehr die Wahrnehmungen und auch nicht mehr deren Träger im Mittelpunkt des Interesses stehen: Das eben ist ja gerade das Neuartige am Nouveau Roman. Doch den Vorwurf der »description trop neutre, trop objective« (148) läßt Robbe-Grillet nicht gelten, obgleich das von ihm privilegierte Vokabular des Geometers, die Ablehnung von Analogien, Metaphern bis hin sogar zu den meisten Farbadjektiven sehr wohl Anlaß bietet, mindestens das Bemühen um ›Objektivität‹ – was wäre daran so schlimm? – zu unterstellen. Der Autor zieht es nun jedoch vor, auf das Vorhandensein eines subjektiven Blicks in seinen Romanen zu verweisen, durch den die dargestellte Welt gefiltert erscheint: »Et le livre ne rapporte rien d'autre que son expérience limitée, incertaine« (149). »Incertaine« ist die Erfahrung gewiß: Was ›wirklich‹ verhandelt wird, bleibt offen; doch ist ebenso wahr, daß nicht einmal die Ungewißheit als Innerlichkeit vorkommt, sondern nur ihr Widerschein auf den Objekten: Das alles ist zu betonen, weil es das Innovative bedeutet und die Pionierrolle des Nouveau Roman ausmacht, und man möchte schon ein wenig bedauern, daß Robbe-Grillet sich hier wieder zu jenem Humanisten stilisiert, der zu sein er sich anfangs gerade so nachdrücklich geweigert hatte. Es geht ihm jetzt wohl darum zu betonen, daß der unverbildete und unvoreingenommene Leser sehr wohl etwas anfangen kann mit dieser Literatur, in der er die moderne Welt der Unsicherheit, der immer nur provisorischen und nicht vorgegebenen Sinnzusammenhänge, zu erkennen vermag.

Keinerlei Zugeständnisse freilich macht Robbe-Grillet in Hinsicht auf die Kategorie des Engagement. Sie kann für den Romancier nur und ausschließlich die künstlerische Selbstverpflichtung gegenüber der literarischen Sprache meinen, keinen Dienst an einer politischen Sache, sei sie in sich auch noch so richtig und gerecht:

»Croire que le romancier a ›quelque chose à dire‹, et qu'il cherche ensuite comment le dire, représente le plus grave des contresens. Car c'est précisément le ›comment‹, cette manière de dire, qui constitue son projet d'écrivain, projet obscur entre tous, et qui sera plus tard le contenu douteux de son livre. C'est peut-être, en fin de compte, ce contenu douteux d'un obscur projet de forme qui servira le mieux la cause de la liberté«. (153)

In »Temps et description« (1963) beschäftigt sich Robbe-Grillet, der sich bekanntlich auch einen Namen als Filmregisseur gemacht hat, mit dem Verhältnis zwischen Nouveau Roman und Filmkunst. Für ihn ist die Kamera nicht wegen ihrer angeblichen Objektivität faszinierend, sondern wegen ihrer »possibilités dans le domaine du subjectif, de l'imaginaire« (161). Die Nouveaux Romanciers sehen den Film nicht als Mittel zum Ausdruck schon vorhandener Welten an, sondern als Vehikel der Suche und insofern als flexibleres Analogon zum Nouveau Roman selbst. Im Unterschied zur Literatur hat das Kino dabei den Vorzug, gleichzeitig auf Auge und Ohr einzuwirken und mit dem Anschein der Objektivität nicht unterscheidbar ›Wirklichkeit‹, Traum, Erinnerung, Imagination vorstellen zu können. Wie der neue Roman bedient sich auch der neue Film der Möglichkeit, die Zeit aus ihrer traditionellen chronologischen und linearen Struktur zu befreien:

»Film et roman se rencontrent en tout cas, aujourd'hui, dans la construction d'instants, d'intervalles et de successions qui n'ont plus rien à voir avec ceux des horloges ou du calendrier«. (164)

Noch stärker und unmittelbarer vielleicht als die Buchlektüre macht der Anblick eines Films spürbar, daß es sich um die eineinhalb Stunden der Erlebniszeit des Betrachters handelt, wenn beispielsweise in *L'Année dernière à Marienbad* ein rätselhaftes ›ailleurs‹ und ›autrefois‹ sich als Hier und Jetzt der Filmvorstellung entpuppen, die Zusammensetzung der Geschichte sich einzig der Imagination des Zuschauers verdankt (166). So verführerisch es für Leser und Interpreten auch sein mag, sich dieser Bevorzugung der Rezeption als der entscheidenden Wirkinstanz des Werkes anzuschließen, so problematisch bleibt dieser Ansatz allerdings auch. Die Rezeption ist in Wahrheit nicht so selbstherrlich und frei, wie es Robbe-Grillet hier vorgibt; sie wird sehr wohl in Bewegung gesetzt durch das Angebot des Textes bzw. der Bilder und Töne; es gilt weiterhin die Notwendigkeit, ein Verstehen und Interpretieren an dieser Vorgabe zu orientieren. Robbe-Grillets Erklärungen über das Funktionieren der neuen Kunstformen sind eher programmatisches Manifest als ganz ernstzunehmende Auseinandersetzung. Schließlich postuliert der Autor ja auch für den Nouveau Roman, daß es ihm, wie eigentlich fast aller Literatur, um die ›réalité‹ gehe (»Du Réalisme à la réalité«) – eine Überzeugung, in der er sich übrigens mit Nathalie Sarraute trifft, die darauf insistiert –; nur ist die Realität, um die sich der neue Roman kümmert, nicht eine bereits erforschte und bekannte, also auch und mit Sicherheit nicht die des realistischen Romans des 19. Jahrhunderts, den nachzuahmen sich schon von daher verbietet, so kühn er auch zu seiner Zeit gewesen sein mochte, vielmehr bedarf die Wirklichkeit der Gegenwart noch der Vision, die sie erst erforschbar macht. Dieses für den Nouveau Roman abgegebene Credo ist im Grunde für authentisches literarisches Erzählen immer gültig: »L'écriture romanesque (...) ne sait jamais ce qu'elle cherche, elle ignore ce qu'elle a à dire; elle est invention, invention du monde et de l'homme, invention constante et perpétuelle remise en question«. (175)

Im Sinne der literarischen Innovation, die mit dem Prinzip nicht der Ablichtung, sondern der Transformation arbeitet, ist nichts so ›wirklich‹ wie die von der Imagination überformte Realität. Hierfür bietet Kafka bereits ein kaum überbietbares Beispiel; die irritierende Fremdheit und Neuartigkeit resultiert bei ihm nicht aus der Beliebigkeit, sondern aus der »réalité absolue des choses« (179), die von ihm beschrieben werden: »L'effet d'hallucination provient de leur netteté extraordinaire, et non de flottements ou de brumes. Rien n'est plus fantastique, en définitive, que la précision« (180). Mit dieser Einschätzung beschreibt Robbe-Grillet implizit auch die ›phantastische‹ Wirkung des neuen Romans und des aus demselben Geiste hervorgegangenen neuen Films.

2.2 Nathalie Sarraute: *L'ère du soupçon*

Nathalie Sarrautes berühmte Essaysammlung *L'ère du soupçon* (1956) trifft sich in manchen Punkten mit der Robbe-Grillets. Auch sie grenzt den Neuen Roman gegen Balzac ab und geht mit Selbstverständlichkeit davon aus, daß die Romanfiguren Vorfahren, Haus und Charakter verloren haben. Der ›soupçon‹ ist für sie keineswegs nur eine kritische Einstellung des modernen Romanciers gegenüber der literarischen Tradition, vielmehr beherrscht er auch in mehrfacher Hinsicht die Relation zwischen dem zeitgenössischen Autor und seinem Werk einerseits, zwischen Autor und Leser andererseits. Der Autor kann nicht mehr an ›seine‹ ›personnages‹ glauben, und auch der Leser glaubt nicht mehr an sie. Es sei nicht mehr möglich, durch genaue Weltbeschreibung eine Figur so zu etablieren, daß der Leser sie ihrem Schöpfer abnimmt. Viel zu gut kennt er bereits alle situierenden Verfahren. Auch die Eindeutigkeit der psychologischen Motive hat er zu verlernen begonnen. Relativ glaubhaft sind noch Ich-Erzählungen. Das unter anderem gibt auch bei Nathalie Sarraute dem *Etranger* von Camus seinen besonderen Stellenwert. Er reiht sich ein in die nach Sarraute mit Dostojewski begonnene und mit Kafka und den Amerikanern (à la Hemingway) weitergeführte Ahnenreihe der Schriftsteller des Absurden, denen die von Proust noch weitgehend bevorzugte »introspection classique« (11) suspekt geworden ist. Ihnen gegenüber habe *L'Etranger* sogar noch den Vorzug, eben in der ersten Person geschrieben zu sein, den Protagonisten also selbst sprechen, ihn nicht von außen sehen zu lassen: »C'était de tout près, et pour ainsi dire, installés aux premières loges, que nous pouvions constater son néant intérieur« (15). Camus' Figur ist anders als die traditionellen Romangestalten, weil sie (zunächst mindestens) in der scheinbaren Selbstoffenbarung doch kein verborgenes Ich zu enthüllen hat: »Il est tout à fait en dehors. Il est d'autant plus soi qu'il semble moins penser, moins sentir, être d'autant moins intime avec soi« (16). Da er als Sprecher aber auch gleichzeitig für den Stil seiner eigenen Aussagen verantwortlich ist, läßt sich feststellen, daß trotz seines »néant intérieur« seine Sprache an die große klassische Tradition erinnert, daß dieser scheinbar so unsensible und psychologisch dumpfe Meursault ein erstaunliches »raffinement du goût, une délicatesse exquise« (18f.) an den Tag legt. Der zweite Teil des Romans schließlich beweist, was man schon bei der Lektüre des ersten Teils stellenweise spüren konnte: Dieser Fremde zeigt sich so, weil er so sein will, seine innere Leere ist Ergebnis einer stolzen Wahl, ist »un refus désespéré et lucide, un exemple et peut-être une leçon« (21). Insofern kehrt Camus also – leider, finden die Nouveaux Romanciers – doch wieder zur traditionellen Pschologie zurück.

Anders ist es bei Dostojewski, dem die gebürtige Russin einen besonderen Stellenwert einräumt. Die bizarren Äußerungen und Verhaltensweisen seiner Figuren zeigen, so Sarraute, daß es ihrem Schöpfer nicht um realistische Abbildung geht, sondern um subtile, flüchtige, in Wahrheit kaum merkliche innere Regungen, zu deren Darstellung er sich mangels anderer literarischer Methoden einer Vergrößerungs- und Veräußerlichungstechnik bedient, die jene seltsamen Sprünge und Grimassen hervorbringt. Wenngleich die unterirdischen Regungen vom Autor noch nicht unmittelbar erfaßt werden können, lösen sie doch bereits einen solchen inneren Tumult aus, daß die Figuren weitgehend ihren kompakten Charakter verlieren und zu »supports« (40), zu bloßen Trägerinstanzen zu werden beginnen. In der Gemeinsamkeit der inneren Kontaktsehnsüchte und -ängste, die für das Menschenbild Dostojewskis charakteristisch sind, erahnt man bereits jenen »nouvel unanimisme« (41), der das Gesamtwerk Sarrautes durchziehen wird. Eine andere Spielart des Absurden, unüberbietbar in ihrer grausamen Präzision, findet sich bei Kafka (man sieht, daß Robbe-Grillet und Sarraute hier gemeinsame Ahnen entdecken), dessen jeweiliger (Anti-)Held sich in allen Situationen »comme à l'écart, à distance de soi-même, indifférent et un peu hostile« (50) erweist; hier gibt es nur noch den Unanimismus des Ensetzens (»De Dostoiewski à Kafka«, 1947).

Im Aufsatz »L'ère du soupçon« (1950), dessen Titel geradezu als Epochenbezeichnung des Nouveau Roman angesehen werden kann, behandelt Sarraute ausführlich das Mißtrauen des Lesers gegenüber den traditionellen Verfahren, insbesondere gegenüber der Personenbehandlung à la Balzac. Ein Leser, der Joyce, Proust und Freud kennengelernt hat, der dem »ruissellement, que rien au dehors ne permet de déceler, du monologue intérieur« (64) begegnet ist, sucht nach etwas, das mehr Vertrauen verdient als die überkommenen und überholten Fiktionen. Dieses Autor und Leser gemeinsame Mißtrauen ist gesund; es zeigt, daß der Organismus Roman sich ein neues Gleichgewicht schaffen will, das nicht durch Wiederholung der alten Gesetzmäßigkeiten gefunden werden kann.

Wie dieses Neue für Nathalie Sarraute aussieht, behandelt sie in »Conversation et sous-conversation« (1956), dem theoretischen Text, der für das Verständnis ihres Gesamtwerkes als grundlegend zu gelten hat. Sarraute unterscheidet sich insofern radikal von anderen Vertretern des Nouveau Roman, insbesondere von Robbe-Grillet, als Pschologie für sie nicht von vornherein verpönt ist. Wohl aber geht es ihr um eine neuartige Psychologie, nicht um die seit Madame de

La Fayette im französischen Roman etablierte klassische Analyse, deren Möglichkeiten Proust in unwiederholbarer sensibler Nüancierung zu ihrem Gipfel führte (»On ne peut refaire ce qu'ils ont fait«, 93), und ganz gewiß nicht um deren Gegenstand, die großen Leidenschaften wie Liebe, Haß, Eifersucht. Die wirkliche Erneuerung kann heute nicht in der Erweiterung des bekannten Arsenals an Situationen und Charakteren liegen, sondern nur in der »mise au jour d'une matière psychologique nouvelle« (94). Dieses neue psychologische Material ist in Sarrautes Augen so elementar und so anonym, daß es sich in allen Gesellschaften und bei allen Menschen findet (eine Ansicht, über die man sehr wohl geteilter Meinung sein kann). Es handelt sich um »actions souterraines«, um »drames intérieurs faits d'attaques, de triomphes, de reculs, de défaites, de caresses« (99), die durch einen realen oder auch – seltener – durch einen imaginären Partner ausgelöst werden. Die im Vorbewußtsein (›préconscient‹) angesiedelten Angst- und Aggressionsregungen, die Sarraute beschäftigen, sind die ›sous-conversation‹, die unhörbar die gesprochene Rede des Partners begleiten. Der Dialog, die ›conversation‹, fungiert also als Katalysator und Hebel der inneren Katastrophen; die Tragödie makrostruktureller Handlungen wird abgelöst durch ›drames minuscules‹, die ständig im Menschen toben und in ihm ein permanentes Unbehagen auslösen, das jedoch, und dies ist entscheidend, nicht zur Sprache findet. Die Aufgabe des Autors ist es demnach, die vorbewußten Ängste, Anpassungs- und Abwehrreaktionen durch ›einfache Bilder‹ für den Leser nicht im nachhinein zu analysieren, sondern simultan miterlebbar zu machen. Vorformen dazu finden sich in ungebändigten, unrealistischen Dialogen, wie sie Nathalie Sarraute beispielsweise immer wieder bei Dostojewski bewundert. Für die Moderne nennt sie die englische Schriftstellerin Ivy Compton-Burnett, deren Dialoge weder falsch noch beliebig wirken, obwohl sie nicht auf dem Prinzip der Mimesis, der Wiedererkennbarkeit beruhen:

»C'est qu'elles se situent non dans un lieu imaginaire, mais dans un lieu qui existe dans la réalité: quelque part sur cette limite fluctuante qui sépare la conversation de la sous-conversation« (121).

Die inneren Bewegungen, die bei Sarraute ›Tropismen‹ heißen und die konstante Materie ihres reichen Gesamtwerkes ausmachen, üben bei Compton-Burnett einen heftigen Druck auf die Rede aus, lassen diese zu einem nicht endenwollenden Strom anschwellen und mehr und mehr unwahrscheinlich wirken, weil das Innere (das normalerweise Verschwiegene) sich immer wieder der Form des Äußeren (des Ausgesprochenen) bemächtigt und diese gleichsam aushöhlt. Bei aller Bewunderung muß Nathalie Sarraute jedoch einen methodologischen Vorbehalt aussprechen:

»Sans doute cette méthode se contente-t-elle de faire soupçonner à chaque instant au lecteur l'existence, la complexité et la variété des mouvements intérieurs. Elle ne les lui fait pas connaître comme pourraient y parvenir les techniques qui plongeraient le lecteur dans leur flot et le feraient naviguer parmi leurs courants«. (123)

Eben dieses Eintauchen des Lesers in die winzigen und doch so dramatischen psychischen Regungen wird Nathalie Sarraute in ihrem Gesamtwerk immer wieder durch die ins Präsens eingebetteten Bilder der ›sous-conversation‹, die ihren grandiosen innovatorischen Beitrag zum Nouveau Roman darstellen, ermöglichen. Autoren, die einen vergleichbar neuen Blick auf ihren Gegenstand werfen und sich von den einmal gewonnenen Positionen (philosophischer, psychologischer, ästhetischer Art) verabschieden, bezeichnet Sarraute als ›Realisten‹, ›Formalisten‹ sind dagegen die Nutznießer überlieferter Verfahren, die sich gern mit dem in Wahrheit gerade ihnen nicht zustehenden Etikett des Realismus schmücken, weil sie die eingespielten Formen einer Strömung dieses Namens übernehmen, die im 19. Jahrhundert und für das 19. Jahrhundert bahnbrechend war, es heute aber eben gerade nicht mehr sein kann. Über alle ideologischen Gräben hinweg fühlt man sich an die berühmte Realismusdebatte erinnert, in der Bertolt Brecht seinem Widersacher Georg Lukács gegenüber eine ähnliche Position vertrat (vgl. Mittenzwei, Hg., 1975, S. 153-203).

Nathalie Sarraute ist sich also mit Robbe-Grillet einig in der Ablehnung des Epigonentums, in der redlichen Suche nach einer »connaissance plus approfondie, plus complexe, plus lucide, plus juste« (153), möchte aber das Revolutionäre der Literatur nicht unmittelbar sozial eingebunden sehen, sondern plädiert für die freie Suche eher introvertierter einzelner, deren »obsession en apparence inutile« (154) es gelingen mag, eine »parcelle de réalité encore inconnue« (154) zutage zu fördern. Diesen zuvor unbekannten Realitätsausschnitt begreift sie nicht als Ausdruck modernen Lebensgefühls, sondern als epochenunabhängige Größe, als menschlich schlechthin, womit sie sich wieder von Robbe-Grillet entfernt, der die neuen Darstellungsmittel ausdrücklicher als Spiegelungen eines neuen Verhältnisses zwischen Mensch und Welt verstanden wissen will.

2.3 Michel Butor: *Essais sur le roman*

Das Erscheinen der *Essais sur le roman* (1960) von Michel Butor, die zum Teil auf Publikationen in den ersten *Répertoire*-Bänden zurückgreifen, ist wegen der weniger kämpferischen Einstellung ihres Autors nicht mit derselben Signalwirkung verbunden wie die ›Manifeste‹ von Robbe-Grillet und Sarraute. Butors Romankonzeption behält stets die Kulturtradition mit im Blick und postuliert keinen Bruch, was den Autor jedoch nicht hindert, permanent nach neuen Darstellungsweisen zu suchen.

In seinem Aufsatz »Le roman comme recherche« (1955) bettet er den Roman in die Gesamtheit alles denkbaren Erzählens ein als jenen ›récit‹, dessen ›apparence de réalité‹ aus sich selbst erwachsen muß und durch keine ›évidence extérieure‹ überprüfbar ist:

> »C'est pourquoi il est le domaine phénoménologique par excellence, le lieu par excellence où étudier de quelle façon la réalité nous apparaît ou peut nous apparaître; c'est pourquoi le roman est le laboratoire du récit«. (9)

Das bedingt die Bedeutsamkeit der Arbeit an der Form des Romans und die unaufhörliche Infragestellung gewonnener Positionen: In dieser Auffassung trifft sich Butor durchaus mit den Theorien der beiden oben behandelten Nouveaux Romanciers. Er wagt es jedoch, die Beziehungen des Romans zur Realität mit dem für die anderen verdächtigen Begriff ›symbolisme‹ zu etikettieren und die Arbeit des Autors, des Lesers und des Interpreten in der Herstellung, Entzifferung und Vermittlung dieses Symbolismus zu sehen. Auch der Begriff ›sujet‹, Thema, Gegenstand, ist ihm nicht suspekt: »des sujets nouveaux« und »des formes nouvelles« (13) bedingen einander (anders als bei Robbe-Grillet hat der Autor also ›quelque chose à dire‹). Butor vertritt die Auffassung, der Roman habe zu seiner eigenen Erhellung beizutragen; er betont die didaktische und soziale Funktion der neuen epischen Poesie und gibt dadurch eine vermittelnde, ja eher traditionelle theoretische Position zu erkennen, in der dem Roman jene totalisierende Kraft zugesprochen wird, die beispielsweise Sarraute gerade verdächtig vorkommt. Ganz anders als diese insistiert Butor gerade nicht auf dem Mißtrauen, sondern auf der unbedingt erforderlichen konstruktiven Zusammenarbeit zwischen Autor und Leser. Der Schriftsteller »cherche à se constituer, à donner une unité à sa vie, un sens à son existence. Ce sens, il ne peut évidemment le donner tout seul; ce sens c'est la réponse même que trouve peu à peu parmi les hommes cette question qu'est un roman« (20). Das Bekenntnis zu den verbindenden Möglichkeiten der Literatur, das Sartres besonderen Beifall fand, zeigt sich auch in Butors

Ablehnung der radikalen Trennung von Roman und Poesie, dies nun freilich im Unterschied zu Sartres berühmter Aufspaltung in *Qu'est-ce que la littérature?* (1947). Die ›sakrale‹ Sprache der Poesie, mit der die Gegenwart im Geiste der Sehnsucht nach einem verlorenen Goldenen Zeitalter, das wohl nie existiert hat, transzendiert wird, sollte heute nicht mehr zur Romansprache in Gegensatz gebracht werden; ein solcher Gegensatz ist künstlich und würde den Roman seiner kritischen, transformierenden und totalisierenden Möglichkeiten berauben: »La poésie romanesque est donc ce par l'intermédiaire de quoi la réalité dans son ensemble peut prendre conscience d'elle-même pour se critiquer et se transformer« (47). Diese gattungstypologisch umfassende Romankonzeption bringt es mit sich, daß der Autor Theorie und Praxis nicht grundsätzlich auf verschiedene Textsorten verteilt, daß er essayistische und direkt didaktische Elemente in der Romanfiktion nicht nur nicht ausschließt, sondern geradezu für unabdingbar hält: eine Haltung, die sich deutlich von dem elitäreren Anspruch Nathalie Sarrautes und des frühen Robbe-Grillet unterscheidet.

Butor möchte auch nicht wie Robbe-Grillet nur Distanzen und Oberflächen registrieren, sondern desgleichen Juxtaposition und Dynamik der dargestellten Räume (»L'espace du roman«), wobei die Strukturen anderer Kunstformen (Musik, Malerei) wichtige Analogiefunktionen wahrnehmen:

»Déjà la simple juxtaposition des lieux statiques pouvait constituer de passionnants ›motifs‹«(56). (...) »Mais lorsqu'on traite ces lieux dans leur dynamique, lorsqu'on fait intervenir les trajets, les suites, les vitesses qui les retient, quel accroissement!« (57)

Das Motiv der Reise enthält alle diese Merkmale und wird in Butors bekanntestem Roman, *La modification*, entsprechend genutzt. Die romanrelevante Thematisierung der Räume verfolgt Butor schließlich bis in die »Philosophie de l'ameublement« hinein, wobei er naturgemäß dem Werk Balzacs den ihm gebührenden Platz (zurück)gibt. Das Buch als Objekt unter anderen ist zunächst in einen realen Raum hinein integriert, in dem es sich bei der Lektüre für zahllose andere Räume mit ihren Objekten öffnet. Der Leser durchwandert gleichzeitig den Roman und dessen Orte.

Derartige Gedankengänge konkretisieren und spezifizieren sich noch weiter in dem Artikel »Le livre comme objet«. Butor fragt sich darin nach den Vorzügen des Buches vor anderen Registrierungsformen und sieht sie in der simultanen optischen Darlegungsweise dessen, was das Gehör nur nacheinander wahrzunehmen vermöchte. Die Entwicklung der Editionskunst und ihrer Möglichkeiten läuft seiner

Ansicht nach auf die immer stärkere Akzentuierung dieser Eigenschaft hin, die in der Rezeption »une grande mobilité« (134) fördert.

Die Nutzung der graphischen und typographischen Möglichkeiten des Buches ist daher für Butor von größter Relevanz; das Buch ist kein Abstraktum, sondern ein ästhetischer und signifikanter Raum, in dem durch Verteilungs- und Strukturierungsformen, durch Marginalien sowie verschiedene Schrifttypen und ihre Disposition auf der Seite neue Verbindungen und Verweise entstehen. Butor schließt sich hier explizit Mallarmés großartigem Versuch in *Un Coup de dés* an. Schließlich geht er über zu Ideogrammen (mit naheliegender Erinnerung an Apollinaire) und den unerschöpflichen Reichtümern von mit Inschriften versehenen Kunstwerken: Tempel, Wandteppiche, Bilder (bis hin zum Comic der Gegenwart). Derartige Formen semiotischer, gattungsübergreifender Ausweitung von Geschriebenem werden Butor im Laufe seines Gesamtwerkes zu immer neuen Experimenten inspirieren. Sein gleichsam als topographisches Puzzle angelegtes Amerika-Buch *Mobile* (1962), mit dem er sich vom Nouveau Roman verabschiedet, legt von dieser Tendenz erstes eindrucksvolles Zeugnis ab und verkündet schon im Titel jenes ästhetische Programm, das auf Dauer für den Kunsthandwerker Butor kennzeichnend bleiben wird.

Butor äußert sich jedoch auch ausführlich zu spezifischen Romanverfahren. Dem Aufsatz »L'usage des pronoms personnels dans le roman« kommt insofern besondere Bedeutung zu, als der Romancier Butor mit der fast durchgehenden Verwendung des Pronomens ›vous‹ für den Protagonisten der *Modification* allgemein Aufsehen erregt hatte. In seinem Essay erinnert Butor zunächst daran, daß die Unterscheidung zwischen ›je‹, ›tu‹, ›il‹, die in der Kommunikationssprache von der Redesituation her deutlich und geboten ist, für die Fiktion sehr viel weniger ernst zu nehmen ist, daß auch die traditionellerweise übliche dritte Person selbstverständlich aus dem Ich des Autors erwächst. Den in der Moderne zunehmenden Ersatz des ›il‹ durch das ›je‹ sieht Butor als Fortschritt auf dem Wege des Realismus an, der mit dem ›monologue intérieur‹ schließlich möglichst große Nähe zwischen Erzähler und Erzähltem herstellt und damit ein Höchstmaß an Authentizität beansprucht. Die zweite Person endlich ist die Organisation der »parole empêchée« (80) eines Handlungsträgers, der sich selbst nicht zu artikulieren vermag, durch einen anderen Sprecher. Die Rede in der zweiten Person hat ihre Wurzeln in jedweder Art von Verhör, in dem der Angeklagte oder Belastete aus Ohnmacht oder Starrsinn stumm bleibt. Es ist die Sprechsituation in einer nicht durchschauten oder durchschaubaren Welt. Hier gibt es eine (meist anonyme) Instanz, über deren ontologischen Status (von der eigenen Innerlichkeit bis hin zur Gottesfigur) viel zu sagen wäre, die dem Protagonisten so lange seelisch beisteht oder ihn so lange seelisch foltert, bis die zurückgehaltene Rede hervorquillt und der ›Prozeß‹ in Gang kommt: »Ainsi, chaque fois que l'on voudra décrire un véritable progrès de la conscience, la naissance même du langage ou d'un langage, c'est la seconde personne qui sera la plus efficace« (81). Diese Aussage läßt erkennen, welche Absichten Butor mit dem ›vous‹ in *La modification* verfolgt. Robert Pinget wird in *L'inquisitoire* die Verhörstruktur wieder auf ihre Zweistimmigkeit zurückführen, mit diesem Rückgriff aber gleichzeitig, in seiner Skepsis weit über Butor hinausgehend, die Ertraglosigkeit derartiger Redesituationen demonstrieren (aus denen im übrigen bereits Camus' *Chute*, 1956, lebte und bereits zehn Jahre früher *Le bavard* von Louis-René des Forêts, die ungewöhnliche Geschichte eines zwanghaften und scheinbar gegenstandslosen Redeausbruches).

Die Wichtigkeit des »milieu social« (88), das bei den übrigen Nouveaux Romanciers zunächst eine deutlich untergeordnete Rolle spielt, unterstreicht Butor in dem Aufsatz »Individu et groupe dans le roman«. Butor plädiert für eine Sichtweise, in der die Gesamtheit der Gesellschaft durch das Erzählte und den Erzähler nicht von außen mit dem Blick des isolierten Individuums gesehen wird, sondern von innen, »comme quelque chose à quoi l'on appartient, et dont les individus, si originaux, si éminents qu'ils soient, ne sauraient jamais se détacher complètement« (104). Die Simultaneität der Existenz von Individuen in der Gruppe, von Gruppen in der Gesellschaft, sollte dabei nach der Vorstellung Butors nicht nur durch die Polyphonie der Stimmen, sondern auch durch die Materialität des Objektes Buch suggeriert werden, wobei etwa Vorder- und Rückseiten eines Blattes für den Ausdruck verschiedener Stimmen und deren flexible, nicht unbedingt lineare Lektüre durch den mitschöpferischen Leser genutzt werden könnten.

Die Mobilität, gestützt z.B. auch auf eine möglichst unorthodoxe Handhabung der Chronologie (»Recherches sur la technique du roman«), ist immer wieder Butors Anliegen. Diese »mobilité supérieure« (124), die durch sämtliche Strukturen des Romans bis hin zur Gesamtanlage des Objektes Buch erzeugt werden sollte, ist ein Faktor zur Beförderung der Leserfreiheit, »le lecteur devenant responsable de ce qui arrive dans le microcosme de l'oeuvre, miroir de notre humaine condition, en grande partie à son insu, bien sûr, comme dans la réalité, chacun de ses pas, de ses choix, prenant et donnant sens, l'éclairant sur sa liberté« (124).

Mit Butor hat der Nouveau Roman, so paradox dies klingen mag, seinen leserfreundlichen ›engagierten‹ Didaktiker gefunden.

3. Die Praxis der Nouveaux Romanciers

Im folgenden werden die wichtigsten Nouveaux Romanciers mit einer Gesamtübersicht über die entscheidenden Phasen ihres fiktionalen Werkes und ausführlicheren Analysen ihrer bedeutendsten Romantexte vorgestellt. Da dabei im wesentlichen nur die Publikationen zu berücksichtigen sind, die tatsächlich zur Epoche des Nouveau Roman gezählt werden, kann dem Schaffen eines Autors verständlicherweise nicht in jedem Falle in seiner Gesamtheit Rechnung getragen werden.

Die Reihenfolge, in der die behandelten Autoren aufgeführt werden, ist nicht als Urteil über ihren literarischen Rang zu verstehen, sondern erwuchs aus methodischen Überlegungen. Zum einen sucht sie den – mindestens anfänglichen – Bekanntheitsgrad in etwa widerzuspiegeln. Zum anderen verhilft die Vorrangstellung von Robbe-Grillet und Sarraute, die freilich in diesem Falle auch ihrem innovatorischen Potential entspricht, zur Erstellung eines theoretischen und ästhetischen Rasters, auf den bei Bedarf in verkürzender Abgrenzung zurückgegriffen werden kann. An diesen beiden Romanciers, die entgegengesetzte Pole einer gemeinsamen Neuerungsfront einnehmen, läßt sich am besten die Bandbreite des zu erfassenden Spektrums sichtbar machen: Den dominant objektalen Beschreibungsverfahren Robbe-Grillets steht die Verbalisierung verborgenster Psychismen bei Sarraute gegenüber. Die vielleicht überproportional scheinende Ausführlichkeit, mit der dabei Robbe-Grillet behandelt wird, trägt nicht dem selbstbewußten Anspruch, sondern der tatsächlichen Bedeutung des ›chef de file‹ Rechnung – nicht ohne Grund wird in der Literatur der gesamte Nouveau Roman immer wieder mit Robbe-Grillet gleichgesetzt – und gestattet außerdem, gewissermaßen als Basiswissen für dieses Kapitel der Literaturgeschichte, die exemplarische Darstellung der wichtigsten neuen Erzähltechniken.

Wenn anschließend Michel Butor an dritter Stelle vor dem Nobelpreisträger Claude Simon erscheint, so sagt dies nichts über seine objektive Qualität als Nouveau Romancier aus; es wäre im Gegenteil richtiger, ihn als traditionellsten (rasch ›abtrünnigen‹) Schriftsteller innerhalb der Gruppe ein- und nachzuordnen. Andererseits aber macht gerade das Traditionelle im Innovatorischen auch Butors unleugbare Bedeutung für die neue Strömung aus, der er durch seine

Vermittlung mit Herkömmlichem, durch die (bewußte oder unbewußte) Anknüpfung an die konservative Lesererwartung vor allem mit dem berühmtesten seiner Romane, zu relativer Breitenwirkung verhilft. Es versteht sich von selbst, daß die übrigbleibende Vierergruppe mit Simon zu eröffnen war, der zu einem sehr viel späteren Zeitpunkt durch die höchste Anerkennung, die einem literarischen Werk zuteil werden kann, weltweit neuen, wenngleich vor allem in Frankreich nicht unumstrittenen, Glanz auf den Nouveau Roman fallen läßt. Robert Pinget und Claude Ollier stehen an dem Ort, der ihnen in etwa im öffentlichen Bewußtsein zukommen dürfte. Beiden ist, das sei hier ausdrücklich unterstrichen, bisher – nicht nur in Deutschland – wohl nicht ausreichende Gerechtigkeit widerfahren (die *Bibliothèque idéale*, Boncenne éd., 1992, verzeichnet nicht einmal ihre Namen); sie (neu) zu entdecken, ist ein in sprachlicher und philosophischer Hinsicht lohnendes Abenteuer. Jean Ricardou mußte nicht nur deshalb an letzter Stelle in der Reihenfolge erscheinen, weil er etwas später zu den Nouveaux Romanciers stößt, sondern vor allem deswegen, weil er sich durch seine nahezu ausschließlich innersprachlich motivierten Texterstellungsverfahren deutlich unterscheidet von dem, was den Neuerern ursprünglich vorschwebte. Sie strebten mit ihrer Absage an den Balzacschen Realismus nicht nur eine neue Sprache, sondern die Erzeugung eines neuen Verhältnisses zwischen Mensch und Welt an. Ricardou hingegen, der im übrigen vielleicht in erster Linie als Theoretiker wichtig ist, leitet mit seinen Texten über zum linguistischen Narzißmus der Gruppe *Tel Quel*, die nur bedingt als Weiterführung von Tendenzen des Nouveau Roman verstanden werden kann.

3.1 Alain Robbe-Grillet oder die verweigerte Tiefe

Robbe-Grillets Werk ist in seinen spektakulären Anfängen vor allem durch die Privilegierung sichtbarer Oberflächen charakterisiert. Seine Figuren bewegen sich in einer Welt der wahrgenommenen, jedoch nicht gedeuteten Dinge. Mit diesem Verzicht auf anthropozentrische Interpretationsmuster verfolgt Robbe-Grillet eine erkenntnistheoretische und eine ästhetische Absicht. Der Kontakt zwischen Subjekt und Objekt soll neu durchdacht und gleichzeitig mittels einer neuartigen Sprache eingeübt werden. Sein kompromißlos phänomenologischer Ansatz verbietet es Robbe-Grillet, Psychisches zu analysieren – insofern hat man zu Recht behaupten können, daß Psychologie bei ihm nicht stattfindet –, wohl aber zeigt er die Bilder

der Welt, die in der Psyche gegenwärtig sind. Diese Bilder soll der Leser des Nouveau Roman nicht nur auf sich einwirken lassen; er soll vielmehr durch Sichtbarmachung der Mechanismen des Metiers aktiv an ihrer Zusammensetzung beteiligt werden.

Les gommes

Auf dem Wege dieser Prozeßbildung lassen sich mehrere Stadien feststellen. Der Roman *Les gommes* (1953), der von der Ermordung des Professors Daniel Dupont erzählt, verbindet provokative Neuerungen mit scheinbar noch funktionierenden traditionellen Mustern. In Wahrheit geht es jedoch gerade darum, diese traditionellen Raster stückweise abzubauen und zu torpedieren. Zwei übergreifende Strukturzusammenhänge sind es, die in diesem Sinne genutzt und brüchig gemacht werden, der eine gattungstypologischer, der andere mythologischer Natur (vgl. Febel, 1984). Die gleichzeitig genutzte und aufgebrochene Gattung ist die des Detektivromans; der verwendete und gleichzeitig ironisierte Mythos ist der Ödipusstoff, die Geschichte vom unbeabsichtigten Vatermord. Mit der unorthodoxen Handhabung des Kriminalromans in *Les gommes* beginnt eine Entwicklung, die ihren Siegeszug nicht nur im Nouveau Roman, sondern in der gesamten modernen Literatur fortsetzen wird (vgl. Coenen-Mennemeier, 1991). Die Kriminalerzählung, literarhistorisch als Trivialmuster *par excellence* abgestempelt, wird entstaubt und in ihren einzelnen Funktionen überprüft. Es zeigt sich dabei, daß die Elemente, aus denen sie sich zusammensetzt: Tat, Täter, Opfer, Indizien, Verhüllung und Entdeckung durch einen Spurensucher, neu angeordnet und kombiniert, ertragreich sein können für jede Form von Fiktion, daß der ›Fall‹ keineswegs immer eine ›machine à lire‹ (Boileau-Narcejac), die nach einmaliger Lektüre achtlos aus der Hand gelegt werden darf, hervorbringen muß. Große Weltliteratur von Dostojewski bis Kafka hatte im übrigen längst ein Bewußtsein von dieser gattungstypologischen Lage, und mit dem *Ödipus* des Sophokles steht schon am Beginn der abendländischen Literatur eine ›kriminalistische‹ Tragödie. Robbe-Grillet verbindet nun mit dem scheinbar außer Kontrolle geratenen Kriminalroman eine neue Sicht des Ödipusstoffes und kehrt so gewissermaßen zu den Quellen kriminalistisch-literarischer Weltsicht zurück: Durch ein Mißverständnis fehlgeleitet, gleichsam ein blinder Wahrheitssucher, vollendet der Detektiv Wallas den tags zuvor fehlgeschlagenen Mordanschlag auf das Opfer Daniel Dupont.

Anspielungen auf den Ödipusstoff sind – außer der zentralen Vatermord-Geschichte – zum Beispiel der wiederholte (homonymienutzende) Sirenenruf der Kanalschiffe, die (Sphinx-)Rätsel, mit denen ein Betrunkener sich bei den Lokalgästen und vor allem bei Wallas anzubiedern sucht, Reflexe im Kanalwasser (»un animal fabuleux: la tête, le cou, la poitrine, les pattes de devant, un corps de lion avec sa grande queue, et des ailes d'aigle«, 37), die Tatsache, daß Wallas als Kind schon einmal in dieser Stadt war (wie Ödipus in Theben), Ödipusmotive in Statuen und auf Stickereien, der Straßenname Rue de Corinthe (wobei *Corinthe* ein bis 1994 bei Robbe-Grillet geradezu obsessiv wiederkehrender Name ist), die Mythomanie des für die Verbrechensaufklärung zuständigen Ministers, die häufige, beiläufig an die literarhistorische Geschichte des Stoffes erinnernde Metaphorik des Theaters, die wirren Anschuldigungen des Betrunkenen, der das ›enfant trouvé‹ Wallas am Tatort gesehen haben will, die Ruinen von Theben im Schaufenster des Papiergeschäftes, in dem Wallas Radiergummis mit dem abgewetzten Markenzeichen ›Œdipe‹ entdeckt, die ›folie collective‹, von der die Stadt ergriffen zu sein scheint (und die an die Pest in Theben erinnert, mit der ›alles begann‹), die erinnerte Suche des Detektivs nach dem Vater in eben der Stadt seiner neuen Suche, die im Anschluß an ermüdende Stadtwanderungen ödipal geschwollenen Füße, die unklaren, nicht bewiesenen, aber auch nicht widerlegten Anspielungen auf einen Sohn des Toten, der möglicherweise der anarchistische Täter (der ersten Tat) hätte sein können (und dessen Werk nun der ›Vatermörder‹ Wallas fortsetzt).

Die Einbettung der fünfteiligen ›enquête‹ des Romans in Prolog und Epilog orientiert sich formal an Tragödienfassungen des ehrwürdigen Stoffes. Durch seine provozierende Umformung betreibt Robbe-Grillet gleichzeitig gattungstypologische und mythologische Demontage. Insofern der Ödipusmythos überdies auch den Kern der Psychoanalyse bildet, ironisiert der Autor auch nebenbei lustvoll Psychologie und Tiefenpsychologie. Eine repetitive Anspielungsserie auf Psychoanalyse stellt das Bildfeld Aquarium/Wasser dar: »(...) l'eau du sommeil, sans fond, l'eau glauque remontée de la mer et pourrie de monstres invisibles« (49). Nach der Unglückstat des Detektivs kehrt die gleiche Metaphorik wieder: »L'eau glauque des canaux monte et déborde, franchit les quais de granit, envahit les rues, répand sur toute la ville ses monstres et ses boues (...)« (260).

Robbe-Grillets umdeutende Kriminalgeschichte *Les gommes* zeigt »ein(en) Tag zuviel« (Titel der deutschen Ausgabe), der sich zwischen dem mißglückten politischen Mordanschlag des Täters Garinati auf das Opfer Daniel Dupont und der Erschießung des mit einem erwarteten Täter verwechselten Opfers durch den Detektiv Wallas erstreckt. Inhalt des Tages ist die Ermittlung, die völlig aus dem Ruder läuft. Im Text selbst werden aber auch die Umdeutungen und ihre gedachte Rezeption bereits wieder ironisiert, so daß eine ganze Serie von durchaus witzigen gattungstypologischen Spiegelungen entsteht. (Beispiele: Die Radiergummiverkäuferin ist außerstande, die evidenten Anspielungen auf das Ödipusmotiv zusammenzusetzen; die Postangestellte Madame Jean erahnt und verwirft die im gesamten Text konstruierte Ähnlichkeit/Identität von Detektiv und Täter: »Mme Jean songe à cette étrange conjoncture où le coupable prend lui-même la direction de l'enquête. Comme elle ne peut venir à bout d'une réflexion aussi vertigineuse, délibérément elle détourne les yeux – et se met à penser à autre chose«.) (208)

Zur ironischen Aufhebung gattungstypologischer und psychoanalytischer Tiefenstrukturen gesellt sich die Ablehnung ihrer moralischen Implikationen. Der klassische Kriminalroman entsteht aus dem Verlangen, die durch das Verbrechen gestörte Ordnung per Aufdeckung durch die unbestechliche Intelligenz und Furchtlosigkeit des Detektivs und Bestrafung durch die Organe der Gesellschaft wieder herzustellen und so eine provisorische, aber tiefgreifende öffentliche Unsicherheit durch die Überlegenheit eines einzelnen erneut in Sicherheit und Ordnung zu verwandeln. Unter dieses ihn selbst zermalmende Gesetz stellte sich bereits Ödipus. Robbe-Grillet jedoch pervertiert die ›enquête‹ insofern, als er die vorauszusetzende Ordnungsstörung durch Mord verwirrt, die Aufklärungstätigkeit immer mehr zur Suche nach einer nicht vorhandenen Leiche geraten, den unglückseligen Detektiv, den Unordnungsstifter, zum Mörder aus Versehen werden läßt und ihm als Sühne nur einen eher harmlosen Verwaltungsakt, groteske Variante der Exilierung des antiken Ödipus, aufnötigt. Die zwischen Verletzung und Tötung des Opfers aufgeschobene und übergenau registrierte Zeit hat ihren (Un-)Sinn minutiös erfüllt. Alles, was übrig bleibt, ist moralisch indifferent, aber dafür umso dauerhafter: die Kneipe, der Betrunkene, das Aquarium und vor allem der Wirt, umringt von leicht verschobenen Gewohnheitsriten (»Autour de lui les spectres familiers dansent la valse«, 264).

Die »gommes«, nach denen der Detektiv in verschiedenen Geschäften sucht, geben ein rekurrentes Romanmotiv und den Titel des Werkes ab. Per Opposition verbinden die weichen Gummiwürfel den Sohn mit dem Vater, dem als Attribut ein harter würfelförmiger Briefbeschwerer beigegeben wird. Die Radiergummis suggerieren das Ausradieren, das Tilgen der Tiefenstrukturen des Romans. Gleichzeitig bedeuten sie nur ein Objekt unter anderen, das aber doch, insofern es durch Strategien der Wiederholung und der namentlichen Anbindung an den Mythos herausgehoben wird, implizit den Charakter einer Obsession erhält.

Mögen die titelgebenden »gommes« also im objektalen Universum Robbe-Grillets noch eine Sonderrolle spielen, so findet sich doch in diesem aus der Rückschau als bahnbrechend modern zu bezeichnenden Romanerstling schon vieles, was auch für die radikaleren Hauptwerke Gültigkeit behalten wird: Die Kategorie ›Temporalität‹ degeneriert total, die Linearität ›normaler‹ erzählter Zeit wird gleichsam aus den Angeln gehoben und parodiert, insofern der idealen Konkordanz von Zeit und menschlichem Verhalten »inversion, décalage, confusion, courbure« (11) entgegenstehen; Geschehnisse entziehen sich so der immer verharmlosenden Deutung; es ereignet sich »un jour, au début de l'hiver, sans plan, sans direction, incompréhensible et monstrueux« (11); ›Wirklichkeit‹, Traum und Erinnerung mischen sich übergangslos und ohne Kennzeichnung; die Figuren bestehen, auch wenn sie Eigennamen tragen (das Opfer heißt austauschbar Dupont, der Detektiv phonetisch so wie der berühmte englische Verfasser trivialer Kriminalromane), aus Umrissen (»silhouette«, 12, und »ombre«, 264, sind signifikative Bezeichnungen); wie später immer wieder ist auch hier der Protagonist ein ›flâneur‹ besonderer Art im Gewirr raumzeitlichen Labyrinths; die Dinge sind bereits weitgehend einem neutral registrierenden Blick ausgesetzt (Beschreibung des Café des Alliés, der Rue des Arpenteurs, des Kanals und seines Umfelds, des ›Tatorts‹, der Inneneinrichtung von Büros, Schreibwarenhandlungen); es gibt auffällige Ähnlichkeiten, Quasi-Identitäten, so zum Beispiel zwischen dem Detektiv und dem Täter, seinem Alter ego; schon driften überpräzise Angaben temporaler und topographischer Natur ins Geheimnisvolle. Auch die gesamte Undurchsichtigkeit der von Widersprüchen und Mißverständnissen durchsetzten Welt, in der man sich schlafwandlerisch begegnet und die einem zugleich entgleitet, ist, wenngleich sie jetzt noch eher motiviert erscheint als später und damit den Roman in etwa auch zu einer parodistischen Version des Absurden werden läßt (das wiederholte weibliche ›rire de gorge‹ erscheint fast als groteske Vorform des metaphysischen ›rire‹, das den Protagonisten von Camus' *Chute*, 1956, verfolgen wird), doch schon eine programmatische Absage an wie auch immer geartete Deutungszusammenhänge. Der ›Held‹ schätzt Möglichkeiten und Grenzen seiner Luzidität so falsch ein, daß er dem verwunderten Leser als Marionette in einem kühlen Alptraum erscheinen will. Wie die Entdeckungsreisen des Detektiv-Protagonisten laufen zudem auch die Formen der Kommunikation ins Leere. Sinnlos bleiben die Unterredungen zwischen

Wallas und seinem Vorgesetzten, zwischen Wallas und den ›Zeugen‹, zwischen dem Täter Garinati und seinem Auftraggeber Jean Bonaventura, dessen glückverheißender Name ironisch auf dunkle Machenschaften verweist (und in der abgekürzten Form Bona absichtlich Unklarheit über das Geschlecht des Namensträgers erzeugen soll); unklar sind dem Adressaten die Rätsel und Anschuldigungen, mit denen der Betrunkene Wallas verfolgt; die Telefongesellschaft funktioniert schlecht; die Verfolgung des Täters durch den Detektiv und umgekehrt schafft Spiegelungen, jedoch keine Kontakte. Überhaupt sind Reflexe (konkretisiert in Objekten wie Spiegeln, glänzenden Oberflächen, Fotografien, Plakaten, Postkarten), strukturelle Wiederholungen und Reminiszenzen bereits eine wesentliche Technik dieses Romans, die sich den Ablaufphasen der unmerklich aus den Fugen geratenen und zum Zirkel gebogenen Zeit überlagert.

Alle diese innovativen Merkmale werden sich in den beiden nachfolgenden Romanen *Le voyeur* (1955) und *La jalousie* (1957) zur asketischen Strenge hin radikalisieren. Während *Les gommes* immerhin noch eine mysteriöse Geschichte zu Ende erzählt, werden traditionelle Informations- und Spannungserwartung in diesen Werken unerbittlich enttäuscht. Dabei sind zwischen *Les gommes* und *Le voyeur* immerhin noch zahlreiche Ähnlichkeiten festzustellen (die Wanderungen des Protagonisten, der mysteriös bleibende Kriminalfall, das jetzt entfaltete Motiv des Wassers und der Schiffe), während *La jalousie* das Prinzip des (in der Objektwahl wohl durch einen Komplex motivierten, jedoch im Text nicht ausdrücklich auf Psychisches zurückgeführten) Blicks zur nahezu ausschließlichen Strategie erhebt und fast völlig ohne Elemente erzählbarer Geschichte auskommt.

Le voyeur

Der Roman *Le voyeur* trägt einen doppeldeutigen Titel. Der ›voyeur‹ ist charakterisiert durch einen sowohl registrierenden, ›sehenden‹ Blick (etymologisierende Rückdeutung) als auch durch die Neigung zum Ausspähen erotischer Situationen (gebräuchlicher Wortsinn). Die Verknüpfung beider Möglichkeiten ergibt eine Verbrechensgeschichte mit vorherrschend ›objektiver‹ Betrachtungsweise. Der Präzision des visualisierten Raumes entspricht die Präzision der registrierten Zeitabschnitte: Symptomatischerweise ist der Protagonist Mathias Handelsvertreter für Armbanduhren.

Der Roman setzt sich aus drei Teilen zusammen; die beiden ersten unterscheiden sich im Umfang nur unwesentlich, der dritte Teil ist etwas länger. Dargestellt werden die mißglückten Versuche des Handelsvertreters, seine Uhren auf der Insel seiner Kindheit an den Mann zu bringen. Vor dem Hintergrund serieller Abläufe, bei denen meist nur wenige Worte fallen, schieben sich einige Motive in den Vordergrund, die bereits bei der Ankunft des Schiffes an der Insel eine wichtige Rolle gespielt haben: das Motiv des Stricks, das Motiv der Möwe, das Motiv des kleinen Mädchens. ›Cordelette‹, ›mouette‹ und ›petite fille‹ sind sowohl reale Präsenz als auch erinnerte Geschichte, die aus der Kindheit aufsteigt. Die Schnur, einst Bestandteil einer Sammlung in kindlicher Schatzkiste, ist jetzt Fundstück auf dem Schiffsdeck und wandert in die Tasche des Reisenden. Die Schnur liegt da in Form einer Acht, ein Motiv, das immer wieder vorkommen wird und sich, von der äußeren Form ausgehend, transformiert in Brille, Augenpaar, ›regard‹. Dem ›regard‹ des Seils und seiner Entsprechungen an den Türen (»lunettes, des yeux, des anneaux, ou les spires en forme de huit d'une ficelle roulée«, 66) entspricht der starre Blick der Möwe, einst gezeichnet in der Kindheit, jetzt wieder erblickt in dem Seestück, das die Rückkehr zur verlassenen Heimat rahmt, ebenso wie der stumme starre Blick des kleinen Mädchens, das Mathias auf dem Schiff ansieht. Das faszinierte Sehen erstreckt sich auch auf alles andere: Menschen, Objekte, Situationen, und multipliziert sich dabei oftmals zu einer Serie von neutralen Spiegelungen: »La servante regardait le sol à ses pieds. Le patron regardait la servante. Mathias voyait le regard du patron. Les trois marins regardaient leurs verres.« (56f.) Das ungelöste Rätsel der Verbrechensgeschichte erwächst jedoch aus den Hauptmotiven Strick, Mädchen, Möwe. Sie kehren in einer kaum mehr überschaubaren Fülle von Variationen wieder und begleiten die (zunächst) sechs Stunden und fünfzehn Minuten dauernde Odyssee des Handelsvertreters auf der Insel seiner Kindheit. Sie sind Keimzellen der Motivwucherungen, aus denen sich die Struktur des Romans speist. Dabei gehen wie in *Les gommes* präsentische Wahrnehmung, Erinnerung und Vorstellung ineinander über, ohne daß die Schwellen gekennzeichnet wären. Einzig die Äquivalenzen auf den Segmenten derselben Zeitebene können als Orientierungspunkte dienen, deren Zuverlässigkeit jedoch auch noch durch ebenenüberschreitende Parallelismen absichtlich wieder gestört wird. Das Protagonistenbewußtsein des ›voyeur‹ stiftet keine Kohärenz, und das traditionalistisch geprägte Leserbewußtsein soll ebenfalls an ihrer Herstellung gehindert werden.

Die drei Teile des Romans sind nur grobmaschig durch eine linear fortschreitende Handlung und eine sie stützende progressive Chronologie strukturiert. Ankunft und Tagesablauf füllen Teil I und

Teil II aus. Teil I endet doppeldeutig mit einem topographisch und moralisch zu verstehenden Verb: »Mathias n'a plus qu'à se laisser descendre.« (87) Teil II beginnt suggestiv mit der Beschreibung eines Froschkadavers, »cuisses ouvertes, bras en croix« (91). Am Ende von Teil II verpaßt Mathias das Schiff, das ihn nach dem wenig einträglichen Verkaufsbesuch auf der Insel wieder nach Hause zurückbringen soll. In Teil III wird das zuvor nur angedeutete ›Unglück‹, das einem jungen Mädchen widerfahren ist, entdeckt. Mathias verbringt zwei weitere Tage auf der Insel und fährt dann zur Stadt zurück. An einem ›realistischen‹ Spannungsaufbau ist Robbe-Grillet nicht nur nicht interessiert; er will ihn vielmehr erbarmungslos zerstören. Trotz zahlreicher der Chronologie abträglicher repetitiver Elemente, kombinatorischer Echos und geringfügig verschobener Varianten quasi-identischer Strukturen gibt es jedoch eine klare kompositorische Steigerung. Sie liegt in der Intensität der Preisgabe dessen, was die Optik des ›voyeur‹ beschäftigt. Diese Optik umkreist gemäß dem Doppelsinn des Titels, der der Berufsbezeichnung ›voyageur‹ durch Kürzung gleichsam Gewalt antut, das Motiv des jungen Mädchens und der ihm widerfahrenen Gewalt, ein Motiv, für das die wesentlichen Elemente in Teil I bereitgestellt, in Teil II ergänzt und ›verdrängt‹, in Teil III schließlich so weit offengelegt werden, wie es der Grundansatz der Entpsychologisierung und der weitgehenden Entzerrung von Tat und Täter erlaubt. Mit dem (ohnehin immer nur vorgestellten) ›realen‹ Ablauf hat diese Steigerung nur wenig zu tun. Man könnte eher von einer zunehmenden und unaufhaltsamen Invasion der Fakten ins Bewußtsein sprechen, ohne daß dabei jedoch etwaige Erkenntnis- oder Verdrängungsstrategien dieses Bewußtseins als solche benannt oder beschrieben würden. Das eben ist genau das Neue: Obwohl die Perspektive des ›voyageur/voyeur‹ einen auktorialen Erzähler ersetzt, obwohl diese Perspektive sich ständig als geradezu kartesianisches gedankliches Revuepassieren geplanter oder verrichteter Abläufe (Ausleihen eines Fahrrads, Durchradeln der Insel, Besuch in Bistros und bei potentiellen Käufern, Verkaufsgespräche und spärliches Absetzen von Uhren verschiedener Preisklassen) manifestiert, ist der Denkende niemals jemand, der sich, und sei es auch nur im Geheimen seiner Innerlichkeit, direkt als ›Täter‹ identifizieren würde, so daß der fehlenden äußerlichen Identifizierung eine innere Leerstelle entspricht, die mit einem zeitlichen Loch korrespondiert. Insofern umkreist der gesamte Roman ein ›vide‹ historisch-moralischer Natur, das sich auf die Subjekthaftigkeit des Protagonisten ausdehnt. Diese Vereinnahmung des Subjektbewußtseins durch die zentrale Leerstelle geht so weit, daß stellenweise der Perspektiveträger sich selbst als Person von außen sieht, ›voyeur‹ seiner selbst wird (wie er etwa beim Ehepaar Robin fremd mit Fremden zu Tisch sitzt), so wie er auch sein Bewußtsein eher als ›voyeur‹ ausspäht denn als Verantwortlicher aussagt. Man muß nicht unbedingt (wie Morrissette) davon ausgehen, daß diese ›neutralen‹ Passagen nicht mentaler Natur sind, sondern als ›objektiver‹ auktorialer Hintergrund dienen sollen, vor dem die pathologischen Verzerrungen der Psyche des Protagonisten desto deutlicher sichtbar würden; dies würde unnötig wieder zu sehr in die Richtung von Kompromissen mit traditioneller Lesererwartung gehen.

Zu den Grundansätzen des Nouveau Roman gehört die zentrale Position der Objekte in dieser Welt der Teilnahmslosigkeit. Die Klippen, die Wogen, die Wege vom und zum Ufer, die Straßen zur Kleinstadt, zum Dorf, die Pfade zu Senkungen, die flachen Häuser mit ihrer stereotyp gleichen Inneneinrichtung, die wenigen Geschäfte und Bistros: das alles wird aufs genaueste beschrieben und in seinen Elementen immer wieder neu kombiniert. Dasselbe Verfahren überpräziser Beschreibung, das den Räumen, ihren Oberflächen und ihren Distanzen gewidmet ist, wird auch auf die Ebene der zeitlichen Strukturen projiziert. Immer wieder durchmißt der Leser mit Mathias und dem Autor die zur Verfügung stehenden raumzeitlichen Möglichkeiten und ihr Potential an Verrat. Daß Vorhandensein und Disposition von Objekten in Raum und Zeit zu Verbrechensindizien werden können, ist selbstverständlich auch dem klassischen Detektivroman bekannt. Jetzt gibt es jedoch keinen Detektiv, sondern nur einen seine Täterschaft psychisch ausblendenden Protagonisten, den Räume, Zeiten, Gegenstände (denen Personen auf durchaus demselben Niveau zugesellt werden), vor sich selbst zu überführen versuchen, deren Faszination zu entgehen er sich abmüht und doch immer wieder erliegt. Diese Faszination wird jedoch nicht als seelische Wirklichkeit dargeboten, sondern rein phänomenologisch, als registrierte Anwesenheit von Welt in einem Bewußtsein, das ohne diese Anwesenheit nicht und nichts ist und insofern einer Lesererwartung, die auf die aus der psychologischen Romantradition vertraute Analyse von Emotionen spekuliert, Widerstand leistet. Einzig die Strukturen dieser anwesenden Welt, ihr kaleidoskopartig wiederkehrendes und abgewandeltes Spiel, das dem Leser statt zur Auflösung drängender Spannung das Vergnügen einer Art neutraler, objektaler Lyrik anbietet, legen den Rückschluß auf einen Sockel stumm bleibender psychischer Operationen nahe. Doch wäre es angesichts der Neuartigkeit des Darstellungsansatzes ungerecht, ja sogar eher banal, die Rezeption vornehmlich wie in einem Vexierbild auf die Entdeckung dieses bewußt ausgesparten Sockels abstellen zu wollen. Den berühmt gewordenen Analysen Bruce Morrissettes (zu deren zweiter Auflage Roland Barthes ein klärendes Vorwort schrieb) muß man den eben schon angedeuteten und von der Kritik durchaus auch erhobenen Vorwurf machen, in der Perspektivierung weg vom Robbe-Grillet ›chosiste‹ und hin zum Robbe-Grillet ›humaniste‹ mindestens tendenziell den falschen Weg gewiesen zu haben. Es sollen daher im folgenden nicht in erster Linie Reduktionen des Objektalen auf Psychisches erfolgen, sondern Deskriptionen einiger relevanter quasi fotografischer ›Motive‹ mit ihren Äquivalenzen und Kombinationstypologien aufgezeigt werden.

Zu den dominanten Strukturen gehören Zahlen, zunächst nicht spezifisch markiert, sondern als Indiz für die Bedeutung temporalquantitativer Strukturierung überhaupt eingesetzt. Mathias geht im Geiste immer wieder die ihm zur Verfügung stehende Zeit durch und teilt sie durch Wegstrecken. Die Uhr als Zeitindikator ist dabei gleichzeitig Helfer und Widersacher. Das Uhrenmotiv wird jedoch nicht nur genutzt im Hinblick auf die Funktionalität des Objekts, sondern auch auf dessen Form. Das runde Zifferblatt verweist auf die Motive ›anneau‹ und ›oeil‹, die bereits anfangs auf dem Schiff thematisiert wurden: Auge des Mädchens und der Möwe, Ringe zum Vertäuen der Schiffe. Die Ringe kehren wieder in der Beschreibung der Lampe im Zimmer, das Mathias nach dem Verpassen des Schiffes mietet und dem sich immer wieder das nie verlassene Zimmer seiner Kindheit überlagert. Ringe formen zusammen mit auch sonst immer wieder auftauchenden, sexuell konnotierten Dreiecken die Boje des Abschieds von der Insel und bilden in der Vorstellung des ›voyageur‹ einen Augenblick lang das Duo der Handschellen, die den Täter, würde er überführt, fesseln könnten. Analog geformt ist das Augenpaar der Möwen, verschiedener weiblicher Gestalten, vom jungen Mädchen auf dem Schiff bis zur Kellnerin im Café de l'Espérance, aber auch des ›témoin-voyeur‹ Julien (den Morrissette abwegigerweise für den »voyeur« des Romantitels hält), dessen ›regard‹ zunächst durch verschiedene Interpretationen als suspekt, dann durch die Entdeckung eines leichten Schielens, also einer bloßen Oberflächenverschiebung, als ungefährlich begriffen wird. Eine brillenähnliche Figur findet sich wieder in Türen, an denen Mathias klopft oder späht, und wird ebenso gebildet durch die Schnur, die Mathias auf dem Schiff findet, einsteckt und nach der er immer wieder in seinen Taschen sucht, um sich zu vergewissern, daß sie ihn (wie Zigaretten und Bonbonpapiere) nicht verraten kann. Als geometrische Figur gelesen, ähnelt die Schnur einer liegenden 8. Daran wird im Laufe des Romans vielfach erinnert: Als Zahl kehrt die 8 wieder im Auftragsbuch des Reisenden, als Symbol des Sehens in der Serie Augenpaar, Brille, Türspion, als Raummetapher in der Form des Weges, den Mathias auf der Insel zurücklegt. Ebenso prominent wie die Zahl 8 ist die – ihr von der Form her ähnliche – Zahl 3. Sie ›zählt‹ die Möwen, die häufig als ›Zeugen‹ erscheinen, kehrt wieder mit der Gläseranzahl auf der Theke des Café de l'Espérance, in Situationen also, in denen Mathias sich des Bodens unter seinen Füßen zu vergewissern sucht und gleichzeitig Fetzen von Unterhaltungen zum ›Drama‹ der Insel mitanhören muß; sie ist vor allem besetzt durch die drei Töchter der Familie Leduc, von denen sich die jüngste als Opfer eines Unglücks, über dessen Wahrheit nur der »voyeur« reden könnte, ebenso abspaltet wie eine einzelne Möwe von ihrer Dreiergruppe. Drei Tage verbringt Mathias entgegen seiner ursprünglichen Planung auf der Insel; der erste ist als gesondert herausgehoben und abgetrennt; am Schluß kann er mit der mehrfach geäußerten Hoffnung entkommen, in drei Stunden wieder an Land zu sein. Und schließlich ist daran zu erinnern, daß die Gesamtkomposition des Romans aus drei Teilen besteht.

Von den drei Töchtern der Familie Leduc ist die jüngste Gegenstand der Suche und der ungeklärten Entdeckung. Die Vorstellung von ihrem zurückgebogenen Hals, den marionettenhaft abgewinkelten Armen, den zum Dreieck gespreizten Beinen wird – neben dem makabren Froschkadaver – auf viele Objekte projiziert. Rekurrent ist besonders das Motiv des fragilen weiblichen Halses und der dunklen Augen, das sich auf die Deskription der Möwe ausweitet. Es werden jedoch nicht nur Formen und Figuren zu äquivalenzauslösenden Keimzellen gemacht, sondern auch sprachliche Zeichen mit einem bestimmten Grundpotential an Bedeutung, das sich geradezu als Archisem durch den Text zieht. Hier ist vor allem der Ersatz des Namens Jacqueline durch Violette zu nennen. Für den Literaturkenner ist die Koppelung Violette Leduc natürlich eine Anspielung auf die Schriftstellerin dieses Namens. Textintern ist das Opfer Violette Protagonistin eines anderen Falles, den ein vom »voyeur« aufbewahrter Zeitungsausschnitt als ›fait divers‹ festhält. Die Durchlöcherung des Zeitungsausschnittes mit brennenden Zigaretten erinnert an die Folterung des Opfers und ist gleichzeitig die erste Phase der den ›fait divers‹ ausradierenden Verbrennung des fatalen Papiers. Der Name Violette kehrt wieder im Violett des Meeres, das mit der gleichen ›violence‹ an die Klippen brandet, mit der der Körper im Wasser aufschlägt. In seinem Wortkern enthält der Name jenen ›viol‹, den der Roman selbst ausspart und nur durch die mit der ›cordelette‹ vorgenommenen makabren Fixierung der Extremitäten suggeriert. (Dem rekurrenten ›huit‹ der ›cordelette‹ ist ›Violette/viol‹ phonetisch verwandt.) Durch das Verbrennen des Zeitungsausschnittes wird gleichsam erneut ungeschehen gemacht, was niemals direkt gesagt wurde: Violette geht im Rahmen der Fiktion in den Bereich des Fiktionalen ein, ist potenzierte Fiktion, wofür die Strukturähnlichkeit ihrer Geschichte mit der lokalen Legende von der Jungfrauenopferung ein weiteres massives Indiz bildet. »On lui avait souvent raconté cette histoire«, leitmotivisch wiederkehrende Reminiszenz aus der Kindheit (ein Satz, der neben vielen anderen Reprisen wörtlich noch in *Les derniers jours de Corinthe*, S. 9, wiederkehrt), bezieht sich vielleicht nur auf die gezeichnete, die fiktive ›mouette‹, vielleicht aber auch auf das gesamte Mosaik jener am ausgesparten Geschehen beteiligten Elemente, aus denen die ›histoire‹ sich zusammensetzt. Aus den mehrfach beschriebenen ›armoires‹ der Vergangenheit steigen die trüben Schwaden jenes erotischen Voyeurismus auf, der sich in ›faits divers‹, Fotografien, Kalenderblättern, Kinoplakaten, geraunten Geschichten, ausgespähten oder erinnerten Interviews ausbreitet.

Die Objekte bewegen sich in diesem Dunst als stumme Zeugen ohne Eindeutigkeit, deren Interpretation erst durch die Reden des sich selbst verdächtigenden »voyeur« festgemacht werden. Je nachdem ob die gleichen Gegenstände (beziehungsweise Distanzen und Zeiträume) konstatierend, verneint, fragend oder im Konditional besprochen werden, manifestieren sie sich als anklagende oder verteidigende Orientierungspunkte. In sich sind sie indifferent wie der starre Blick der Möwe, die ausdruckslosen Mädchenaugen. Nur an einigen Stellen, etwa wenn Mathias seinem ›emploi du temps‹, in dem immer wieder eine Lücke bleibt, übereifrig sogar das Einmaleins einverleibt, oder wenn er wie eine defekte Schallplatte immer wieder denselben Satzfetzen stammelt (»La fille qui servait derrière le bar, avait un visage peureux et des manières mal assurées, de chien mal assurées, de chien mal assurées, de fille qui servait...«, 106; »la photographie où l'on voit... la photographie où l'on voit la photographie, la photographie, la photographie, la photographie«, 117), wird der psychische Sockel vernehmbar, dem die objektal gesteuerten Orientierungsreisen entspringen. Meist aber verzichtet Robbe-Grillet auf diese Strategien einer traditionelleren Psychologisierung, bleibt rein phänomenologisch und bevorzugt dabei übergenaue geometrisch dominierte Deskriptionen, in denen sich Begriffe wie ›horizontal‹, ›vertical‹, ›diagonal‹, ›angle‹, ›triangle‹, ›cercle‹, ›oblique‹ bis hin zu jenem ›parallélépipède‹, den Sartres Roquentin als ausdruckslos verworfen hatte, häufen. Gelegentlich freilich muß Mathias zugeben, daß gerade dieses Übermaß an Präzision zeitlicher und räumlicher Art ihn verdächtig macht. Der Protagonist wird dann gleichsam zum ersten und prominentesten Vertreter jener Rezeption, die den Nouveau Roman immer wieder aus der Oberflächenhaftigkeit in die Bedrohlichkeit unterschwelliger Geheimnistiefe übergleiten sieht.

La jalousie

Der Roman *La jalousie* radikalisiert den Ansatz der Chronologiezerstörung und der Progression durch Intensitätsabstufungen, indem er auf Vergangenheitszeiten verzichtet und alles Erzählte ins Präsens setzt, so daß Erlebtes, Erinnertes, Vorgestelltes vom Tempusgebrauch her nicht mehr unterscheidbar wird. Orientierungspunkte innerhalb der dargestellten Welt sind ausschließlich einem registrierenden Blick unterworfen. Dieser präsentiert sich zunächst – irreführend – so, als unterstehe er ausschließlich jenem ästhetischen Gesetz, das Foucault in seiner Aristoteles-Auslegung so zusammenfaßt:

»La perception visuelle, comme sensation à distance d'objets multiples, donnés simultanément et qui ne sont pas en rapport immédiat avec l'utilité du corps, manifeste dans la sensation qu'elle emporte avec soi le lien entre connaissance, plaisir et vérité.« (1989, S. 13)

Wenngleich sich dieses Gesetz als für den anwesend-abwesenden Protagonisten letztlich nicht gültig erweist, behält es doch in gewissem Maße seine Wirksamkeit für den Leser, dessen freierer genießender Blick einem textimmanenten ›regard‹ übergeordnet bleibt, der ebenso gut seine konkrete Umgebung fixieren mag wie innere Bilder seiner Obsessionen. Emotionen und deren Analyse werden freilich auch in diesem der ›jalousie‹ gewidmetem Roman völlig ausgespart. Die Wahl des titelgebenden Homonyms, das ebenso den neutral-unverdächtigen Gegenstand Fensterrolladen bezeichnet wie die überaus traditionelle und romaneske Leidenschaft der Eifersucht, legt freilich die ungesagte psychische Grundlage für die spezifische Oberflächenstrukturierung nahe. Robbe-Grillet hat diesen evidenten Zusammenhang in der Verteidigung seiner Romane gegen den Vorwurf der ›Inhumanität‹ ausdrücklich bestätigt; er verwahrt sich aber im übrigen gegen eine Reduktion seiner Romane auf das bloße Spiel mit dem *signifiant*, dem Sprachmaterial (vgl. Ricardou, van Rossum- Guyon, éds., 1972, t. 2, S. 157ff.).

Beobachtet werden in *La jalousie* zwei Figuren: A..., die Frau des nie direkt thematisierten Beobachters, und Franck, ein Nachbar, der immer häufiger ohne seine kränkelnde Frau Christiane, die (wie beider Kind) im Roman nur als Gesprächsgegenstand anwesend ist, zu

Besuch zu kommen pflegt. Ein klischeehaft anskizziertes Kolonialmilieu wird hier ebenso wenig traditionalistisch genutzt wie die angedeutete Dreiecksgeschichte. Es geht nicht darum, mit der (vagen) geographischen Situierung das spezifische Klima frustrierender Langeweile zu erzeugen, aus dem so manches Kolonialdrama erwächst, sondern besonders günstige Bedingungen für Sichtbares zu schaffen, das sich vor dem Hintergrund überdeutlicher Lichtbewegungen abhebt. Dieses Spiel zwischen dem Hintergrund und dem, was sich davor abhebt, bestimmt auch die Struktur des *mille-pattes*-Motivs, das sich aus einer beiläufigen Geste zum hartnäckig wiederkehrenden und eindeutig erotisch konnotierten Thema verselbständigt. Die Komplizität zwischen A... und Franck offenbart sich zunächst nur durch die Anordnung der Objekte im Raum: Wenn drei Gläser auf dem Tisch stehen, ist die Distanz zwischen dem von A... und Franck geringer als die beider zum dritten. Dasselbe gilt für die Position der Stühle, die Haltung der Körper, der Hände etc.

Als Handlungsrest wird eine gemeinsame Fahrt beider zur nächsten Stadt besprochen, die einer (angeblichen) Wagenpanne wegen eine Hotelübernachtung erforderlich macht. Die ablaufunabhängige Zeitbehandlung gestattet keine exakte Zuordnung der Vorkommnisse zu bestimmten Phasen von Erzählzeit und erzählter Zeit und macht eine Überprüfung des Status von textinterner Realität oder Fiktion unmöglich. Am ehesten ist auch hier wieder die Hypothese einer zunehmenden Intensivierung der Optik und ihres Umschlagens von außen nach innen pertinent. In welchem Maße chronologische Orientierungshilfen fehlen, läßt sich schon an der Makrostruktur ablesen: In einer als ›Inhaltsverzeichnis‹ fungierenden nachgestellten Übersicht führt Robbe-Grillet die Anfänge der ausschließlich durch Textabstand gewonnenen neun ›Kapitel‹ an. Das erste, das zweite, das achte und das neunte ›Kapitel‹ werden eröffnet durch das Adverb »maintenant«, dessen wiederholte prominente Position das ebenso Punktuelle wie Atemporale, Diskontinuierliche des ›Ablaufs‹ verdeutlicht.

Der Roman beginnt mit Beschreibungen von Licht- und Schattenwanderungen, die auf einen bestimmten Betrachterstandort (»ce coin de terrasse«, 10) schließen lassen. Von dieser Position aus werden das Haus, seine Umgebung (»les bananiers de la plantation«, 11) und vor allem A... beobachtet, deren Blick der Beobachter durch Änderung der Perspektive stets auszuweichen sucht. A... ist Objekt der Faszination. Hierfür ist schon die Namengebung ein Indiz. Sie suggeriert Geheimnis und Vertrautheit zugleich. Außerdem erfolgt die Nennung nicht nur überhaupt sehr häufig, sondern mit Vorliebe an exponierter Stelle (zu Beginn eines neuen Abschnitts).

Über das Wesen von A... erhält man nur die wenigen Informationen, die aus berichteten Gesprächen hervorgehen: ihre Unempfindlichkeit gegenüber Witterungseinflüssen, ihre stets gleichbleibende »aisance« in allen Lebenslagen (10). An ihrem Äußeren werden vor allem die »boucles noires de ses cheveux« (10) hervorgehoben, deren »mouvement souple« (11) mit der »aisance« ihrer Trägerin korrespondiert. Das Haar wird immer wieder zum pars pro toto für ihre attraktive Feminität. Der Blick des »observateur posté sur la terrasse« (13) eröffnet die Möglichkeit großzügiger perspektivischer Situierung von Haus, Garten, Plantage, ohne daß ein übergeordneter auktorialer Erzähler eingeführt werden müßte. Auf Personen und Geschichten gerichtet, kann und soll der Blick jedoch nur Ausschnitte wahrnehmen, so, als ob er durch halbgeöffnete Lamellen von Jalousien ins Innere blickte (was konkret tatsächlich immer wieder der Fall ist). Die Herauslösung des gesehenen Materials ist durch den verschwiegenen psychischen Untergrund der Eifersucht motiviert, von der im Text direkt nie die Rede ist, so wie auch der eifersüchtige Beobachter in diesem »roman de l'absence« (Bernal, 1964) nie direkt in Erscheinung tritt. Es werden im Gegenteil gelegentlich für die beobachtete ›verdächtige‹ Disposition von Gegenständen im Raum verharmlosende Erklärungen angeboten, ein Verfahren, das an bestimmte Momente des *Etranger* von Camus erinnert, dessen Meursault ebenfalls möglichst lange Physisches auf Physisches zu reduzieren pflegte und nicht, wie es ›romanesk‹ wäre, Physisches auf Psychisches. In *La jalousie* wird etwa die Anordnung der Sessel, die A... und Franck gemeinsam abspalten, mit der zwischen den Gruppen zu erhaltenden Aussicht begründet; suspekte Gesten der Nähe werden durch praktische Erwägungen entgiftet. Dem einmal aufkommenden Verdacht, A... könnte Franck zugelächelt haben, folgt sogleich dessen Zurückweisung: »Le sourire fugitif ne devait être qu'un reflet de la lampe, ou l'ombre d'un papillon.« (26f.)

Sowohl die Auswahl der Realitätsausschnitte als auch ihre beflissene therapeutische Entdämonisierung bezeugen jenes beunruhigende Übermaß an Präzisionsbemühen, mit dem auch bereits der »voyeur« zu kämpfen hatte. A...s Lächeln etwa, paralinguistische Wesensmetonymie, läßt jede Deutung zu: »dérision«, »confiance«, »absence totale de sentiment« (42), was letztlich hinausläuft auf jene ›Ausdruckslosigkeit‹, die als Voraussetzung und Resultat aller (Fehl-)Deutungen das Universum Robbe-Grillets durchzieht. Freilich, wenn Franck ins Visier genommen wird, gelten offensichtlich strengere Beurteilungsmaßstäbe. Zeigt A... beim gemeinsamen Abendessen dieselbe elegante »aisance« wie immer, so fällt Franck deshalb auf, weil er, ohne daß solche Kategorien explizit gebraucht würden, ganz einfach mißfällt: »Il serait difficile de préciser où, exactement, il néglige quelque règle essentielle, sur quel point particulier il manque de discrétion. Evitant tout défaut notable, son comportement, néanmoins, ne passe pas inaperçu.« (23) Der letzte Satz ist programmatisch für die gesamte Observierung des Hausfreundes. Die meisten Beobachtungen unterliegen jedoch – vor allen Versuchen der Bedeutungsabschwächung oder -überbewertung – dem auch und gerade in diesem Roman dominanten Prinzip exakter Maßangaben, deren Aussagepotential der Leser gemäß seiner eigenen Erwartungshaltung einschätzen wird: »Les quatre mains sont alignées, immobiles. L'espace entre la main gauche de A... et la main droite de Franck est de dix centimètres, environ.« (30)

Auch die in *La jalousie* relativ häufig beschriebenen Laute erscheinen weitgehend ihres traditionellen Affekt- oder Emotionspotentials entledigt. So werden die verschiedenen Tierstimmen, die sich in der Dunkelheit Gehör verschaffen, vom Erzähler-Beobachter explizit egalisiert und neutralisiert:

»(...) tous ces cris se ressemblent; non qu'ils aient un caractère commun facile à préciser, il s'agirait plutôt d'un commun manque de caractère: ils n'ont pas l'air d'être des cris effarouchés, ou de douleur, ou menaçants, ou bien d'amour. Ce sont comme des cris machinaux, poussés sans raison décelable, n'exprimant rien, ne signalant que l'existence, la position et les déplacements respectifs de chaque animal, dont ils jalonnent le trajet dans la nuit.« (31)

Es ist dasselbe Prinzip, mit dem peinlich genau die Bananenpflanzungen beschrieben, gezählt, egalisiert werden. Bis zur 6. Pflanzenreihe werden den Mengenangaben noch Zusätze beigesellt, die beispielsweise über den Reifestand der Stauden und die Erntephase berichten, dann folgen nur noch neutrale Zahlen: »vingt-trois, vingt-et-un, vingt-et-un« (etc.) (36f.). Ein Kabinettstück neutraler Deskription, typisches ›morceau d'anthologie‹ dessen, was den Spannungssucher am Nouveau Roman so verärgert, ist auch die Beschreibung der Balustrade, von deren Holzgrund sich allmählich die Farbe löst (Sequenzen, wie sie auch das Kino des Nouveau Roman liebt, mit dessen Strukturen gerade dieser Roman sehr viel gemein hat).

Unter den wenigen Gesprächsthemen, mit denen sich A... und Franck beschäftigen, sind die Lektüre eines Romans, von dem noch zu reden sein wird, und die geplante, erinnerte, vorgestellte gemeinsame Fahrt in die Stadt hervorzuheben. Elemente des letztgenannten Motivkomplexes sind: Wagen, Hotel, Tausendfüßler (›mille-pattes‹

oder auch ›scutigère‹). Sie tauchen in immer neuen Kombinationen auf und werden mit dem Faszinationsobjekt A... so verbunden, daß Elemente aus dem zunächst unabhängigen Komplex der Feminität in den Komplex Stadtfahrt eingreifen und umgekehrt. Durch perspektivische Transformationen beginnen die Bausteine der erzählten – konstatierten – Welt zu schillern, ein Vorgang, der für den nicht eingeübten Leser mit erheblichen – gewollten – Irritationen verbunden ist, zumal die Metamorphosen und Verschiebungen nicht durch temporale Indizien gesteuert werden. Es existiert also nicht, im Sinne ›klassischer‹ handlungsorientierter Erzähltheorie, zu Beginn eine ›harmonische‹ Welt, die durch eine wie auch immer geartete Grenzübertretung gestört und durch die Anstrengungen des oder der Protagonisten am Schluß in die ursprüngliche oder eine modifizierte Ruheposition einmünden würde. Es gibt in diesem Sinne keine neu hinzutretenden Phasen der Ereignisserie, wohl aber bedient sich die dominante ›Leerstelle‹ der Beobachterposition (das ›je-néant‹ in der Terminologie Morrissettes) in variabler, im Intensitätsgrad auf- und abschwellender Weise aus dem Arsenal der von Anfang an vorausgesetzten und vorhandenen Materialien, deren ›Grenzüberschreitungscharakter‹ (im Sinne einer traditionellen Dreiecksgeschichte) zwar vermutet werden kann (aber eben auch nicht mehr als das), dessen Störpotential jedoch eine bloße Funktion des ausgesparten psychischen Sockels bleibt und insofern nur imaginären Status hat. Spielerisch gleichsam antwortet *La jalousie* als Echo auf das alte Erzählschema, indem der Autor Anfang und Schluß einer weniger starken Kombinations- und Transformationsdynamik aussetzt als die Mittelteile: Die Welt, die nie in Unruhe war, hat sich nicht zu beruhigen brauchen, wohl aber ein als ›Spielleiter‹ eingesetzter, anwesend-abwesender ›observateur‹, der wie eine Registrierapparatur mit vorübergehend stärker aufgedrehter Motorik funktioniert. Symptomatisch für diese ›Beruhigung‹ ist die Behandlung des Tausendfüßlermotivs, das nach einer durch Obsessionen begründeten Variationsserie so wiederkehrt, als habe es nie eine Grenzüberschreitung irgend welcher Art gegeben. Sogar der ›mille-pattes‹ selbst wird unterschlagen: »La tache a toujours été là, sur le mur.« (211) Die abendlichen Mahlzeiten mit Franck oder in Erwartung Francks, sein ›camion en panne‹, die ›grosse conduite intérieure bleue‹, A...s Gesicht, das sich beim Abschied nach der Fahrt noch einmal zum Inneren des Wagens beugt, dazu der ›mille- pattes‹ im Eßzimmer mit Francks zielsicherem Eingreifen, übertragen auf das Hotelzimmer und zur repetitiven Figur sexueller Aggressivität transformiert, die Reste des zerschlagenen Insekts, der Flecken an der Wand, die feinen Antennen, die an die ›doigts effilés‹ A...s erinnern, dazwischen immer wieder Landschaftsausschnitte, die sich in Fenstern und Wagentüren spiegeln: das sind die Materialien, mit denen der als Figur ausgesparte ›observateur‹ seine an- und abschwellende Komposition produziert. Scheinbar harmlose Bemerkungen kann man mit dem ausgesparten Ehemann als Anzüglichkeiten lesen; so wirft A... Franck nach der Fahrt vor: »Mais vous n'êtes pas un mécanicien bien étonnant, n'est-ce pas?« (85), was möglicherweise nicht nur auf den Kalkül zur gemeinsamen Übernachtung anspielt, sondern auch auf ein erotisches Versagen des Liebhabers. Dafür würde auch die Transformation seines Lächelns in »une sorte de grimace« sprechen und ihr »air de sérénité amusée« (86) sowie sein überstürzter Aufbruch nach der gemeinsamen Rückkehr, die im vierten Teil vor der ausführlichen Planung der gemeinsamen Fahrt dargestellt wird. Chronologische Inversionen wie diese durchziehen den gesamten Text und sind als indirekte Faktoren des Intensitätswechsels präsentischer, erinnerter oder imaginierter Vorfälle zu werten.

Den Teilen 6 und 7 kommt insofern ein besonderer Intensitätsstatus zu, als hier ausdrücklich die jeweilige Eröffnungssequenz auf die durch A...s Stadtfahrt begründete Leere des Hauses verweist. Der Beobachter kann nicht nur überall, auch in A...s Sekretär, nach Verdächtigem suchen und sich dabei gleichzeitig durch A...s imaginären Anblick das ganze Haus gewissermaßen verstellen lassen. Er kann sich vor allem ausführlich mit dem ›mille-pattes‹, der Francks verhaßte Handschrift trägt, befassen, zunächst durch den Versuch der definitiven Auslöschung (mittels ›gomme‹ und ›lame‹), dann vor allem durch eine übergangslos eingeblendete Vision des Hotelzimmers, in dem der bislang mittelgroße ›mille-pattes‹ immens wird: »Il est gigantesque: un des plus gros qui puissent se rencontrer sous ces climats.« (163) Die Merkmale des kräftigen ›crabe de terre‹, den der einsame Beobachter in seinem Teller vorfindet, verbinden sich mit denen des erinnerten und imaginierten ›mille-pattes‹: »Ses antennes allongées, ses pattes immenses étalées autour du corps, il couvre presque la surface d'une assiette ordinaire.« (163) ›Konvulsionen‹ und ›Spasmen‹ wie in der vorgestellten Bettszene ereignen sich beim Kämmen des dem ›mille-pattes‹ gleich knisternden Haares, das als Metonymie attraktiver Feminität fungiert und schließlich die gesamte einsame Nacht mit den erotischen Phantasmagorien in sich aufnimmt: »Pareille à cette nuit sans contours, la chevelure de soie coule entre les doigts crispés.« (173f.)

Neben optischen Spuren arbeiten in diesen Teilen vor allem auch akustische (Insektenflug, Tierschreie) als Auslöser der bis zur imaginären Katastrophe (Verbrennen des Wagens) reichenden inneren Bewegungen, die nie als solche gekennzeichnet und schließlich wieder, mit schöner Rückdeutung des titelgebenden Homonyms, auf die Gesetzmäßigkeiten der Physik reduziert werden: »Par les fentes d'une jalousie entrouverte – un peu tard – il est évidemment impossible de distinguer quoi que ce soit.« (171) Die beiden letzten Teile entdramatisieren schließlich das Ganze, verfolgen wieder die Bewegungen von Sonne und Schatten; der Beginn des Schlußkapitels ist identisch mit dem Anfang: »Maintenant l'ombre du pilier...«, der Kreis erlebter Zeit hat sich geschlossen: »Il est six heures et demie« (218), das Haus taucht wieder zurück in die Dunkelheit der Ereignislosigkeit, aus dem »la jalousie« es herausgehoben hatte.

Die Strategie der Strukturierung des Hauptmotivs und des um dieses Zeichen komponierten Romans, ebenso kompliziert wie nicht-final, spiegelt sich in optischen und akustischen Elementen des Textes, die einerseits Fragmente des dargestellten und durch die »jalousie« erspähten Mikrokosmos sind, andererseits als dessen ›mise en abyme‹ fungieren und dadurch sekundär, jedoch nicht weniger deutlich, Relief erhalten. Die ›mise en abyme‹ ist eine Spiegelung des Ganzen in einem seiner Teile. Als ›Bild im Bild‹ und ›Theater im Theater‹ mit dem Paradebeispiel *Hamlet* war das Phänomen längst bekannt. Zur Beschreibung der Struktur seines Romans *Les Faux-Monnayeurs* (1925) übernimmt Gide den umfassenderen Begriff ›mise en abyme‹ aus der Heraldik in die Erzähltheorie. Zahlreiche Romanciers des 20. Jahrhunderts (u.a. Proust, Gide, Sarte) verwenden eine ›mise en abyme‹ vom Typus des ›Buchs im Buch‹ bzw. des Schriftstellers im geschriebenen Text. Bei den Nouveaux Romanciers wird die ›mise en abyme‹ – neben der häufigen Wiederkehr identischer Elemente (›répétivité‹) und der Abwandlung ein und desselben Ausgangsmaterials (›variation‹) – zu einem ihrer wichtigsten Erzählverfahren. Sie gehen damit jedoch sehr viel großzügiger um als ihre Vorgänger und lassen nicht mehr nur die Tätigkeit des Schriftstellers oder Texte im Text, sondern im Prinzip jede Art von Vorkommnissen oder Gegenständen zu Spiegeln des Hauptinhalts oder der wesentlichen Verfahren des Ganzen werden.

In *La jalousie* sind solche objektalen Spiegelungen unter anderem die Struktur des Haarknotens von A..., der Aufbau des Eingeborenenliedes, die Reflexe in Fotografien, Spiegeln oder Fenstern. Oft wird dabei eine Grenzziehung zwischen der primären und der sekundären Ebene unterschlagen, so daß zum Beispiel A...s Position im Sessel auf der Fotografie ohne rezeptionssteuernde Hilfestellung übergleitet in eine jener ständig wiederkehrenden Beschreibungen der ›realen‹ Sesselgruppierung auf der Terrasse des Hauses (›glissements‹, wie sie Robbe-Grillet dem Leser ebenso wie dem Zuschauer seiner Filme mehr und mehr zumuten wird).

Für die nicht-finale Struktur des Romans bietet der ›chant indigène‹ des zweiten Chauffeurs eine ausgezeichnete Spiegelung, unterbrochen durch die (verdächtige) Briefschreibetätigkeit A...s (das blaue Briefpapier wird in Francks Brusttasche landen), was die Durchsichtigkeit des Akustischen für Geschriebenes unterstreicht. Das Auffällige am Lied des Eingeborenen sind zum Beispiel die ›ruptures‹, Augenblicke, bei denen der Zuhörer nicht weiß, ob das Ende schon da ist oder ein ebenso abrupter Neuanfang erfolgen wird, dann die Variationen und geringfügigen Verschiebungen des motivlichen Grundarsenals:

»Si parfois les thèmes s'estompent, c'est pour revenir un peu plus tard, affermis, à peu de chose près identiques. Cependant ces répétitions, ces infimes variantes, ces coupures, ces retours en arrière, peuvent donner lieu à des modifications bien qu'à peine sensibles – entraînant à la longue fort loin du point de départ.« (101)

Dieses akustische Spiel mit Variationen, mit Dämpfungen und Profilierungen einer konstanten Grundthematik, charakterisiert auf der Ebene der Textsemantik und ihrer poetischen Realisierung nicht nur *La jalousie*, sondern ein breit gefächertes Spektrum des ganzen Nouveau Roman.

Spiegelung per Opposition konstituiert dagegen der Roman im Roman, über den A... und Franck sich fortlaufend unterhalten. Hier geht der Literaturtheoretiker mit dem Autor durch, wenn er seinen sonst völlig im Dunkeln verbleibenden ›observateur‹ mit Kommentaren ausstattet, die den Plantagenbesitzer überraschenderweise als Philosophen des Phänomens Literatur ausweisen. Jetzt geht es eben nicht um charakterologische Mimesis, sondern um die beim Schopf ergriffene Gelegenheit zur (warnenden) Erinnerung an traditionelles Leserverhalten, wie es von A... und Franck repräsentiert und vom Nouveau Roman einerseits vorgefunden, andererseits ausgehebelt wird. Wenngleich auch der Roman im Roman im Kolonialklima spielt, ist nicht beabsichtigt, in ihm die dargestellte Welt zu spiegeln, sondern in seiner Rezeption durch die Protagonisten Rezeptionsverhalten zu ironisieren. Die Dialogpartner begreifen Literatur ohne Umwege als Teil der Lebenswirklichkeit. Sie äußern keine ästhetischen Werturteile, fragen nicht nach »vraisemblance«, »cohérence« oder irgend einer »qualité du récit« (82). Vielmehr betrachten sie die Figuren als »amis communs« (82), deren Verhalten man kritisiert, deren Geschichte, wenn sie unglückselige Peripetien aufweist, man gern ändern würde, aber: »Rien ne sert de faire des suppositions contraires, puisque les choses sont ce qu'elles sont: on ne change rien à la réalité.« (83) Dieser naive Blick auf Literatur, der selbstverständlich an realistisch-mimetischen Texten ›geschult‹ ist und vom ontologischen Status der Fiktion auch nicht die leiseste Ahnung verrät, ist eine ironische ›mise en abyme‹ der eigenen radikal ›unrealistischen‹, spielerisch autonomen literarischen Position und der ihr angemessenen Rezeption, die ihrerseits erst an Romanen wie *La jalousie* ausgebildet werden kann.

Im Gegensatz zum finalistischen, auf Handlungsfortgang und -auflösung angelegten Roman ist *La jalousie* durchzogen von Momentaufnahmen, in denen die dargestellte Welt zum ›tableau‹ erstarrt, das freilich mit dem Rührungspotential des vielzitierten ›tableau‹ im ›drame bourgeois‹ absolut nichts zu tun hat. Vielmehr handelt es sich um ›natures mortes‹ ohne Tiefendimension, auf denen jedoch nicht nur Gegenstände, sondern gerade auch Menschen fixiert erscheinen (zum Beispiel immer wieder Franck und A..., aber auch die fünf Arbeiter an der Brücke mit den auszuwechselnden Rundhölzern). Es ist dasselbe Prinzip, aus dem auch die als Sammlung 1962 veröffentlichten, zum Teil jedoch schon in den fünfziger Jahren entstandenen kurzen Prosatexte der *Instantanés* erwuchsen. Derartige Fixierungen sind das stärkste Gegengewicht gegen eine auf äußere Spannung angelegte Erzähltechnik; sie enthalten im übrigen bereits jene spezifischen – magischen – filmischen Möglichkeiten, wie sie Alain Resnais und nach ihm Robbe-Grillet selbst nutzen werden. Kein Zeugnis des Nouveau Roman hat dessen radikalste Tendenzen auf elegantere und überzeugendere Weise realisiert als *La jalousie*: Robbe-Grillet hat hier einen Klassiker der neuen Romanform geschrieben, in dem sich Fremdheit und Stille der Deskriptionen einer ausgesparten Psychologie in eine ebenso verhaltene wie überzeugende narrative ›Lyrik‹ ummünzen.

Dans le labyrinthe

Seinem nächsten Roman gibt Robbe-Grillet den Titel *Dans le labyrinthe* (1959). Der Titel enthält ein Strukturprogramm, das sich für viele andere Texte des Nouveau Roman und wieder auch für dessen filmisches Universum, aber auch für Blanchot, Becketts *Molloy* und sogar für den frühen Le Clézio in Anspruch nehmen ließe (vgl. Tison-Braun, 1990, S. 315f.). Das inhaltliche Labyrinth dieses Romans erwächst aus der Suche eines im Schnee umherirrenden Soldaten nach einem Adressaten, dem er als Vermächtnis eines Toten ein Paket übergeben will. Verschiedene Helferinstanzen, insbesondere ein Kind, stehen ihm bei, führen zu einer Reihe von Straßen und wechselnden Innenräumen (Wohnung einer Soldatenfrau, Café,

Krankensaal). Ungereimtheiten, Widersprüche und Verneinungen innerhalb der Abenteuerserie des Soldaten und seines kleinen Gefährten sind beabsichtigt und unterstreichen das Nicht-Dokumentarische, auf das der Autor schon im Vorwort hinweist. Am Anfang und am Schluß des Romans gibt es ein ›je‹, das Suche und Tod des Soldaten überdauert und auf einer Kommode etwas bewahrt, das sein Paket sein könnte. Das strukturelle Labyrinth der erzählten Welt entsteht aus der textimmanenten Verschränkung der immobilen Fiktion eines Gemäldes, das die Niederlage von Reichenfels zeigt, mit daraus hervorgehender imaginierter Bewegung. Das Bild versammelt die Geschlagenen zu einer melancholischen Kaffeehausszene mit Soldat und Knaben. Das Kind beginnt nun den Soldaten zu seiner ›quête‹ zu (ver-)leiten. Da die Bausteine von ›Bild‹ und ›Leben‹ identisch sind, können sie ständig wieder ausgetauscht werden. Das Thematisieren von Bildern, die ›ins Leben treten‹, läßt sich, freilich nicht in dieser Radikalität, auch bei anderen Nouveaux Romanciers (Claude Simon in *La route des Flandres*, Nathalie Sarraute in *Portrait d'un inconnu*) und Autoren, die diesen nahestehen (so bei Marguerite Duras in *Le vice-consul*) beobachten.

Auf den letzten Seiten seines Romans gibt Robbe-Grillet eine Art Übersicht über Gewicht und Sinn seiner Figuren. Doch auch diese Übersicht ist so angelegt, daß die Grenzen zwischen ›Bild‹ und romanesker ›Realität‹, zwischen erstarrter Deskription und imaginärbewegter Fiktion, durchlässig sind, der traumhaft offene Charakter des Ganzen, seine ›Lautlosigkeit‹, unterstützt durch das Schneemotiv, spürbar bleibt:

»La femme qui a soigné le soldat blessé (...) assure qu'il était déjà malade, avant sa blessure, qu'il avait de la fièvre et qu'il agissait parfois comme un somnambule. Son fils (...) l'avait rencontré auparavant dans la rue, peut-être même à plusieurs reprises, si toutefois c'est bien du même gamin qu'il s'agit chaque fois, comme cela est vraisemblable en dépit de menues contradictions. Son rôle est primordial (...). L'invalide, en revanche, ne joue pratiquement aucun rôle. (...) Le patron du café, pour sa part, est énigmatique, ou insignifiant. Il ne dit pas un seul mot, ne fait pas un seul geste: ce gros homme chauve peut aussi bien être un espion ou un indicateur de police, la nature de ses réflexions est impossible à déterminer.« (217f.)

Während in dieser Übersicht zunächst noch einmal Handlungsabläufe erinnert und zusammengefaßt werden, geht die Bewegung allmählich wieder aus deren summarischer Wiedergabe in die Deskription einer unbeweglichen Komposition über. In ihr sitzt der Soldat still an einem Tisch im Café, den Blick auf den (jetzt) draußen fallenden Regen gerichtet, und wartet wohl auf die Serviererin, während gleichzeitig der auf der Erde hockende Junge ebenfalls durch die Lokalfenster das Wetter zu beobachten scheint. »Sur le dessin« sind Mäntel und andere Gegenstände in solcher Häufung zu sehen »qu'il est difficile de distinguer quoi que ce soit dans l'amoncellement« (219). Der Blick des (noch anonymen) Betrachters fällt dann vom »tableau« auf die darunterstehende Kommode, in einer ihrer Schubladen befindet sich »la boîte à biscuits enveloppée de papier brun« (219): Bild und Schachtel dürfen als ›reale‹ Auslöser der erzählten Geschichte verstanden werden, die abschließend durch das labyrinthische Interieur des Hauses bis zum Ich und seinen in die Welt hinausreichenden Imaginationsräumen führt: »(...) la porte d'entrée une fois franchie, la succession des longs corridors, l'escalier en spirale, la porte de l'immeuble avec sa marche de pierre, et toute la ville derrière moi« (221). Dieser Schluß greift zurück auf den Anfang, der ebenfalls ein Ich und das es umgebende Interieur präsentiert: »Je suis seul ici, maintenant, bien à l'abri.« (9) Auch jetzt scheint wieder die für Robbe-Grillet charakteristische chronologische Inversion zu funktionieren: Am Anfang gibt es ein aus dem repetitiv abgewehrten ›dehors‹ in die ›Geborgenheit‹ (existiert sie?) zurückgekehrtes Ich; am Schluß bewegt sich das Ich in Richtung auf die Stadt. Das Ende der erzählten Geschichte ereignet sich also, scheint es, am Romananfang, der Beginn an dessen Ende. Aber auch das ist noch eine simplifizierende Lektüre dieser exponierten Textstelle; der letzte Satz nämlich kehrt der in Aussicht gestellten Öffnung sofort wieder den Rücken. »Et toute la ville derrière moi« verdeckt den am Ende stehenden Anfang sogleich wieder mit dessen Verneinung und invertiert somit auch noch die Inversion: Der räumlich kodierten Labyrinthphilosophie entspricht die vielleicht noch radikalere Philosophie des Zeitlabyrinths, dem fiktionale Abläufe bei Robbe-Grillet allemal unterworfen sind. Durch das »je« am Anfang und am Ende des Textes, aus dem alles hervorgeht und in das alles wieder einmündet, wird diese Fiktionalität noch stärker unterstrichen als in den vorhergehenden Romanen. Man hat deshalb nicht grundlos, wenngleich nicht ohne Vergröberung, den gesamten Roman als Bild des schriftstellerischen Tuns verstanden, das dem »je« als Träger der ästhetischen Operationen zugeordnet wäre.

Der Nouveau Nouveau Roman

Für Robbe-Grillets späteres Erzählwerk ist eine zunehmende Fragmentarisierung der dargestellten Weltausschnitte charakteristisch. Diese Phase rechnet die Literaturgeschichte dem zu, was seit dem

Colloque de Cerisy-la-Salle oft als ›Nouveau Nouveau Roman‹ bezeichnet wird. Die Entwicklung vom Nouveau Roman zum Nouveau Nouveau Roman beschreibt Ricardou folgendermaßen:

»L'un, qu'on propose de nommer *Premier Nouveau Roman*, opère *une division tendancielle de l'Unité diégétique* et ouvre, de la sorte, une période *contestataire*. Le récit est contesté, soit par l'excès de constructions trop savantes, soit par l'abondance des enlisements descriptifs, soit par la scissiparité des mises en abyme et l'ébranlement, déjà, de diverses variantes; cependant, tant bien que mal, il parvient à sauvegarder une certaine unité. L'autre stade (...) met en scène *l'assemblage impossible d'un Pluriel diégétique* et ouvre, de la sorte, une période *subversive*. En le domaine éminemment multiple et instable des variantes généralisées, de la guerre des récits, du conflit des rhétoriques, c'est en vain qu'un récit unitaire tend à se construire. *Du stade de l'Unité agressée, on est passé au stade de l'Unité impossible.*« (*Le Nouveau Roman*, S. 139)

Beim Robbe-Grillet der späteren Phase verkleinern sich die Struktur-Bausteine, gleichzeitig nehmen die Motive Gewalt und Sexualität im Umfang zu. Es lassen sich immer stärkere Ähnlichkeiten mit den Arbeiten der Tel-Quel-Gruppe um Philippe Sollers feststellen (wobei die Einflüsse wechselseitig sein dürften): Die Signifikanten beginnen die Signifikate zu überwuchern, die kompositorische Askese wird zugunsten einer wildwüchsigen Wortwelt aufgegeben, die in ihrer Direktheit oft an Comics erinnert. Zu *La maison de rendez-vous* (1965) schreibt Robbe-Grillet einen Klappentext, der vor einem (von der Sache her jedoch kaum möglichen) ›realistischen‹ Mißverständnis warnt, in dem die als Versatzstücke verwendeten exotischen Klischees ernst genommen würden: »L'auteur tient à préciser que ce roman ne peut, en aucune manière, être considéré comme un document sur la vie dans le territoire anglais de Hong-kong«. Besonders freizügig ist die Zeitbehandlung in diesem Roman, der außerdem den Erzählerstandpunkt ebenfalls nicht wie sonst fixiert, sondern das Pronomen der ersten Person nacheinander an verschiedene Figuren heftet, so daß ein Kaleidoskop von Blickwinkeln abrollt, das jedoch nicht als Rückkehr zu einer – unmöglichen – Totalität mißverstanden werden sollte. *La maison de rendez-vous* funktioniert nicht wie die früheren Robbe-Grillet-Romane in erster Linie auf der Basis von Beschreibungen, sondern ist aus kleinen Handlungsabläufen komponiert, die ein ganzes Inventar von exotischen Gemeinplätzen mit Erotik, Sado-Masochismen, Morden und polizeilichen Untersuchungen enthalten, ohne jedoch linear fortzuschreiten oder auch nur einer kohärenten Erzählhaltung zu entspringen. Die wechselnden Erzähler scheinen zunächst hierarchisiert zu sein, doch werden sie unmerklich zu erzählten Figuren ihrer eigenen oder der fremden

Geschichte und umgekehrt, so daß sich intratextuell die Grenzen zwischen Fiktion und Realität ständig als durchlässig erweisen. Gelegentliche Behauptungen, Kontinuität und Kohärenz herstellen zu wollen, sind gleichsam geheuchelt. Dieser poetologische Schwebezustand gilt auch für den Ort Hongkong, der ebenso real wie imaginär, gleichzeitig (anwesender) Erzähl- und (abwesender) erzählter Ort (und ›in Wahrheit‹ übrigens vielleicht Shanghai) ist.

Die geradezu schwindelerregenden Grenzüberschreitungen werden verstärkt durch das zentrale Motiv der dubiosen Bühnendarbietungen in der »maison de rendez-vous«, im skandalumwitterten Luxusbordell der Lady Ava. Vorgeführt werden mit Vorliebe die typischen Männerphantasien um schöne gefolterte Sklavinnen. Wenn Frauenfiguren als Objekt der Begierde und als Opfer erscheinen, und das ist in Variationen immer wieder der Fall, greift der jeweilige Erzähler zurück auf segmentierende und sezierende, ihn bisweilen sogar außer Atem geraten lassende Beschreibungstechniken, wie sie seit *Le voyeur* im Gesamtwerk Robbe-Grillets etabliert sind. Reminiszenzen an *La jalousie* wecken beispielsweise Insektengeräusche und Melodien mit refrainartiger Phasenwiederkehr; das braune Paket, mit dem der Soldat durch das Labyrinth des dritten Romans irrt, kehrt wieder als Päckchen oder Umschlag in der Drogenszene von Hongkong (oder Shanghai). Ein gewisser vieldeutig besprochener Edouard Manneret ist sowohl Mordopfer als auch Drogen- und Mädchenhändler, Agent, Schriftsteller, Maler und Darsteller seiner eigenen Geschichte (ähnlich wie Robbe-Grillet in einigen seiner Filme zu sehen ist). In acht Varianten ereilen ihn divergierende Spielarten gewaltsamen Todes. Auch alle anderen wichtigen Figuren sterben, sogar Lady Ava, deren Identität übrigens schillert; sie kann ebenso gut auch Madame Bergmann sein und wird beiläufig sogar, wieder übrigens mit einem narrativen Versatzstück der Trivialliteratur, entmythologisiert als Prostituierte Jacqueline aus Belleville, die Hongkong noch nie in ihrem Leben gesehen hat. Zwar stellen Polizisten Untersuchungen an, was üblicherweise das Aufrollen widersprüchlicher Hypothesen plausibel machen könnte, doch stehen Ereignisberichte und detektivische Recherchen hier völlig unverbunden nebeneinander im Raum, so daß sich die Serie Mord und die Serie Polizeiarbeit gerade nicht zu einer zusammengehörigen oder transparenten Einheit fügen. Wie sich die Varianten bekriegen, das ist schließlich, so heißt es ausdrücklich, ohne Bedeutung, spielt keine Rolle, da die exotischen Genrebildchen austauschbar sind und sich absichtlich gegenseitig nivellieren.

Die Gesamtanlage des Romans läßt sich verstehen als Entwicklung eines imaginären literarischen Gegenstands, der im Diskurs über sich selbst mit Unterbrechungen, Wiederaufnahmen, Korrekturen, Wiederholungen und Widersprüchen nicht geizt. Die ineinanderfallenden, nicht als logische Pyramide gegliederten Ebenen machen die erzählte Welt, deren Handlungselemente sich in Theaterszenen, Bildern, Statuen, Schaufensterpuppen spiegeln und zu filmischen Momenten verfestigen (und umgekehrt), zu einem unauflöslichen Geheimnis, das sich freilich durch die betonte Klischeehaftigkeit seiner Elemente unaufhörlich selbst kritisiert und parodiert. Wiederholt auftauchende Illustrierten verdeutlichen in Fetzen, Seiten oder ganzen Stapeln diesen Klischeecharakter und führen mit Akribie das Funktionieren der trivialisierenden Phantasie auf einer sie selbst zerstörenden Metaebene vor. Es geht Robbe-Grillet in den Romanen der zweiten Schaffensphase um »travail de déconstruction sur des éléments découpés dans le code (...) de l'ordre établi.« (Ricardou, van Rossum-Guyon, éds., 1972, t. 2, S. 160f.)

Neben den wechselnden, aber nicht voll ernstgenommenen Ich-Erzählern kehren in der Phase des Nouveau Nouveau Roman auch andere zunächst mit dem Bannstrahl belegte Verfahren prominent wieder. So nehmen beispielsweise Farben, die in den frühen Romanen kaum vorkamen, in *La maison de rendez-vous* (schwarze Smokings, weiße Satinkleider, blaue Villa) und vor allem in *Projet pour une révolution à New York* (1970) eine wichtige Rolle ein und fungieren als Generatoren für verschiedenartige Szenen der Gewalt. Auch *Projet pour une révolution à New York* ist ein Puzzle aus moderner Stadtmythologie und ihren Phantasmen – nicht zufällig finden sich Anspielungen auf die blaue Villa in Hongkong –, für die New York als moderne Metropole *par excellence* den geeigneten Vorwand liefert. Es geht um Vorurteile und Ängste, die mit der Gewaltszenerie des Großstadtdschungels verknüpft sind (und sich wie immer bei Robbe-Grillet in der lustvoll schaurigen Obsession vom gefolterten jungen Mädchen sexualisieren) und durch die »révolution«, die geplante Umgestaltung einer Gesellschaft, die solche bedrohliche Wirklichkeiten und ihre Mythen hervorbringt, ihres Nährbodens entledigt werden sollen. Aber paradoxerweise gehören auch eben diese Pläne für gewaltsame Veränderungen zum Arsenal der Alltagsmythen, die sich zu Klischees verfestigen und an den allgemeinen Phantasmagorien teilhaben. Nur indem er beide in der kollektiven Phantasie wirkenden Destruktionsserien auf einer fragmentarisierenden und dadurch ironisierenden Metaebene spielerisch vorführt, kann der Schriftsteller ihr Funktionieren gleichsam verflüssigen und sich und seine Leser dadurch aus ihrem Bann befreien. Die poetische Darbietung des Zerstörerischen ist hier nicht angelegt als dessen Potenzierung, sondern als ein szenischer Jahrmarkt, dem der letzte Ernst abgesprochen werden darf. Als metonymisches Indiz für diese Textintention ist zum Beispiel die ausführliche Beschreibung der »boutique de perruques et masques« (52ff.) anzusehen, in der wieder Phantasmagorien zum Thema »assassinat, avec le sang qui coule sur sa figure« (52) dominieren. Vermeintliche Handlungsfiguren aus der alltäglichen Umgebung des Erzählers erscheinen jetzt als makabre Puppen im Zeichen der Zerstörung: »Et les têtes décapitées, elles aussi – je ne l'avais pas remarqué tout d'abord – saignent abondamment.« (54)

Trotzdem entbehrt es nicht ganz des deskriptiven Realismus, wenn in der Farbskala dieses Romans Rot und Schwarz, die Farben der (blutigen) Revolution und der Anarchie, eine dominante Position erhalten. In ihnen färben sich beide Gewaltserien gleich, gehen so ineinander über, daß eine Differenzierung nicht mehr möglich ist. Oppositionen sind nur noch oberflächlich, haben quasi nur ästhetischen Charakter, wenn der phantasmagorierende Beobachter den Inszenierungen einer durchaus an die »maison de rendez-vous« erinnernden Geheimgesellschaft beiwohnt und dabei die kühlen Delirien einer »mythologie aussi meurtrière que cathartique« (39) zur Kenntnis nimmt:

»Le thème de la leçon du jour paraît être ›la couleur rouge‹, envisagée comme solution radicale à l'irréductible antagonisme entre le noir et le blanc. Les trois voix sont chacune attribuées, à présent, à l'une des actions libératrices majeures se rapportant au rouge: le viol, l'incendie, le meurtre.« (38)

Konkrete Ausgangselemente der komplexen gattungstypologischen und stilistischen Fingerübungen sind: ein (in seinem obsessiven Charakter an die *Instantanés* erinnerndes) Metroplakat, auf dem ein Waschmittel gegen blutige Dramen angepriesen und gleichzeitig durch Überschreibung die nahe Revolution in Aussicht gestellt wird; Kriminalromane mit schwarzen Schauergeschichten; dazu der Erzähler, das Mädchen Laura und die zwischen beiden hin und her gehenden Begierden und Ängste; beiden zur Seite in einer fließenden Maskerade eine Reihe von weiteren Figuren und Rollen (zum Beispiel Laura als schöne Gefangene, ein Motiv, das den Titel der Magritte-Deutungen *La belle captive*, 1976, stellen wird, oder Laura als eine Art Zazie mit losem Mundwerk beim Polizeiverhör). Es fehlt nicht an humorvollen Einlagen: Der Massenmörder, der »Vampire du Métropolitain« (130), hat gleichzeitig eine »chaire de criminologie sexuelle d'une sorte de cours du soir révolutionnaire« (130) inne; Laura, diesmal als kesse Göre auftretend, muß im Verhör nicht nur Rechenschaft über ihren Tagesablauf ablegen, sondern auch poetologische Erklärungen abgeben und – als solche nicht gekennzeichnete

– Nerval-Verse vervollständigen; es kommen Mädchenleichen vor, von denen sich selbst das – offensichtlich als besonders abgebrüht eingeschätzte – Deutsche Fernsehen (214) nichts annehmen will, etc. Die Textkombinatorik erfolgt häufig durch mikrosemantische oder sprachliche Auslöser, bei denen Pronomina, Eigennamen und Diskursformen eine wichtigere Rolle spielen als die stets nur in Kreisen fortschreitende Gesamtbewegung. Beschreibungen wechseln ab mit Dialogen, in denen Reminiszenzen an die endlosen Diskussionen der Gegengewalt vom Mai 68 kein Zufall sind. Robbe-Grillet stellt im *Nouvel Observateur* vom 26. 6. 1970 selbst diese Bezüge her, allerdings eher mit nostalgischer Wehmut, und bedauert dabei, daß der Spielcharakter, den die luzidesten Vertreter der Studentenrevolte unterstrichen (zeitgenössische französische Dokumentationen bescheinigen eine solche Haltung vor allem immer wieder Daniel Cohn-Bendit), durch entfremdende Aneignung ihrer Vorstellungen sogleich wieder deformiert worden sei. Die Literatur hingegen hat dem Spiel die Treue zu halten, das ist ihre eigentliche Funktion.

Wie in *La maison de rendez-vous* gibt es auch in *Projet pour une révolution à New York* Techniken, die im Nouveau Roman der ersten Stunde verpönt waren, zum Beispiel einen Ich-Erzähler (freilich ohne stabile narrative Identität) oder die aufgezeigte Farbsymbolik. Es wäre jedoch falsch, in solchen Rückholungen verworfener Strategien eine Rückkehr zum traditionellen Erzählen sehen zu wollen, da sich die Funktionen geändert haben. Erst mit seinen ›autobiographischen‹ Texten wird Robbe-Grillet wieder ›realistischer‹, ohne jedoch auf die wichtige Rolle des Imaginären zu verzichten und ohne die Trennwände zwischen Erlebnis und Fiktion immer klar zu markieren.

Die zunehmende Sexualisierung der Robbe-Grillet-Welt mit den enthumanisierenden Gewaltstrukturen veranlaßt manche Kritiker dazu, den Autor als einen – zahmeren – Sade zu lesen. Es ist nicht ganz einfach zu entscheiden, ob dabei der negative Aspekt der ausgeübten Herrschaftsstrukturen oder der positive befreiender visionärer Grenzüberschreitungen in den Blick gehoben werden soll. Robbe-Grillets eigene Ausführungen zu seinem Nouveau Nouveau Roman, der sich aus den Versatzstücken des gesellschaftlichen Angst- und Aggressivitätsdiskurses bediene, um diesen dadurch gleichsam ironisch auszustellen, läßt sich jedenfalls nicht ohne weiteres auf sein gesamtes späteres Schaffen übertragen. Eine inhaltliche Abgrenzung mancher Passagen gegen einen heiklen Voyeurismus erweist sich bisweilen als schwierig. Die ausführliche Beschreibung von Hamilton-Mädchen-Fotografien, deren Schöpfer in *Topologie d'une cité fantôme* (1976) ebenso humorvoll verklausuliert wie zuletzt eindeutig eingeführt wird – Robbe-Grillet hat sich zu wiederholten Malen mit Hamilton beschäftigt –, fügt den darunter liegenden Strukturen nur eine scheinheilige Unschuldsaura hinzu. Es gibt aber in dieser Zeitsprünge überwindenden Raumutopie (mit übereinander gelagerten und ineinander übergleitenden Gefängnis, Tempel, Bordell, eine Zusammenstellung, die den Geist der Foucaultschen Analysen zur Geschichte der Sexualität atmet) auch Sequenzen, in denen die oft so obsessionsgesteuerten Frauenbilder an die traumhafte Entrücktheit von Gemälden de Chiricos oder Paul Delvaux' denken lassen. Es ist bezeichnend, daß ein und dieselbe Szene dabei als beobachtete Handlung und als Motiv auf (Tarot-) Karten oder Kupferstichen erscheinen kann. Das Kartenspiel, das den Roman eröffnet und die imaginierten Raumzeitstrukturen durchzieht, ist außerdem eine prominente ›mise en abyme‹ des gesamten Spielcharakters insbesondere der späteren Robbe-Grillet-Literatur.

Fragmentierung, Diskontinuität, Widersprüchlichkeit und Spiel sind für den Autor Merkmale der absoluten, der freiheitlichen Moderne. Neben schon zitierten großen Ahnen wie Flaubert, Kafka und vielen anderen fühlt sich der späte Robbe-Grillet insbesondere Jorge Luis Borges, einem Meister des ironischen und verwirrenden Spiels, verpflichtet. Mit der Privilegierung des Spiels, seiner Rituale und seiner Selbstgenügsamkeit, erweist sich Robbe-Grillet gleichsam als Voltaire unter den Nouveaux Romanciers: Radikaler als die übrigen verweigert er sich jeglicher Metaphysik und ihren vertikalen Schattenspuren.

3.2 Nathalie Sarraute oder die vorbewußten Minidramen

Obwohl Nathalie Sarraute bereits in den 30er Jahren zu publizieren beginnt, fällt ihr eigentlicher Durchbruch in jene Jahre, die das literarhistorische Ereignis Nouveau Roman markieren. Es ist Sartre, der in seinem Vorwort zu *Portrait d'un inconnu* die von ihr umkreiste ›parcelle de réalité‹ als Urstoff der Existenz bezeichnet und damit aus der Zone des Exotischen in ein vitales Bedeutungszentrum rückt. Dieses existentielle Magma sind die Tropismen, die von Anfang an Sarrautes künstlerisches Universum beherrschen. Benannt nach einem biologischen Phänomen, der subtilen Reaktion von Pflanzen auf Außeneinflüsse, etwa auf Sonneneinstrahlung, bezeichnen ›tropismes‹ in Nathalie Sarrautes neuartiger Psychologie spezifische und bisher ästhetisch inexistente intersubjektive Reaktionen.

In krassem Unterschied zu Robbe-Grillet, der ein ›leeres‹, auf Phänomene ausgerichtetes Bewußtsein und damit fragmentarische, aller Psyche scheinbar entledigte Welt-Bilder zu seinem Gegenstand macht, versenkt sich Nathalie Sarraute gerade und ausschließlich in Psychisches, in ein ›préconscient‹, das von sich aus nicht zur Sprache fähig ist und nur in vagen Anmutungen auf jene Reize antwortet, die vom je anderen ausgehen. Dieser andere ist entweder gegenwärtig oder vorgestellt; jedenfalls ist er es, der umkreist wird, nicht, zumindest nicht unmittelbar, die Welt der Dinge; bei Sarraute spielen Beschreibungen daher auch nur eine minimale Rolle.

Trotz derartig beträchtlicher Unterschiede zwischen den beiden Nouveaux Romanciers sind sie sich einig in der Ablehnung (zwangsläufig immer erst nachgelieferter) psychologischer Analyse. Während Robbe-Grillet den psychischen Sockel seiner Erlebenswelt im allgemeinen gänzlich ausspart, verhilft Sarraute gerade ihm als etwas, das dem Bewußtsein verborgen und in sich stumm ist, durch ›einfache Bilder‹ zu einem dramatischen Präsens, das vom Leser simultan miterlebt wird. Die Strukturen des ›préconscient‹ sind dabei von einer alternierenden Mischung aus Angst und Aggressivität geprägt. Diese Mischung wird durch die irritierende Existenz des ›autrui‹ hervorgerufen, wie sie sich durch Reden, aber auch durch paralinguistische Zeichen (Gesten, Blicke, Tonfall, Lachen) manifestiert. Auf die Reden (etc.) ›antworten‹ im vorbewußten Innern der Betroffenen, ›objektiv‹ gesprochen, Minidramen, ›drames minuscules‹, ›tempêtes dans un verre d'eau‹, die jedoch vom einzelnen als entsetzliche und peripetienreiche Tragödien verspürt und durchlitten werden. Diese Grundstruktur vorbewußter intersubjektiver Relationen sieht Sarraute als allgemeinmenschliche Bedingtheit an. Damit überträgt sie gewissermaßen die rigide und empirisch überprüfbare Gesetzmäßigkeit der botanischen Tropismen auf die ungleich labilere Situation des Menschen, so daß eine paradox scheinende Verbindung aus kritischer Auflösung des autonomen Subjekts und dennoch unerschüttertem Glauben an ein die Geschichte transzendierendes Wesen Mensch zustandekommt. Dieser Befund kann nur den schockieren, der Sarrautes Werk nicht in erster Linie, wie es angemessen wäre, als poetische und einzig in diesem Sinne absolute Aussage liest, sondern als direkt referentielle humanwissenschaftliche Stellungnahme zum Funktionieren der Psyche. In dieser zweiten und eben nur in engen Grenzen legitimen Lesart ist selbstverständlich davon auszugehen, daß Sarrautes Wirklichkeitsausschnitt samt seiner erkenntnistheoretischen Relevanz sich zwangsläufig an der zeitgenössischen Gesellschaft orientiert, an jener ›einsamen Masse‹ (David Riesman), der allgemein verbindliche ideologische, kulturelle und ethische Normen fehlen und deren zwischenmenschliche Beziehungen daher nur oberflächlich halbwegs reibungslos funktionieren, im Innern aber zutiefst an verstörender Unsicherheit kranken. Es ist eine Welt, die abwesende übergeordnete Gesetze nicht etwa mit erhöhter Freiheit des einzelnen verbindet, sondern kompensiert durch ständig wechselnde Gruppierungen, deren Macht nicht kalkulierbar ist: »La condition de possibilité du pouvoir (...) c'est le socle mouvant des rapports de force qui induisent sans cesse, par leur inégalité, des états de pouvoir, mais toujours locaux et instables.« (Foucault, 1976-1984, t. 1, S. 122)

In mikrostrukturellem Maßstab gelten diese modernen gesellschaftlichen Machtverhältnisse mit ihrer Variabilität und ihrer totalen Unsicherheit inhaltlich auch und gerade für die Tropismen Nathalie Sarrautes. Die elementaren ästhetischen Strukturen, in denen die psychischen Regungen und ihre Auslöserreize erfaßt werden, verhalten sich zueinander als ›conversation‹ (Reden, paralinguistische Zeichen) und ›sous-conversation‹ (redebegleitende vorbewußte Reaktionen). Der oberflächlichen Harmlosigkeit der Reden entspricht ihre unterschwellige Bedrohlichkeit, die sich in einer Fülle von Bildern, je nach Perspektive wechselnd zwischen Gewalt und Panik, realisiert. In der ›sous-conversation‹ inszeniert Nathalie Sarraute oft genug Kämpfe, in denen Blut fließt, auf der Ebene des gesellschaftlichen Miteinanders läßt sie jedoch weder handgreifliche noch selbst lautstarke Auseinandersetzungen zu, weil dergleichen eine viel zu grobe Materie für ihre ›parcelle de réalité‹ wäre. Es sind eben gerade die mit fast unmerklichen Attacken auf die vorbewußte Befindlichkeit eingehenden Malaisen, denen ihr Interesse gilt und die sie anstelle der dazu nicht fähigen Figuren in Bilder faßt (vgl. hierzu auch die Anwendung der Dialoge und Dialogstörungen formalisierenden Transaktionslehre Eric Bernes, 1967, sowie seiner ›Erwachsenenspiele‹ bei Coenen-Mennemeier, 1974, S. 123-136). Dabei wandelt sich die Metaphorik mit der Entwicklung des Werkes von archaischeren (Märchen, Legenden, Indianergeschichten, Kampf- und Kriegsbilder) zu zeitgenössischeren soziologischen Strukturen (Gerichtsverfahren, Eingreifen staatlicher Institutionen: Rechts- und Familienpflege, Fürsorge, etc.). Der Fächer der ›sous-conversation‹ entfaltet sich also zunehmend üppiger.

Auch im Bereich der ›conversation‹ und ihrer gesellschaftlichen Einbettung gibt es verschiedene Phasen. Die Intersubjektivität von den kleinen Texten der *Tropismes* (1938/1957) über *Martereau* (1953) bis zum *Portrait d'un inconnu* (1948/ 1956) verbleibt stark in der privaten Ebene und spielt sich zwischen wenigen Figuren ab. *Le planétarium* (1959) erweitert das Figurenarsenal beträchtlich; die

Obsessionen des ›préconscient‹ erscheinen großräumiger gestreut, und wenngleich einige Tropismenträger auch noch stärker in den Vordergrund treten als andere, gibt es doch auch schon solche, deren ›support‹-Charakter alle Reste von sozialer Individualität so sehr verdrängt, daß eine Zuordnung von Pronomen und Träger (›il‹, ›ils‹, ›elle‹, ›elles‹) kaum mehr möglich ist und die Reden oder Tropismen absondernden Gestalten gänzlich im Anonymen verbleiben. Insofern ist dieser Roman eine wichtige Entwicklungsphase, in der gleichzeitig bereits als Katalysator von Tropismen die später immer wieder thematisierte Opposition Bourgeoisie versus Welt der Kunst eine bedeutende Rolle spielt. Um Ästhetisches, nämlich um die Produktion von ›sous-conversation‹ anhand literarischer Urteile, geht es auch in *Les Fruits d'Or* (1963), einem recht scharfzüngigen Roman, der jedoch auf keinen Fall vornehmlich als Satire auf den Literaturbetrieb gelesen werden darf, auch wenn Seitenhiebe dieser Art gewiß nicht fehlen. Die Anonymität der am Tropismenspiel Beteiligten nimmt hier noch stärker zu als im *Planétarium*. In *Entre la vie et la mort* (1968) hingegen wird die vorbewußte Dramatik auf das Verhältnis des Schriftstellers zu seinem Werk, zum Umgang mit den Wörtern, ihrer Semantik, aber vor allem ihrer Materialität, verengt und verschärft.

Insofern die Formulierung der Tropismen die Aufgabe des Schriftstellers ist, wird Sarraute auf den verschiedensten Ebenen immer wieder auf das grundsätzliche Problem der Sprache gestoßen, deren Verhältnis zur ›Wirklichkeit‹ nicht nur eine Frage der Transposition, sondern auch der Verzögerung, des Authentizitätsverlustes einerseits, der permanenten Suche nach eben dieser Authentizität andererseits, darstellt. So kommt es, daß die Reaktionen, die Sartre als »la réalité humaine, dans son existence même« qualifiziert (Vorwort zu *Portrait d'un inconnu*, S. 14), in sich auch wieder gestaffelt sind, daß Reaktionen von tieferen Reaktionen begleitet, ein fester Boden dennoch nicht gefunden wird: Es gibt, scheint es, keine Authentizität; jedes vermeintlich geordnete Planetarium gerät in einen ›vertige‹ (dies eines der Schlüsselwörter bei Sarraute), der im Prinzip unendlich ist. Der durch Sprachbilder erzeugte Satzrhythmus ist für Sarraute entscheidend, er soll die inneren Bewegungen an den Leser auch sinnlich vermitteln. Sartre lobt die stilistische Redlichkeit, »son style trébuchant, tâtonnant, si honnête, si plein de repentir« (*Portrait d'un inconnu*, S. 14), mit der Sarraute diesen tiefsten Schichten der Existenz beizukommen sucht. Sartres Engagement für Sarraute entspringt einerseits einer klaren geistigen Verwandtschaft: *La Nausée* beispielsweise konfrontiert die im ›esprit de sérieux‹ befangenen Bürger, die sich für ›gerechtfertigt‹, für ›wesentlich‹ halten, mit dem

von den Unsicherheiten des bloßen ›Existierens‹ heimgesuchten An-
toine Roquentin, dessen Rechtfertigungsversuche sämtlich fehlschla-
gen, weil er sich zunehmend ihrer Inauthentizität, der ›mauvaise
foi‹, bewußt wird. Hier gibt es auch sprachliche Gemeinsamkeiten:
Wesen wird bei Sartre im Metaphernfeld ›dureté‹, Existenz in dem
der ›mollesse‹ ausgesagt, eine Opposition, die sich bei Sarraute im
Verhältnis von ›Normalität‹ der ›conversation‹ und ›Abnormität‹ der
›sous-conversation‹ fast gleichlautend wiederfindet.

Auch in ihrem Spätwerk *Tu ne t'aimes pas* (1989), in dem verschiedene Schichten des Subjekts, das unangepaßte Ich, das an der
(scheinbaren) Selbstgefälligkeit und Selbstverliebtheit anderer leidet,
und das darunterliegende amorphe Wir der Tropismen, das dem Ich
immer wieder zur Vorsicht rät, miteinander dialogisieren, ist Sarraute der Kritik am Sartreschen ›esprit de sérieux‹ wieder sehr nahe.
Gleichzeitig liegen die Unterschiede auf der Hand: Für Sartre gibt es
kein Unterbewußtsein; seine auf verantwortliche Freiheit zielende
Philosophie, die eine Reduktion der ›mauvaise foi‹ durch ›psychana-
lyse existentielle‹ und damit ein mindestens weitgehend authentisches Handeln für möglich hält, muß diese Freudsche Differenzierung und ›Entschuldigung‹ ablehnen.

Nathalie Sarraute ist insofern weit pessimistischer; die – vage an
Adlers Tiefenpsychologie erinnernden – Angst- und· Aggressionsregungen ihrer Figuren sind diesen nicht ›bewußt‹, sie können sie also
weder in den Griff bekommen noch bis zu einem letzten Punkt er-
gründen und damit abbauen. Dem evident Inauthentischen, nämlich mit Klischees Operierenden, der ›conversation‹ antwortet eine
scheinbar authentische, jedoch insgeheim machtvoll und unendlich
fließend ebenfalls inauthentische ›sous-conversation‹: »Nous sommes
poussés le long d'un étroit et obscur couloir sans issue, nous allons
piétiner sans fin, enfermés (...) dans ce labyrinthe sombre et clos,
tournant en rond...«. (*Le planétarium*, S. 36)

Die Opposition zwischen dem Eigentlichen und dem Uneigent-
lichen geht auf Heidegger zurück. Sie wird jedoch von Sarraute insofern kritisch überwunden, als das Uneigentliche permanent in das
scheinbar Eigentliche des unter der Rede liegenden Infra-Gesprächs
einbricht und auch dieses so konventionalisiert. Die ›Wahrheit‹ besteht im Vorhandensein der ›sous-conversation‹, nicht oder nur provisorisch in dem, was sie zu sagen hätte.

Der philosophisch-ästhetische Grundansatz bleibt in Sarrautes
Gesamtwerk immer derselbe: Immer geht es um die Darstellung der
Tropismes, dem sich schon die Sammlung kleiner Texte dieses Titels
gewidmet hatte, unter der Oberfläche scheinbarer Normalität. Die
Variationen entstehen aus der verschiedenartigen Kombination von

Elementen beider Ebenen. Während zum Beispiel *Le planétarium* und *Les Fruits d'Or* im Verhältnis zu *Martereau* und *Portrait d'un inconnu* eine polyphonere Struktur von Tropismenträgern vorführen, gibt es in späteren Romanen zum Teil wieder ein aufs äußerste reduziertes Figurenarsenal: den Schriftsteller in *Entre la vie et la mort*, zwei ältere befreundete Herren in *Vous les entendez?*, ein einziges in seine innere Pluralität aufgelöstes Subjekt in *Tu ne t'aimes pas*. Dafür werden andere Tropismenauslöser angeboten: Materialien des eigenen Werkes in *Entre la vie et la mort*, ein vieldeutiges paralinguistisches Zeichen, das Lachen der halbwüchsigen Kinder, in *Vous les entendez?*, die vorgestellte Ich-Außensicht des innerlich brodelnden Wir in *Tu ne t'aimes pas*.

Martereau

In *Martereau* umkreist der Erzähler im Kreise seiner begüterten Verwandten einen gemeinsamen Bekannten einfacheren Standes namens Martereau, der ihm als Inbegriff der Normalität, der praktischen Lebensbewältigung und Verläßlichkeit erscheint (sein Name ist eine Abwandlung der ›dureté‹ des ›marteau‹; er erinnert somit an eine ähnlich eingesetzte Metaphorik bei Sartre). Martereau steht im Titel eines Romans, der den Erzähler sowie dessen Onkel und Tante, die sämtlich, mindestens in den Augen der perspektivegebenden Figur, zur Tropismenproduktion neigen, dem Lager der einzig durch die Titelgestalt inkarnierten psychischen Gesundheit gegenüberstellt:

»Impassible, souriant, dur et pur à souhait, délicieusement innocent, Martereau nous regarde, amusé, tandis que nous dansons sans que rien puisse nous arrêter notre habituelle danse de Saint-Guy...«. (125)

An seiner glatten Oberfläche, die niemals in Gefahr zu sein scheint, durch noch so viele angreifende Tropismen aufgebrochen zu werden, sondern im Gegenteil Imagerien der Verklärung und idyllischer Geborgenheit in Bewegung setzt, suchen die unendlichen Irritationen und Phantasmagorien der ›Abnormität‹, die an sich selbst leidet (»les tempêtes dans les verres d'eau, c'est ma grande spécialité...«, 134), vergeblich Halt:

»J'ai toujours cherché Martereau. (...) Il était la patrie lointaine dont pour des raisons mystérieuses j'avais été banni; le port d'attache, le havre paisible dont j'avais perdu le chemin; la terre où je ne pourrais jamais aborder, ballotté que j'étais sur une mer agitée, déporté sans cesse par tous les courants.« (85f.)

Daß die anderen dem von Tropismen Heimgesuchten und durch sie gleichsam Geschwächten das Gefühl vermitteln, er sei »coupable« und »impur« (84), daß allen voran Martereau ›normal‹ ist (scheint), liegt nicht an einem faktischen Unterschied, sondern daran, daß Sarraute hier die Perspektive nicht wechselt, so daß sowohl Martereaus angebliche Normalität und Zuverlässigkeit wie auch der Umschlag in eine denkbare Betrugskriminalität und die angenommene Ausnutzung einer Vertrauensposition durch ein ehebrecherisches Verhältnis mit der Tante des Erzählers auf Vermutungen, auf Tropismen anderer angewiesen sind, im Verhältnis zur ausgesparten Innerlichkeit Martereaus also auf einen Außenstandpunkt. Grundsätzlich nämlich ist die Verletzlichkeit der vorbewußten Psyche höchstens graduell verschieden; im Prinzip sieht Sarraute sie bei allen so gleichmäßig verteilt wie Descartes den ›bon sens‹. Dem Tagesbewußtsein tief verborgene Angst und Aggressivität, Furcht vor Einsamkeit und Verlangen nach Zugehörigkeit, schroffe Selbstbewahrung und beflissene Anbiederung charakterisieren gleichzeitig oder in rapidem Wechsel jeden im Universum Sarrautes; insofern ist jeder potentieller Tropismenproduzent. Sichtbar wird dies jedoch nur, wenn die Innenperspektive des jeweiligen ›support‹ eingenommen wird. Dies kann auf verschiedene Weise geschehen. Ob es sich um einen ›monologue intérieur direct‹ (l. Person) oder ›indirect‹ (3. Person) handelt, macht dabei nicht viel mehr aus als eine formale Differenz. Weitaus interessanter ist, ob die Innenperspektive tatsächlich die des Tropismenträgers ist oder eine, die sein Gegenüber in ihm vermutet oder ihm, auch dies meist ein Ergebnis eigener Angst und insofern aus der Luft gegriffen, andichtet. Es können dabei immer tiefere Bodenlosigkeiten durch gestaffelte Fluchten von abhängigen Tropismen entstehen (so entspringen Martereaus angebliche Phantasmen über sein kränkendes Negativimage als »petit bonhomme sans envergure, bon bougre, homme de paille, trop flatté...«, 287, einzig dem üppig wuchernden Vorbewußten des Neffen). Der frühe Roman *Martereau* enthält dabei zu Herkunft und Wesen der Tropismen Aussagen, die trotz ihrer Anbindung an einen bestimmten Träger für Sarrautes poetische Psychologie von grundsätzlicher und gleichbleibend zentraler Bedeutung sind:

»Tout d'abord, quand j'étais enfant, il me semblait que cela venait des choses autour de moi, du morne et même quelque peu sinistre décor (...). Et puis je me suis aperçu que les choses n'y étaient pour rien ou pour très peu. (...) Les choses auraient pu prendre très facilement – elles avaient tout ce qu'il fallait pour cela – un aspect familier et doux, en tout cas parfaitement neutre, effacé et anodin, si ce n'étaient eux, les gens. C'était d'eux que tout provenait: un sourire, un regard, un mot glissé par eux en passant et cela surgissait tout d'un coup de n'importe où, de l'objet le plus insignifiant – l'atteinte sournoise, la menace«. (25 f.)

Wie das Gesamtwerk Sarrautes zeigt auch bereits *Martereau*, daß die Autorin stilistisch und psychologisch nicht nur ihren neuen vorbewußten Realitätsausschnitt beherrscht und nachvollziehbar zu machen versteht, sondern mit großer Selbstverständlichkeit auch die darüberliegende gesellschaftliche Schicht der Reden, deren manchmal fast an die Grenzen der Satire gehende Richtigkeit immer überzeugt. Die Tante des Erzählers etwa gebraucht als Vertreterin des Großbürgertums völlig andere Konversationsklischees als Madame Martereau, die einfacherer Herkunft und Erziehung ist und sich durch ihr Heim und ihren Mann, nicht durch Geselligkeit, Kulturbetrieb und den schönen Schein der privilegierten Schichten definiert. Deshalb aber (wie Christian Donadille, 1992) eine ideologiekritische Lesart vorzuschlagen, in der die Reden als bewußter oder unbewußter Ausdruck der Klassenzugehörigkeit und – im Falle der Madame Martereau – einer aus dieser Wurzel entspringenden Revolte verstanden würden, und nun gar zu meinen, man sei damit auch nur annähernd der eigentlichen künstlerischen Intention Nathalie Sarrautes auf der Spur, ist insofern abwegig, als im Reich der Tropismen und damit dem zentralen Innovationsraum dieser Ästhetik Klassenunterschiede belanglos und zu bloßen Vorwänden degradiert werden, so wie auch alle anderen gesellschaftlich relevanten Positionen und Funktionen im Magma der Existenz keine Rolle mehr spielen.

Wie in *Martereau* bleibt auch in *Portrait d'un inconnu* die Perspektive eines Erzählers dominant, der einem Detektiv gleich ein ihm bizarr erscheinendes Vater-Tochter-Gespann beobachtet und zum Objekt seiner Phantasmen macht. Der Titel des Romans ist einem Gemälde entlehnt, an dem die Imaginationen des Beobachters ansetzen und zu dem sie insofern zurückkehren, als das entworfene sprachliche Portrait ebenfalls trotz aller Akribie im Stadium des ›inconnu‹ verbleibt.

Le planétarium

In *Le planétarium* wird eine ganze Serie von Innenperspektiven eingenommen. Dieses Verfahren macht zum einen unwiderleglich klar, daß Tropismen in Sarrautes Überzeugung nicht etwa nur an krankhafte Sonderlinge gebunden sind (die von den ›Gesunden‹ vorwurfsvoll gebrauchte Metaphorik der ›folie‹ erzeugt diesen Verdacht ironisch); zum anderen illustriert es die Vielfalt der Anlässe, von denen die vorbewußten Dramen ausgelöst werden können. Große und in der Literatur bereits ausgiebig behandelte Motivationen (Liebe, Haß, Eifersucht, existentielle Verluste) läßt Sarraute dabei bewußt aus dem Spiel. Selbst sexuelle und erotische Konnotationen, im Nouveau Roman sonst gern genutzt, sind äußerst spärlich. Der Stoff des Existierenden ist so elementar, daß er gleichsam geschlechtslos erscheint, weshalb eine nicht-bildliche Benennung immer wieder nur »ça« lauten könnte (Sarraute in: Ricardou, van Rossum-Guyon, éds., 1972, t. 2, S. 55 und passim im Gesamtwerk). Auch darin ist die Autorin Heidegger nahe, der den Menschen in seinem ›Mit-Sein‹ aus ontologischer Sicht als geschlechtlich undifferenziert begreift. Ironischerweise unterliegt Sarrautes asexuelles »ça« in seiner Behandlung durch die öffentliche Meinung einer ähnlich repressiven Geheimniskrämerei wie die gern mit demselben Wort bezeichnete Sexualität. Ein oberflächlicher Diskurs zu diesem heiklen Phänomen unterbindet dessen Vorkommen und dessen Besprechung (»affirmer que ça n'est pas permis, empêcher que ça soit dit, nier que ça existe«, Foucault, 1976-1984, t. l, S. 111): ein dreifaches Gebot-Verbot, das sich in der Reaktion der Sarrauteschen ›Normalen‹ auf die Tropismenträger und deren unangepaßtes Verhalten wiederfindet.

Daß Sarraute mit ihrer Ablehnung der Sexualitätsthematik allen Fallen des traditionellen Erzählens mit seinem weidlich ausgeschlachteten Arsenal an makrostrukturellen Leidenschaften aus dem Weg zu gehen sucht, ist evident. Daß aber selbst sie, sofern sie von Tropismenträgern überhaupt als von (oder in Analogie zu) humanen Figuren reden will, gewissen Zwängen geschlechtsspezifischer Charakterisierung unterliegt, ist schon durch grammatische Notwendigkeiten bedingt. Bereits die pronominale Differenzierung in ›il‹ und ›elle‹ verweist auf bestimmte außertextuelle Präsuppositionen, denen sie Rechnung zu tragen hat. (Insofern könnte man es sogar wagen, ein so grobmaschig gestricktes und abgegriffen modisches Thema wie »Die Darstellung der Frau« an Sarrautes Werk zu erproben, vgl. Radloff-Bermbach, 1984).

In *Le planétarium* gelingt Sarraute die Berücksichtigung solcher Vorbedingungen auf ebenso originelle wie überzeugende Weise. Alain Guimiez, den man bei aller polyphonen Anlage des Romans doch vielleicht als das Zentrum bezeichnen kann, von dem aus die Tropismen sich verzweigen und zu dessen näherem und weiterem Umfeld auch die anderen Tropismenproduzenten gehören, steht zwischen dem bürgerlichen Lager um Tante, Vater sowie seine Frau Gisèle und deren Eltern auf der einen und dem ›literarischen Salon‹ der Germaine Lemaire und ihren Bewunderern auf der anderen Seite. Psychische Reaktionen, die sich auf das Verhältnis der Jungvermählten zueinander beziehen, verbleiben völlig im Rahmen undifferenzierter Klischees (»Tu es mon amour«, 146). Geborgenheit und Vertrauen in diesem Sektor scheinen einem naiven Selbstbetrug zu entspringen, dessen Solidität auch sogleich erschüttert wird, wenn aus den äußeren Ringen (Verwandte, Bekanntenkreis) des Mit-Seins Vorbehalte und Zweifel eindringen. Doch auch Alains Verhältnis zu Germaine Lemaire, der bekannten und bewunderten Schriftstellerin, ist nur scheinbar authentischer. Alain sucht verläßliche Zugehörigkeit da, wo ihn in Wahrheit neue tropismenbegleitete Bodenlosigkeit erwartet.

Im Zusammenhang von (schließlich doch noch) geschlechterspezifischer Tropismendistribution ist der Augenblick von zentraler Bedeutung, in dem Alain in Begleitung seines Vaters auf Germaine Lemaire trifft und bei der kurzen Vorstellungsszene deutlich zu spüren meint, daß der Vater die Schriftstellerin, deren wirklicher oder usurpierter Rang in der Welt des Geistes ihm völlig gleichgültig ist, als Frau unattraktiv findet und intuitiv ablehnt: »Son père vit s'avancer vers eux dans la travée, entre les tables chargées de livres, de revues que son ample mantille de soie noire balaie, une grosse femme curieusement attifée, les traits taillés à la serpe, l'air d'une marchande à la toilette ou d'une actrice démodée, vêtue de bizarres oripeaux.« (150) Das bedeutet für Alain eine Ironisierung und unterschwellige Bedrohung seiner eigenen Zugehörigkeitsbemühungen. Der Vater repräsentiert metonymisch jenen kritischen Teil der bürgerlichen Gesellschaft, der sich nicht schon deshalb blenden läßt, weil das andere Lager sich selbst als höherwertig definiert. Er hat jene ›gesunde‹, schnell taxierende Brutalität des männlichen Instinkts, vor dem die Weiblichkeit der Germaine Lemaire mit einem Schlag in die Bodenlosigkeit des Lächerlichen stürzt. Damit fühlt sich Alain, der als Sohn und schriftstellernder Novize mit beiden Lagern zu tun hat, doppelt verletzt und in seiner eigenen Position geschwächt.

Immer wieder zeigt sich, daß Sympathie und Mitgefühl, wie sie Alain etwa mit den Vokabeln des Kindchenschemas (Kosenamen aus dem Tierbereich, »renardeau«, 131, »jeune loup«, 131) seiner Frau entgegenbringt, in tieferen Tropismenschichten nichts zu suchen haben. (In *L'usage de la parole* wird »Le mot Amour« in einer freundlich ironischen Untersuchung zur nivellierenden Semantik ein ganzer Text gewidmet.) Hier steht Nathalie Sarraute nicht in irgend einer idealistischen Tradition, sondern zeigt sich eher als pessimistische Moralistin, durch die La Rochefoucauld radikalisiert wird (üblicherweise literarisch demaskierte zwischenmenschliche Bosheiten verhalten sich zur Aggressivität der ›sous-conversation‹ wie »d'aimables jeux de société« zu den »jeux sanglants du cirque«, *Martereau*, S. 75): Im Magma der vorbewßten Reaktionen auf den anderen geht es nur ums nackte Überleben, um die Rettung der eigenen (psychischen) Haut. Zu diesem Zweck muß möglichen Gegnern eine Nahrung angeboten werden, mit der man sie besänftigen und auf seine Seite ziehen kann. So erzählt Alain Guimiez unterhaltsam von den Einrichtungsnöten seiner Tante, die jeden Innendekorateur zur Verzweiflung bringen kann, weil sie selbst durch wirkliche oder eingebildete ästhetische Mißtöne in Abgründe stürzt. Diese Abgründe, die der Leser anfangs aus der Psyche der Betroffenen als Kriegsgetümmel und Zerstörung miterlebt hat (die ›sous-conversation‹ bezeichnet die Handwerker als »soldatesque avinée«, 17, ihr Werk als »ruines fumantes«, 16), werden jetzt als Objekte allgemeiner Belustigung dargeboten und sollen ein risikofreies Tropismenspiel erlauben, in dem sich alle Anwesenden auf Kosten Dritter einen Ausflug in eine nicht-banale psychische Landschaft erlauben. Für den Sprecher liegt der Sinn solcher Angebote, bei denen man sogar so weit gehen kann, sich selbst »dans des poses ridicules, dans des situations grotesques« (23) auszuliefern, in der ersehnten Annäherung an die anderen, »pour rire un peu avec eux, tout heureux de se sentir parmi eux, proche d'eux, à l'écart de lui-même et tout collé à eux, adhérant à eux si étroitement, si fondu avec eux qu'il se regardait lui-même avec leurs yeux...« (23).

Doch solche Versuche, der Einsamkeit zu entkommen, sind nicht ungefährlich. Es gibt immer Spielverderber, die das Dargebotene ablehnen und den Spender in eine Strafecke schicken, ihn oft genug gleichsam zu verschärfter Einzelhaft verurteilen. So spürt Alain die Ablehnung, mit der Gisèles Vater auf sein Angebot reagiert, als »énorme poche enflée, tendue à craquer, qui pèse sur lui, qui appuie« (26), die kurz danach aufplatzt und ihm ihr Gift ins Gesicht hineinspritzt, indem aus der erspürten feindseligen ›sous-conversation‹ nun eine ›conversation‹ wird, durch die Alain sein Geschenk verworfen sieht: »Eh bien quoi? Qu'est-ce que vous avez à vous exciter? C'est une maniaque, voilà tout...« (32). Diese Art von Verwerfung durch kategorisierende Reduktion des vermeintlich Außergewöhnlichen, Schillernden auf gesellschaftlich Bekanntes und mit einem terminus technicus Benennbares (ein Sprachverhalten, das in der ›sous-conversation‹ gern als Mumifizierung empfunden wird und das Sarraute nebenbei sogar noch ihrer kompetenten Interpretin Micheline Tison-Braun zum Vorwurf macht, in: Ricardou, van Rossum-Guyon, éds., 1972, t. 2, S. 53), ist typisch für das Eingemeindungsverfahren, mit dem die Tropismenexotik in banale Regionen umgewandelt werden soll. Das Reich des ›Man-Geredes‹ (im Sinne Heideggers) ist die Welt der Gemeinplätze charakterologischer, moralischer, ästhetischer Art. Dort darf man sich nur bis zu einem ganz geringfügigen, gerade noch tolerierten Abweichungsgrad auffällig verhalten; alles, was diese Grenzen überschreitet, wird sofort streng zur Ordnung gerufen und mit Vorliebe als abnorm gebrandmarkt (»vraie manie«, 63, »lubies«, 64, »manies«, 64, »excitation morbide«, 78). Für den abenteuernden Tropismenanbieter ist eine solche Reaktion jedesmal aufs neue eine Katastrophe, die ihrerseits seine eigenen Tropismen als durchlittene Verletzungen in Bewegung setzt. Alain verspürt exemplarisch derartige herbe Desillusionierungen:

»Une maniaque. Voilà tout… La forêt luxuriante où il les conduisait, la forêt vierge où ils avançaient, étonnés, vers il ne sait quelles étranges contrées, quelles faunes inconnues, quels rites secrets, va se changer en un instant en une route sillonnée d'autos, bordée de postes d'essence, de poteaux indicateurs et de panneaux-réclame … «. (32)

Um solchen Enttäuschungen möglichst vorzubeugen, muß immer wieder das Terrain, das heißt die Disposition des ›autrui‹ in Bezug auf die Position des jeweiligen Erlebnisträgers, der perspektivegebenden Psyche, sondiert werden. In diesem Zusammenhang sind Tierbilder beliebt: Tentakeln werden ausgefahren, Amöben bewegen sich vorsichtig so, daß sie nirgendwo anstoßen, schwanzwedelnde Hündchen apportieren Beute. Schlagen alle demütigen Annäherungsversuche fehl, muß man einen radikalen Positionswechsel vornehmen, selbst zum Jäger werden und das Opfer in die Enge zu treiben suchen. Solche Peripetien führen bisweilen zu Brüchen in der ›conversation‹, wenn Register gewechselt werden, wenn der Sprecher, wie Eric Berne in der Nachfolge Freuds sagen würde, sich als Eltern-Ich aufspielt und den anderen dadurch zum Kindheits-Ich reduziert, statt daß der Redefluß zwischen Erwachsenen gleichberechtigt hin und her gehen würde (vgl. Sarrautes in diesem Zusammenhang bezeichnende Untersuchung zur Wirkung der Anrede »mon petit« in *L'usage de la parole*, S. 103ff.). Der schnelle und unkalkulierbare Wechsel von Machtübernahme und Machtverlust führt immer wieder zu Schwindelanfällen und Abstürzen, zu »vertige« (66 und passim).

Die Anlässe sind meistens im weitesten Sinne ästhetischer Natur; moralische Urteile oder Konflikte wären als Auslöser ebenso klischeehaft ›großspurig‹ und literarisch abgegriffen wie die Leidenschaften des klassischen Liebesromans. Dabei entstehen unerwartete und verwirrende Komplizitäten zwischen konträren Lagern, etwa wenn die Schriftstellerin Germaine Lemaire dieselben pragmatischen Ansichten über praktische Möblierung äußert wie Alains bourgoise Schwiegereltern und wegen seiner geschmäcklerischen Launen keineswegs bereit ist, in ihm jenes verkannte Genie zu sehen, das seine Tropismen ihr anbieten: »Verlaine et sa ›misérable fée Carotte‹. Rimbaud. Baudelaire et sa mère, et le général Aupick... (...) Ce sont les modèles dont il veut qu'elle s'inspire«. (101)

Die Bevorzugung des ästhetischen Bereiches erlaubt Sarraute den mühelosen Übergang zur ipsoflexiven Poetologie. So droht Alain ein noch tiefergehender Orientierungsverlust, wenn Germaine Lemaire seiner innovatorischen, an der Semantik der Banalitäten orientierten Poetik einen möglicherweise leicht ironischen (auf Sarraute bezogen, vielleicht auch spielerisch selbstironischen), aus klassisch-traditionalistischer Literaturkonzeption gespeisten Zweifel entgegenhält und damit erneut und diesmal mit Stoßrichtung ins Herzstück der doch eigentlich gemeinsam gegen das Banausentum zu verteidigenden Insiderwelt ein vermeintlich homogenes Lager spaltet: »Vous savez, je vais vous dire, cette matière brute (...) c'est souvent, vous ne croyez pas, du pur gaspillage... un certain goût de la facilité...«. (307f.)

Germaine Lemaire ihrerseits, fraglos anerkannt auf der Ebene der sozialen Einbettung, erfährt ebenfalls mehrfach unausgesprochene Ablehnung: als Frau durch Alains Vater (»elle était quelque chose d'informe, d'innommable, un monstre affreux«, 200) und als Autorin durch die Konfrontation mit ihrem Stil, den sie als leblos beargwöhnen muß (»Tout est figé. Figé. Figé. Figé. Complètement figé. Glacé«, 19l), weil ein Kritiker sie mit Madame Tussaud, der Gründerin des Londoner Wachsfigurenkabinetts, vergleicht.

So fallen sämtliche Sterne nacheinander aus ihrer fixen Position im Planetarium ins Leere, der feste Kosmos gerät ins Wanken: »(...) le ciel tourne au-dessus de lui, les astres bougent, il voit se déplacer les planètes, un vertige, une angoisse, un sentiment de panique le prend, tout bascule d'un coup, se renverse...« (308). In ihrer bewundernd-kritischen Auseinandersetzung mit der Psychologie Prousts hatte Sarraute (in *L'ère du soupçon*) das Bild des Planetariums bereits benutzt. Nicht von ungefähr hat man daher gerade in *Le planétarium* auch unmittelbare Anspielungen auf den großen Ahnherrn entdeckt: Germaine Lemaire ist sicher ein Echo auf die Schriftstellerin Madeleine Lemaire, deren Salon Proust in seinen *Chroniques* evoziert, Alain Guimiez vielleicht sogar noch ein Schatten des Erzählers der *Recherche du temps perdu*.

Die im *Planétarium* dargestellte Disproportion zwischen dem Gesagten und dem Empfundenen gilt auch für das Gespräch um den Roman *Les Fruits d'Or*, der – als anskizzierte ›mise en abyme‹ – im gleichnamigen Roman von Vertretern des Bildungsbürgertums besprochen und gewertet wird. Die scheinbar ›objektiven‹ zustimmenden oder ablehnenden Äußerungen sagen weder etwas über die tatsächliche Qualität des Romans aus, von dem der Leser ohnehin außer seinem Titel nichts Nennenswertes erfährt, noch auch über den Kunstverstand und das Urteilsvermögen der Diskutanten. Vielmehr geht es wieder um vorbewußte psychische Situationen der Redner und Zuhörer. Diese variieren ständig, weil nicht der ›oberflächlich‹ besprochene Gegenstand die Situation dominiert, sondern die unterschwellig ausgelöste Gruppenbildung. Die jeweils ›herrschende‹ Meinung über das Buch entscheidet dabei über den Grad der inneren Gruppenzugehörigkeit der Anwesenden. Der einzelne muß durch sein Redeverhalten versuchen, sich diese Zugehörigkeit möglichst unauffällig zu erobern. Das Angepaßtsein vermittelt ein Gefühl der Geborgenheit. Dieses ist jedoch immer gefährdet, und es ist sofort damit aus, wenn Umgruppierungen durch Standortwechsel von Gesprächsteilnehmern erfolgen. Es gilt dann, entweder durch eilfertige Adaptation die drohende Isolation doch noch aufzuhalten oder selbst durch eine im Ton der Überzeugung vorgetragene abweichende Stellungnahme eine neue Gruppenbildung vorzuschlagen, ein gewagter Versuch, Souveränität zu beweisen. Auch diese Anstrengung, wenn sie denn von Erfolg gekrönt sein sollte, zahlt sich nur provisorisch aus: Die »goldenen Früchte« der Harmonie verlokken, sie sind jedoch niemals definitiv erreichbar. Stimmungswechsel sind radikal. Anfangs scheinen die *Fruits d'Or* eine Zeitenwende zu markieren: »Il y a ceux d'avant Les Fruits d'Or et il y a ceux d'après. Et nous sommes ceux d'après. Marqués pour toujours«. (129f.) Später treffen sie auf Verachtung und Hohn: »Les bouquins de ce genre n'ont droit qu'à l'oubli.« (190) Wer nicht mit dem Meinungsstrom schwimmt, muß es sich gefallen lassen, im Tropismenspiegel der anderen ein grausig verzerrtes Selbstbildnis zu erblicken, wobei wie stets in solchen Fällen Varianten der ›folie‹ die Metaphorik liefern und die Dominanz religiösen Vokabulars kein Zufall ist, wenn literarische Moden fanatisch polarisieren und keinerlei Relativierung dulden:

»Qu'est-ce que c'est? Qui trouble l'ordre? Qu'est-ce que c'est que cette folle, cette illuminée qui parcourt la terre, pieds nus et en haillons, crie sur les places publiques, se frappe la poitrine, appelle à la pénitence, prêche la parole du Christ, pointe son doigt crochu sur les grands de cette terre, nargue l'ordre établi, annonce le Jugement dernier...«. (124)

Daß Nathalie Sarraute gleichzeitig auf der Ebene der ›conversation‹ Armseligkeit und Beliebigkeit des ästhetisierenden Geredes anprangert, ist nicht zu übersehen. So umkreist der Roman genüßlich einen »imparfait du subjonctif« (42ff.), liefert Parodien der ›explication de texte‹ (92ff.) mit grotesk-modischen Ergebnissen wie »Il y a là un envol qui abolit l'invisible en le fondant dans l'équivoque du signifié« (93), erfindet Kritikerurteile, in denen ein wertendes Attribut das andere aufhebt (127), denunziert die rhetorische und menschliche Schäbigkeit, mit der Angriffe auf den Autor Angriffe auf sein Werk stützen sollen (201ff.), und macht den Philologen den Prozeß, die bei einer Neuerscheinung stets nach Vorbildern und Abhängigkeiten schnüffeln (208ff.). Sarrautes offenkundiges Insiderwissen über diesen spezifischen Jahrmarkt der Eitelkeiten vermag der sozialen Ebene im Fall der *Fruits d'Or* sogar eine drastische Typenkomik abzugewinnen, die an La Bruyères *Caractères* erinnert:

»L'un maigre, osseux, tordu, est pareil à un arbre rabougri que dessèche et plie le vent du large. Ses longues jambes s'enroulent l'une autour de l'autre, ses genoux pointent. Chacun sait – et lui-même le sait sûrement aussi, comment ne le saurait-il pas? – que c'est l'esprit qui souffle en ouragan à travers lui, qui l'a tordu et noué ainsi, gonflé les articulations de ses longs doigts durs, de ses coudes, aspiré la peau de ses tempes, celle de ses joues (...). L'esprit allume dans ses yeux des lueurs fiévreuses de feu follet.« (91)

Doch ist dieses Insiderwissen, das dazu verleiten könnte, anhand des Romans den real existierenden Pariser Kulturbetrieb aufschlüsseln zu wollen, nicht Selbstzweck; es dient vielmehr nur der Herstellung einer besonders stimmigen ›surface‹, unter der sich die Tropismen der Einsamkeit, der Angst, der Feindseligkeit und der Sehnsucht tummeln wie eh und je.

Vous les entendez?

Der Roman *Vous les entendez?* nimmt in Sarrautes Universum insofern eine Sonderstellung ein, als er einem paralinguistischen Zeichen einen prominenten Status verleiht (ganz fehlten derartige Zeichen auch vorher nicht, wie sich etwa am einschüchternden Schweigen der Tante des Erzählers in *Martereau* nachweisen läßt). Die Titelfrage ist die Äußerung eines alten Freundes, der den Hausherrn auf das allem Anschein nach unbeschwerte Lachen der halbwüchsigen Kinder aufmerksam macht, die sich aus dem Salon in ihre Zimmer zurückziehen. Bis dahin besprachen die Freunde eine Tierskulptur, deren Epochen- und Kulturkreiszugehörigkeit unklar zu sein scheint. Die scheinbar in sich ruhende Welt der Objekte fungiert bei Sarraute nur so lange als Sicherheitsfaktor, wie sich nicht ein Subjekt daran macht, das grundsolide Vorhandensein der Dinge durch sprachliche oder paralinguistische Deutungen zu verflüssigen und zu problematisieren. Hier hat das Lachen einen hochgradig irritierenden Stellenwert, das den Schutzwall der Objekte zersetzt und zerfrißt. Buchlang werden nun die inneren Reaktionen des Hausherrn vorgeführt, der sich sowohl in seiner Vaterrolle als auch in seinem Kunstverstand angezweifelt sieht. In *Vous les entendez?* liefert der Generationenkonflikt das Modell für die Tropismenstrukturierung; er ist aber wieder nicht deren eigentliches Sujet. Dieses ist vielmehr wie stets die Angst vor Einsamkeit, die Sehnsucht nach Zugehörigkeit. Wo sich auf der sozialen Ebene spärlichste und völlig harmlose Redeelemente sowie das sie begleitende Kinderlachen manifestieren, spielen sich auf der Tropismenebene schaurige Familientragödien ab, in denen man sich gegenseitig vernichten möchte. Die ungewöhnliche Disproportionalität von Außen- und Innenwelt (Eric Bernes Gefälle zwischen dem ersten und dem dritten Grad bei ›Erwachsenenspielen‹, 1967) bedingt die besondere Spannung dieses Romans. Sie erklärt sich vor allem aus der zentralen Stellung des Lachens, eines im Verhältnis zur bereits genügend ambivalenten Rede nahezu uferlos deutbaren paralinguistischen Zeichens, durch das dem ›Zeitalter des Mißtrauens‹ ein kräftiger Nahrungsschub zugeführt werden kann. Erst jetzt hat das Sartresche ›L'Enfer, c'est les autres‹ wirklich seine Herrschaft angetreten. Es gilt schon vor allem Handeln, in scheinbar neutralster Ruhestellung, und verwandelt das tatsächliche oder vorgestellte Miteinander in eine grausige Folterkammer, der niemand entrinnen kann.

Das irritierende Lachen der Kinder wird zunächst in den Tropismen des Vaters verharmlost als »rires clairs« (8), »transparents« (8), »innocents« (8), »mutins« (8), dann ins Maliziöse (»juste un peu malicieux«, 8), Ironische, schließlich Höhnische umgedeutet und von ihm in entprechenden Bildern durchlitten. In seinem Innern fühlt der Betroffene sich als schlechter und verständnisloser Vater angeprangert, etwa von der Fürsorge vorgeladen und getadelt, oder aber er empfindet sich selbst als zutiefst enttäuscht von kleinen Banausen, die mit seiner eigenen Welt, mit seiner Liebe zur Kunst, nichts zu tun haben, von Comics lesenden grinsenden Monstern, vor deren profanem Blick die heiligen Kunstschätze bewahrt, zu deren aufgezwungener Erbauung sie ins Museum gerettet werden müssen.

Da es um die Deutung eines paralinguistischen und daher in besonderem Maße offenen Zeichens geht, werden schließlich in der Imagination des Betroffenen verbalisierte Interpretationen dieses Lachens angeboten, die mit klischeeartigen Etiketten einzufrieden suchen, was sonst ins Monströse, Difforme hinein ausufern würde: »rires innocents« (203), »rires moqueurs« (204), »rires sournois« (204) sind die als Plakate geschwungenen (allesamt vom Vater vorgestellten und zuvor bereits von ihm selbst als eigene Eingemeidungsversuche entwickelten) Deutungsangebote der Kinder, die jedoch doppelt unzulänglich sind, da sie in ihrer Widersprüchlichkeit keine gemeinsame Semantik erzeugen, überdies viel zu grobmaschig bleiben und insofern die weitaus komplexeren Vegetationen des Argwohns nicht einzufangen vermögen. In den üppigen Tropismenwelten des Vaters erzeugen seine »peurs, rancœurs, (...) louches désirs, (...) miasmes« (158) immer neue Bilder gefahrvoller Auseinandersetzungen, in denen er entweder als rechthaberischer und gewalttätiger Aggressor fungiert, als »bourreau tout rouge, les yeux exorbités« (141), der sich vor der Fürsorgerin, der »protectrice de l'enfance malheureuse« (107), und anderen Autoritäten zu verantworten hat, oder als aufopferungsfreudiger »pélican prêt à me dépouiller« (186), als eben noch dem Tode entronnener »rescapé« einer Katastrophe (145), als abgelegte Mumie im Sarkophag (155), die am Meinungsspiel der Lebenden nicht mehr beteiligt ist.

Die im Prinzip unendliche Vielschichtigkeit des durch das paralinguistische Zeichen ausgelösten Unbehagens macht eine angemessene soziale Reaktion unmöglich: Alle hörbaren Äußerungen des Vaters sind völlig unauffällig. Sarraute erleichtert dabei grundsätzlich die Unterscheidung zwischen ›conversation‹ und ›sous-conversation‹ nicht durch Zuhilfenahme von Inquit-Formeln oder ähnlichen Signalen (mit deren Unzulänglichkeit sie sich schon ausführlich in L'ère du soupçon auseinandergesetzt hatte), auch wenn es für die Markierung des Übergangs gelegentlich Bilder der Bedrohung gibt (vgl. Newman, 1973): Schlangen, deren Giftbeutel aufplatzen, Sicherheitsventile, die sich plötzlich öffnen. Grundsätzlich jedoch ist die ›sous-conversation‹ nur an der Intensität und gesellschaftlich unangepaßten Heftigkeit der Vorkommnisse zu erkennen, die immer wieder in blutige Aggressionen ausarten und entsprechende Sanktionen nach sich ziehen, während auf der sozialen Ebene ein neutraler Höflichkeitsaustausch nicht gestört wird.

Das Spezifische der Figurenkonstellation in Vous les entendez? ist bedingt durch die Zentralstellung des Vaters zwischen zwei ihm eigentlich soziologisch und emotional nahen Welten, der des Freundes und der der Kinder. Die in den Tropismen erfolgenden feindseligen Auseinandersetzungen mit den Kindern legen eine innere Komplizität mit dem befreundeten Besucher, der zum Beispiel ebenfalls kunstinteressiert zu sein scheint, nahe. Doch der Schein trügt. Die an sich harmlose Reaktion des Besuchers auf das Lachen hat dieses ja recht eigentlich erst thematisiert und dadurch zum Tropismenauslöser gemacht. Insofern erweist sich auch die Position des Freundes durch dessen eigenen ›Leichtsinn‹ als gefährdet, zumal der Hausherr in seiner Rolle als Vater bisweilen bereit ist, über alle Geschmacksdivergenzen hinweg und in selbstmörderischer Verleugnung heiligster Werthierarchien gerade bei den Kindern, die eben doch trotz allem eine natürliche Nachbarschaft der Sehnsucht bedeuten, Zuflucht zu suchen. In diesem Hin und Her von hochgespielter Enttäuschung und verzweifeltem Bemühen um trotzig resignierende Anpassung an imaginäre Ordnungsgefüge anderer windet sich die sprachlose Psyche des Erlebnisträgers hundert verschieden lange Sequenzen hindurch durch bis zu jenem Punkt, da sich die Türen der Kinder im oberen Stockwerk schließen: In der sozialen Realität ist nur ein kurzer Augenblick vergangen, geschehen ist – wieder einmal – nichts (»rien« ist das letzte Wort des Romans, 223).

Nach dem Ausflug in die Semiotik der paralinguistischen Zeichen wendet sich die Autorin mit dem Roman »*disent les imbéciles*« (1976) und den kurzen Prosatexten der Sammlung *L'usage de la parole* (1980) wieder ihrem Kardinalthema zu, der distanzierenden, gefährlichen, verletzenden, nur zu leicht klischeehaft klassifizierenden und in jedem Falle tropismenverursachenden Funktion der Wörter, der Rede, der Sprache. Der terrorisierende Machtfaktor, den Michel Foucault an der historischen Entwicklung bestimmter Redetypen untersucht hat (vgl. dazu besonders *L'ordre du discours*, 1971), spiegelt sich in bedrückender Potenzierung im unters Mikroskop gelegten allgegenwärtigen Herrschaftsgerede der Banalität und gefährdet permanent die eingebildete Vorrangstellung jedes beliebigen einzelnen: »Le lieu secret où se trouvait l'état-major et d'où lui, chef suprême, les cartes étalées sous ses yeux, examinant la configuration du terrain, écoutant les rapports, prenant des décisions, dirigeait les opérations, une bombe l'a soufflé...« (»*disent les imbéciles*«, S. 42).

Mit dem intra- und intersubjektiven Kampf zwischen Macht und Ohnmacht schreibt sich Sarraute nicht nur zentral in die erzählenden Paradigmen der Moderne ein, sondern zeigt sich auch der immer neuen Bodenlosigkeiten nachspürenden Lyrik eines Henri Michaux ebenbürtig (vgl. Coenen-Mennemeier, 1974, S. 158-174).

3.3 Michel Butor oder die anachronistische Sehnsucht nach Totalität

Michel Butors Konzeption des Neuen Romans ist durch das Verlangen nach einer letztlich kulturfrommen Totalität charakterisiert, das sich auf den verschiedensten inhaltlichen und formalen Ebenen realisiert. Insofern unterscheidet sich der Autor sowohl von der phänomenologischen, weitgehend auf den ›regard‹ zugespitzten Weltsicht Robbe-Grillets und seinem asketischen Stilerneuerungswillen als auch von der akribischen Umkreisung jener psychischen ›parcelle de réalité‹, der Nathalie Sarrautes ausschließliches Interesse gilt. Butor weiß zwar um die Fragmentarisierung der modernen Welt, doch möchte er dieser Erkenntnis zum Trotz die Fülle wenigstens schmaler Ausschnitte so vollständig einfangen, wie es methodisch nur möglich ist, und dabei das Problem der kulturellen Sättigung der Gegenwart nicht nur nicht ausblenden – ganz im Gegensatz zu Robbe-Grillet –, sondern gleichfalls ausdrücklich mitthematisieren. Die Kultur ist geradezu sein Material; dieses innovatorisch zu bearbeiten, ist seine originelle und originäre, jedoch auch paradoxe Intention innerhalb des Nouveau Roman.

Die vier Romane, durch die sich Butor als Nouveau Romancier profilierte, sollen hier nicht in ihrer chronologischen Folge behandelt werden, sondern lassen sich nach dem Kriterium semantischer Verwandtschaft (temporal-spatiale Totalität für die erste, Stadtsymbolik für die zweite) in Gruppen von je zwei Texten zusammenfassen.

Passage de Milan

In *Passage de Milan* (1954) geht es um das Leben eines Hauses in der Zeit von 7 Uhr abends bis 7 Uhr morgens. Hier werden die klassischen dramaturgischen Prinzipien der Einheit der Zeit und des Ortes auf das erzählte Universum übertragen. Dies schafft ein festes Gerüst für eine Welt, die im übrigen weitgehend dem Gesetz der Simultaneität gehorcht. Der Erzähler fragt sich, was gleichzeitig auf verschiedenen, hier räumlich übereinander gelagerten, Ebenen geschieht. Die zunächst getrennten Ausschnitte dieser neuartigen ›tranche de vie‹ werden durch eine Reihe von Querverbindungen (Einladungen, Besuche, gemeinsame Partizipation am vornehmen ›1er étage‹ und am berühmt-berüchtigten ›6e‹, das nur über die Dienstbotentreppe zu erreichen ist) zueinander in Beziehung gesetzt. Dennoch klaffen zwischen den verschiedenen Raumatmosphären, der jeweiligen ›couleur locale‹, ebenso wie zwischen den anskizzierten Lebensgeschichten Abgründe, die sich gerade durch die Reduktion auf zeitliche und räumliche Gemeinsamkeit offenbaren.

Neben traditionalistischen Spuren gibt es jedoch bereits innovatorische Ansätze. Nicht nur die neuartige Konzeption der ›tranche de vie‹ ist hier zu nennen – im Unanimismus eines Jules Romains gibt es bereits ähnliches, und die Entwicklung wird in Georges Perecs *La vie – mode d'emploi* einen Höhepunkt finden –, sondern auch und gerade die Führung des ›regard‹, die an Mauern, Fenstern oder leerem Gelände verweilt und insofern durch die Deskription bislang unbeachtet gebliebener Phänomene der Fülle von angedeuteten menschlichen Schicksalen, der Häufung von Eigennamen, Kurzbiographien und Portraits eine asketischere Objektbarriere opponiert. Dinge (oder wie Dinge beschriebene Teile des menschlichen Körpers, zum Beispiel Hände) fungieren als Orientierungspunkte in einer die Menschen einhüllenden Fremdheit. Der implizite Erzähler lenkt dabei den Blick des impliziten Lesers so, daß er nicht ausweichen kann: »Mettez-vous à la porte, vous aurez la fenêtre fermée devant vous.« (53) Auch die neuartige Immobilisierung der Figuren in ein ›tableau‹ hinein soll vom Leser wahrgenommen werden: »(...) examinons ces onze personnages enfin rassemblés, »les Mogne« qui se serrent en bon ordre autour de la table comme pour un jeu de massacre« (53). Derartige erzählstrategische Imperative können unter anderem als Vorstufen zum ebenso ungewöhnlichen wie konsequenten Gebrauch des Pronomens der 2. Person in *La modification* angesehen werden. Dem durch die Simultaneität (›maintenant ... tandis que‹) drohenden Auseinanderfallen der erzählten Welt dienen refrainartig wiederkehrende Motive (›cloches‹, ›sonnettes‹) sowie Repetitionen und Variationen ganzer Sätze (›Le métro passant sous la rue ... dans la rue ... fait trembler la lampe ... le lustre ... l'ascenseur dans sa cage‹) als Gegengewichte mit vornehmlich organisatorisch ausgerichteter Narrationsfunktion. Der Metro-Refrain erinnert nicht zufällig an das mehrfach wiederholte Motiv des ›omnibus‹ (Pferdebahn) in Lautréamonts *Chants de Maldoror*: Die variierten Repetitionen unterlegen der Narration auch eine diskrete lyrische Grundmelodie; Butors Herkunft von der (surrealistischen) Poesie ist nicht zu überhören. Auch der inhaltlichen Verwandtschaft wäre nachzugehen. Wenn Bernard Valettes Vorschlag, *Passage de Milan* leicht – im Ricardou-Geist – abgewandelt als »passage du malin« (1992, S. 66) zu lesen, Sinn machen soll, wäre daran zu erinnern, daß die Mächte der Finsternis, die bei Butor unterhalb des Christentums und der gesellschaftlichen Ordnung lauern, im düsteren Maldoror ihre prophetische Inkarnation gefunden haben.

Doch auch ohne interpretierend spielerische Umstellungen ist der Titel *Passage de Milan* schillernd. Er partizipiert an der im Nouveau Roman häufiger genutzten Homonymie: »Milan« bezieht sich auf die italienische Stadt Mailand, meint aber auch den in Ägypten als Gottessymbol verwendeten Vogel, auf den im Text gegen Anfang und Schluß angespielt wird: »Dans le haut de l'air, ailes déployées, si ce n'est un avion c'est un milan.« (8) Butor selbst verweist ferner auf die Homonymie mit ›mille ans‹, die eine Ausweitung der engen äußeren Zeiteinheit nach innen durch zahlreiche kulturelle Allusionen indiziert. Durch Metro und Milan/Flugzeug wird überdies die Vertikale des Hauses nach unten und oben hin noch verlängert, die Stockwerkzahl gleichsam noch überboten, außerdem das Prinzip Immobilität mit dem der Mobilität, des Unterwegsseins, des Reisens, suggestiv verknüpft. Varianten dieser Opposition beherrschen auch die Figurenkonstellation im Innern des Hauses, das der übergeordnete Gesamterzähler von unten nach oben ›öffnet‹. Die beiden Abbés Ralon haben weniger gemein, als es ihr Beruf vermuten ließe, die ›famille nombreuse‹ Mogne lebt in vielfacher Hinsicht in einer engeren Welt als der Kunstliebhaber Samuel Léonard mit seinem exotischen Boy und seiner Nichte Henriette. Oft werden dabei sozial wichtigere Rollen durch das halb vertrauliche, halb distanzierte Bewußtsein von ›Nebenrollen‹ gespiegelt (entfernte Verwandte, Hausangestellte, Concierge). Für diese Diskursformen steht der ›style indirect libre‹ der 3. Person zur Verfügung, der emotional gefärbte, ungefilterte Sichtweisen gestattet, jedoch gelegentlich auch in einen echten ›monologue intérieur‹ der 1. Person übergehen kann. Es gibt außerdem Augenblicke, in denen eine übergeordnete Erzählinstanz die »apartés« (66) imaginiert, mit denen die aus verschiedenen Personen gebildete Gruppe des in den übergeordneten Blick gefaßten Gegenübers eine dritte Figur etikettiert.

Derartige Verfahrensweisen nähern sich gelegentlich der Opposition ›conversation – sous-conversation‹ an, zumal auch hier auf der sozialen Gesprächsebene die angepaßte Höflichkeit nicht aufgegeben wird. Es ist gewissermaßen ein ganzes ›Planetarium‹, das schließlich auf der 4. Etage beim Tanzabend der Familie Vertigues zusammenkommt, zum Teil Verbindungen zu anderen Familien im Haus, zum Teil nach außen herstellend. Durch die Paarbildungen beim Tanzen entstehen immer neue Figurenkonstellationen mit entsprechenden Dialogen und indirekten oder direkten inneren Monologen. Im sechsten Teil des zwölfteiligen Romans werden dem Leser zur leichteren Identifizierung der Bewußtseinsströme die Eigennamen der Bewußtseinsträger, die sich direkt oder auf dem Umweg über Rivalen auf die Tochter Angèle Vertigues konzentrieren, als

Marginalien mitgeliefert: Butor liebt und praktiziert immer wieder das Spiel mit den technischen Möglichkeiten der Buchseite.

Semantische Kohärenzstifter dienen als Totalisatoren in den vom Zufall zusammengeführten Realitätsschichten. Die Tischglocke, das Läuten an der Tür, der gleichfalls als ›grésillement métallique‹ qualifizierte Ton des Glockenturms vom benachbarten Frauenkloster, sie alle variieren dasselbe Motiv, das aus dem Bereich des profanen Alltags in den religiösen Raum überführt wird (und umgekehrt). Das Vorhandensein einer solchen religiösen Ebene, die der Autor mit Bibelzitaten ausstattet, ist ein Zug, der dem Nouveau Roman sonst im allgemeinen fremd ist. Er erklärt sich als transzendierende Krönung jener Lust an Kultur und tradierten Lebensformen, die für Butor charakteristisch ist und sich in seinem Gesamtwerk niederschlägt.

Im Romanerstling *Passage de Milan* werden derartige Ingredienzen ebenso üppig wie unsystematisch verstreut: Jemand spricht über Malerei, ein anderer über Literatur, wieder ein anderer über seine Erfahrungen mit exotischer oder zeitgenössischer Musik, die ägyptische Kunst im Louvre wird evoziert, Abbé Jean Ralon bereitet eine Anthologie ägyptischer Literatur vor – hier knüpft die Durchführung an die animalische, das ägyptische Vogelsymbol bezeichnende Bedeutung des Titels an –, und während gleichzeitig die Walzer-, Rumba- und Tangoklänge der Soiree bei den Vertigues lärmen, liest sogar die Haushälterin Madame Phyllis *Les faubourgs de Trieste*, eine »histoire bizarre et attendrissante« (141f.). Die kultur-, literatur-, technik- und utopiegespickten Konversationen seiner gebildeten Protagonisten, an diesem Abend versammelt im Salon Samuel Léonard, breitet Butor nicht ohne spürbares Wohlgefallen aus, auch wenn er sich über sie gleichzeitig leise mokiert. Viele Elemente ihrer Gespräche dienen durchaus als Spiegelung eigener literarischer Bemühungen. So geht es etwa um das Verhältnis der verschiedenen Zeitphasen zueinander, um die Anleihen der Gegenwart bei Vergangenheit und Zukunft, um die Bedeutung der ›mémoire‹, ihre Leistung und ihre Gefahr für ein erneuerungswilliges, utopisches Bewußtsein.

Als kompositorisches Zentrum sind Vorbereitung, Durchführung und Ausklang der Soiree bei den Vertigues von entscheidender erzählstrategischer Bedeutung. Da die meisten vorkommenden Handlungsträger direkt oder indirekt an dem geselligen Ereignis beteiligt sind, kann der Autor Vorkommnisse und Gestalten der Nacht im Rückblick auf den Empfang noch einmal, gespiegelt durch ein Spektrum von Figurenpsychen, Revue passieren lassen. Naive Hoffnungen, Enttäuschungen, Sehnsüchte, homoerotisches Verlangen,

Verdrängung und Verzweiflung mischen sich in einem nachklappen-den ›Ball‹ der Leidenschaften. Angèle Vertigues, deren Volljährigkeit gefeiert wurde, überprüft in ihren vagen Zukunftsträumen noch ein-mal die männlichen Protagonisten auf ihre Eignung als denkbare Heiratskandidaten. Der immer wieder thematisierte Unterschied zwischen Schein und Sein konzentriert sich besonders in ihren un-realistischen Entwürfen, in denen nicht einmal derjenige schlecht wegkommt, der den Abend nur als Vorwand zum Diebstahl genutzt hat. Angèles Vertigues' plötzlicher gewaltsamer Tod, unglückliche Folge eines unseligen Mißverständnisses, macht alle ihre Projekte endgültig zu Fiktionen. In unausgesprochener Logik des Gesamtge-schehens führt die Ermordung die erotischen, sozialen und religiö-sen Spannungen zum Kulminationspunkt und macht das junge Mädchen zur »victime du trouble collectif« (Roudaut, 1964, S. 213).

Die Webteppichmethode des Ganzen sucht in den Grenzen des Raum-Zeit-Rahmens ›alles‹ in buntem Gemisch zu erfassen. Die (heilige) Zahl 7 unterstreicht die religiösen Konnotationen des an den Schöpfungsprozeß erinnernden Totalitätsanspruchs: Der zeitli-che Rahmen erstreckt sich von 7 Uhr abends bis 7 Uhr morgens; es gibt 7 Stockwerke im Haus (einschließlich Concierge-Wohnung und Dienstbotenetage). Bevor die morgendlichen Glockenklänge er-tönen, spricht Alexis die Formel ›Et lux perpetua...‹, die den theolo-gischen Kontext verdichtet. Anders als Robbe-Grillet und Sarraute meidet der frühe Butor bei aller Betonung deskriptiver Details die großen Themen der Existenz keineswegs. Gleichzeitig ist auch in diesem frühen Roman schon die Bedeutung der bildenden Kunst zu erkennen. Aufbau und Inhalt der Erzählung erinnern an Marcel Duchamps berühmtes *Grand verre* (Glasobjekt) *La mariée mise à nu par ses célibataires mêmes* (vgl. Roudaut, 1964, S. 217). Direkte Indi-zien für diese Beziehung sieht Georges Raillard überdies noch in den das ›verre‹ evozierenden Eigennamen (des Malers) Martin de Vere und der Familie Vertigues (Ricardou, van Rossum-Guyon, éds., 1972, t. 2, S. 265).

Degrés

Auch der Roman *Degrés* (1960) stellt sich durch Textintention und -verfahren unter das Zeichen des Totalitätsanspruchs. Diesmal geht es um die Schüler einer Gymnasialklasse, deren ›Wirklichkeit‹ durch die Zeugnisse zweier Lehrer und eines mit ihnen verwandten Schü-lers vollständig eingefangen werden soll. Auf romaneske Begeben-

heiten wird in diesem Roman verzichtet, auch der scheinbar vorpro-
grammierte Generationenkonflikt findet nicht statt. Dennoch ex-
plodiert die Komposition an den verschiedensten Knotenpunkten
und auf den unterschiedlichsten Ebenen, so daß sowohl die Reali-
tätsillusion als auch der ursprüngliche Anspruch, ohne Verbrämung
und Euphemismen das ›Ganze‹ zu sagen, nicht hergestellt, nicht eingelöst werden können. Statt dessen entsteht etwas wie eine ›mobile‹
Poesie, wie sie Butor in Auflösung sämtlicher Gattungsgrenzen später bevorzugen wird. Diese Tendenz wird auch bereits angezeigt
durch das Druckbild, in dem häufig kurze Abschnitte aufeinander-
folgen, die zusammen einen überlangen Satz bilden und durch gemeinsame nebengeordnete Abhängigkeit von einem Satzsubjekt (oft
Sprecher oder Angesprochener) so gleichzeitig verbunden und ge-
trennt sind, daß stellenweise fast an Prosagedichte erinnernde Stro-
phenbildung beobachtet werden kann. Die für Butor charakteristische Simultaneität (›alors que ... alors que‹) ist bereits durch den
Ansatz der Unterrichtssituation nahegelegt, die Lehrern und Schü-
lern ein unausweichliches Mindestmaß an Miteinander auferlegt.

Das Butor am Herzen liegende Spektrum kultureller Angebote
läßt sich in Form anzitierter oder entfalteter Unterrichtselemente
(von Geographie bis Literaturgeschichte) zwanglos einbauen; die potenzierten Verwandtschaftsbeziehungen (nicht nur zwischen Erzählern und Neffen, sondern zusätzlich noch zwischen zwei weiteren
Lehrer-Schüler-Gruppen) erlauben aber darüber hinaus die Erweiterung der psychischen Dimension, die Parallelisierung der beruflich-
öffentlichen mit der privat-intimen Sphäre, die Durchdringung des
Hier und Jetzt mit Erinnerungen, in denen über den gegenwärtigen
Augenblick hinaus die Familienaura, weitere Verwandtschaftsrelationen und ausschnitthaft schließlich die Lebensgeschichte der beiden
Generationen mitthematisiert werden können. Eine exakte Auflistung der zeitlichen Momente, aus denen sich die Erzählgegenwart
zusammensetzt und die gleichzeitig die erzählte Zeit ausmachen
(Oktober 1954), verleiht den auseinanderdriftenden lyrischen Fel-
dern dieses Romans nur an der Oberfläche etwas wie ein festes Gerüst; in Wahrheit kann die Anarchie der mentalen Realität dadurch
nicht gebändigt werden.

Der narrative Gestus ist (zunächst) charakterisiert durch die innere Anrede des Erzählers an den Neffen, um den als psychisches
Zentrum die übrige schulische Welt sich kristallisiert. Die Darstellung der Klasse wird dabei gleichzeitig immer auch zur Reflexion
über narrative Zwänge und Möglichkeiten. Der Erzähler wird sich
schnell dessen bewußt, daß die ursprüngliche Absicht des ›vollstän-
digen‹ Registrierens der mit Sicherheit bekannten Wirklichkeit mo-

difiziert werden muß, daß es die Imagination mit ihrer schöpferischen ›Unzuverlässigkeit‹ großzügig zu beteiligen gilt, wenn einem Anspruch auf authentische Totalität auch nur einigermaßen Rechnung getragen werden soll. Unsicherheit und Kreativität werden zunehmend identisch, ein Prinzip, das sich durch den gesamten Nouveau Roman hindurch verfolgen läßt und das auch für die Romane Samuel Becketts und ihre permanente Infragestellung des soeben Behaupteten charakteristisch ist. »Comment savoir?« (55) ist in *Degrés* eine der rekurrenten Fragen, deren Beantwortung eingekreist wird durch die Erhellung der Möglichkeits- und Wahrscheinlichkeitsfelder. Letztere werden konsolidiert durch narrative Gruppenbildungen (»Jusqu'à présent, j'ai pu traiter ces personnages par triades«, 89), die, von den Verwandtschaftsrelationen als Zentrum des geplanten Kunstwerks ausgehend, ständig durch andere Merkmalbündel (zufällige äußere Ähnlichkeiten oder markante Unterschiede, herkunftsbedingte Oppositionen wie Okzident versus Orient) zu erweitern sind, damit die ›tranche de vie‹ einer nachvollziehbaren und die ursprünglichen Erzählintentionen respektierenden Anordnung von verschiedenartig qualifizierten Abstufungen (»degrés«) unterworfen werden kann.

Je komplexer jedoch die »degrés« werden, desto mehr gerät das Unternehmen auch in schwindelerregende Wirbelbildung. Der Arbeitsaufwand, den die ›notes‹, die im Hinblick auf das Werk vorgenommenen Tagebucheintragungen, für den Erzähler darstellen, gefährdet dessen berufliche Situation, mit der doch die Narrationstätigkeit nicht interferieren darf (ein Problem, mit dem sich auch der als Universitätslehrer und Schriftsteller janusköpfige Michel Butor in *Improvisations sur Michel Butor*, 1993, explizit auseinandersetzt und das insofern quasi eine literatursoziologische ›mise en abyme‹ darstellt).

Solange die begonnene Ordnung trotz aller Unzulänglichkeit nicht durch eine bessere ›réorganisation générale‹ abgelöst werden kann, muß der Erzähler gleichsam umso mehr an der selbstgegebenen Disziplin festhalten (ähnlich wie Descartes an seiner ›morale provisoire‹), was vor allem bedeutet, daß die Ausgangstriade der beiden Onkel und des gemeinsamen Neffen auf keinen Fall vernachlässigt werden darf. Verstöße dagegen, wie sie ihm unwillkürlich unterlaufen, beunruhigen daher den Erzähler: »Et ton oncle Henri? Je me rends compte qu'à plusieurs reprises j'ai parlé de nous sans parler de lui, contrevenant ainsi à la règle de narration que je m'étais imposée au début afin de parvenir à te décrire cette classe dans tout son volume.« (114)

Intersubjektives Wissen und auf Imagination angewiesenes Nichtwissen sind unter Verwandten auf besondere Weise miteinander verknüpft (»à divers degrés d'historicité«, 117). Insofern hofft der Erzähler (und mit ihm zunächst wohl auch Butor) durch die Darstellung solcher Beziehungen in verdichteter Form etwas Grundsätzliches nicht nur über Erkenntnisvorgänge und deren narrative Erfaßbarkeit auszusagen, sondern darüber hinaus über das, was Rimbaud die ›Rede von Seele zu Seele‹ nannte, also über eine gemeinsame dialogische Grundbefindlichkeit, in der Austausch und Verstehen vielleicht doch in höherem Maße möglich sein könnten als sonst.

Der Erzähler des ersten Teils wird im zweiten Teil abgelöst durch seinen Neffen Pierre Eller. Es findet also ein narrativer Rollentausch statt: Der bisherige Adressat wird nun zum Sprecher, der bisherige Erzähler zum Adressaten. Aber der Rollentausch ist wieder nur eine Fiktion innerhalb der Fiktion, der Neffe ist nur imaginärer Stellvertreter eines realen Erzählers, der er ›in Wahrheit‹ nicht sein kann:

»Le soir, tu as commencé à rédiger ce texte que je continue, ou plus exactement que tu continues en te servant de moi, car, en réalité, ce n'est pas moi qui écris mais toi, tu me donnes la parole, tu t'efforces de voir les choses de mon point de vue, d'imaginer ce que je pourrais connaître et que tu ne connais pas, me fournissant les renseignements que tu possèdes et qui seraient hors de ma portée«. (150f.)

Der ›neue‹ Erzähler sieht sich insofern mit erschwerter Problematik konfroniert, als er sich selbst und seine Welt unter der Maske eines fast noch kindlichen und insofern auch wieder unzulänglichen Alter ego verbergen (muß) will. Der zweite Teil enthält also den Pakt zwischen dem 1. Erzähler (Onkel) und dem 2. Erzähler (Neffe), der jedoch nicht von seiner Rolle als vorgeschobene Erzählinstanz weiß, sondern sich nur auf der Ebene der einzufangenden Textmaterialien als Zuträger für den ›narrateur-écrivain‹ betätigt. Diese Rolle erfüllt ihn zunächst mit Enthusiasmus, dem Gefühl des Auserwähltseins, schafft ihm jedoch zunehmend Schwierigkeiten mit der ›Realität‹, seiner schulischen Umwelt nämlich ebenso wie der Familie (d.h. also den beiden Ebenen, die fixiert werden sollen), so daß er schließlich den Pakt aufkündigt und sich der narrativen ›Gier‹ des Onkels entzieht. Dieser seinerseits sieht sich einer solchen Fülle von organisatorischen Problemen gegenübergestellt, daß nur Entwürfe des großen Werkes geleistet werden können, daß Pläne, Tabellen, Zitate wie Rohstoffe zur Vorbereitung einer neuen Ordnung wirken, die nicht zustande kommt. Dem gehetzten Gewirr der Strukturen entspricht die zunehmende Schwäche des Erzählers, dessen Erkrankung durchaus Merkmale einer Flucht (des Schriftstellers vor seiner selbstgestellten Aufgabe) aufweist.

Der dritte Teil hat einen neuen ›wirklichen‹ Erzähler, den Onkel Henri Vernier, der den gemeinsamen Neffen Pierre Vernier als Adressaten beibehält und im Zeichen des ›trop tard‹ schließlich auch das vom Kranken nicht mehr durchschaute ›tableau‹ einer Versöhnung zwischen dem Neffen und seinem ›Ausbeuter‹ beschreibt, ein ›tableau‹ übrigens, dem diesmal die Rührseligkeit der Genrebildchen des ›drame bourgeois‹ nicht ganz abgeht. Die erzählte Zeit umkreist dabei noch einmal lakonisch die wichtigsten Augenblicke des Werkentwurfs, seiner Materialien, ihrer Organisation und ihres Zusammenbruchs. Die Unterrichtsstunde über die Entdeckung Amerikas, die auf der Ebene der dargestellten ›Realität‹, der Lehre, zum Ausgangs- und Höhepunkt der Materialien werden sollte und Chiffre für die wünschenswerte Erneuerung des ›enseignement‹ ist, kann der letzten Erzählinstanz nun als Metapher für das ästhetische Vorhaben und sein Scheitern dienen und dem impliziten Leser gleichzeitig eine Art Verpflichtung zur Vollendung durch das Erleiden des Ungenügens auferlegen:

»(...) dans l'édification de cette tour d'où l'on devait voir l'Amérique, s'est formé quelque chose qui devait la faire exploser; (...) et c'est pourquoi tout ce qu'il me reste à faire devant ce vestige d'une conscience et d'une musique future, c'est de l'étayer quelque peu, pour que puisse en souffrir le passant, pour que les choses autour, pour que cet état d'inachèvement, de ruine lui deviennent insupportables (...).« (385)

Der Wechsel der Erzählinstanzen und das mehrfache Eingestehen ihres schöpferischen Unvermögens, die als Ausdruck grundsätzlicher poetologischer Unsicherheit gemeint sind und diese Unsicherheit auch über den didaktischen Anspruch des Unterrichts als ihren Gegenstand abstrahlen, finden in den letzten Worten des erkrankten ursprünglichen Erzählers »Qui parle?« (389) ihre programmatische ›mise en abyme‹. Der Erzähler ist in seinem Bemühen und krankmachenden Unvermögen zwar selbstverständlich nicht dem Schriftsteller Butor gleichzusetzen; dennoch ist der Roman selbst ebenfalls eher komplexes Versprechen als dessen überzeugende Einlösung. Vielleicht ist die zentrale Position der Neuen Welt in diesem Werk, die dennoch nicht zur gewünschten Kristallisation der beschriebenen Realität führt (ähnlich wie die negative Wertung der neuen Kathedrale in *L'emploi du temps* und wie andere Spuren des Wortfeldes ›nouveau‹ im Gesamtwerk), auch ein skeptischer Blick des Nouveau Romancier auf den eigenen gattungstypologischen Reformversuch, dem Butor bekanntlich nur einige Romane lang treu geblieben ist und dessen letzte Etappe gerade durch *Degrés* gebildet wird. Zur wirklichen – und kritischen – Begegnung mit der in *Degrés* unerreichten Neuen Welt wird Butor erst frei mit dem Amerikabuch *Mobile*, das die Zwänge des Nouveau Roman abschüttelt und definitiv eigenständige, die Materialität des Buches rigoros mitnutzende kompositorische Prinzipien entwickelt, wie sie der Autor von nun an kontinuierlich erweitern und nüancieren wird.

L'emploi du temps

Eine besonders wichtige Rolle spielen beim Romancier Butor Städte und ihr Verhältnis zum jeweiligen Protagonisten. *L'emploi du temps* (1956) enthält die zeitlich genau situierten Aufzeichnungen, die der Franzose Jacques Revel in der fiktiven englischen Stadt Bleston macht, um sich über sich selbst, seinen Haß auf die ihn aufsaugende fremde Stadt und ihre makabren Geheimnisse Klarheit zu verschaffen. Als Klärung suchendes ›journal‹ erinnert *L'emploi du temps* an Sartres *Nausée*. Allerdings führt Butors Protagonist nicht in erster Linie ein Tagebuch der Gleichzeitigkeit mit den Ereignissen, sondern greift erst etwa sieben Monate nach seiner Ankunft zur Feder, um im nachhinein seine Eindrücke festzuhalten, zu einem Zeitpunkt, als ihn nur noch wenige Monate von der ersehnten Heimkehr nach Frankreich trennen. Der begonnene Rückblick mit seiner chronologischen Anordnung auf der Ebene der vergangenen Erfahrungen kann jedoch nicht säuberlich fortgeschrieben werden, weil die innere Dramatik der Ereignisse die Gegenwart des Schreibenden einholt. Es entfaltet sich auch das Geheimnis einer Stadt, die der Freund George Burton (auf die bezeichnende Ähnlichkeit seines Namens mit dem Butors macht Roudaut aufmerksam, 1964, S. 223) unter dem Pseudonym Hamilton (beziehungsreich hieß schon der Ankunftsbahnhof Bleston Hamilton Station) in dem ambivalent betitelten Kriminalroman *Le meurtre de Bleston* (Mord in der Stadt, Ermordung der Stadt) zum Rahmen seiner Handlung gemacht hatte. Die Fiktion des Romans im Roman, die, immer wieder an das Alte Testament gemahnend, einen Brudermord behandelt, erweist sich als Fortsetzung einer Realität, die in vielfacher Hinsicht noch unvergessen ist. Nachdem der Protagonist die Identität des Schriftstellers Burton leichtfertig preisgegeben hat, nimmt die Wirklichkeit an Burton/Hamilton Rache. Damit greift die Vergangenheit nicht nur als Trauma, sondern als Ereignis in die Gegenwart ein. Die Aufzeichnungen des Protagonisten müssen der Ebene der ferneren eine Ebene der näheren Vergangenheit sowie schließlich die in Mitleidenschaft gezogene der thematisierten Gegenwart überlagern. Bisweilen wird Geschriebenes noch einmal gelesen, Vergangenes rück-

wärts aufgeblättert, so daß eine Orchestrierung von bis zu fünf Zeit-
stimmen entsteht. Das gesamte »labyrinthe« – Elemente dieses antiken Mythos erstellen ein wichtiges Bildfeld des Romans – wird nur
zusammengehalten durch den beschriebenen Blätterstapel mit seinem »cordon de phrases«, der dem verstörten Protagonisten als »fil
d'Ariane« (187) dienen soll.

Zentrale Motive des Nouveau Roman, griechische Helden (The-
seus, Ödipus) wie in *Les gommes*, die Welt als mentaler Irrgarten,
wie sie titelgebend sein wird für *Dans le labyrinthe*, intersubjektive
Relationen als Detektivgeschichte auf mehreren Bedeutungsebenen,
sind hier miteinander kombiniert. Von der Literatur eines Robbe-
Grillet, mit der er auf den ersten Blick soviel gemein zu haben
scheint, unterscheidet sich dieser Roman jedoch ganz erheblich. Das
Labyrinth wird fortschreitend transparent gemacht, die Handlungs-
fäden knüpfen sich allmählich zu einer dem Anschein nach eher traditionellen, wenngleich nicht völlig durchschaubaren ›histoire‹, die
morbide Stadtphantastik erinnert sogar ein wenig an Rodenbachs
Bruges-la-Morte (1892) und an den ganzen satanisch-dekadenten
Mystizismus eines Huysmans, und das Brudermordmotiv spiegelt
sich in den Glasfenstern der Kathedrale denn doch zu plakativ, zu
symbolisch, als daß von objektaler Weltbehandlung die Rede sein
könnte. Zwar weisen die Zeitstrukturen durch Verschiebungen auf
Vergangenheits- und Gegenwartsebene, die den Leser zu aufmerksa-
mer Durchwanderung der temporalen Stockwerke zwingen, durchaus originelle und innovatorische Züge auf; dennoch resultiert die
Faszination des Romans wohl eher aus herkömmlicheren Erzählstrategien, die zum Teil sogar direkt gegen fundamentale Postulate des
Nouveau Roman (à la Robbe-Grillet, der ohnehin kein großer Bu-
tor-Freund ist) verstoßen. So ist die Welt nicht einfach nur vorhan-
den, sondern sie wird als feindselig, als mörderisch, dargestellt. Die
psychische Befindlichkeit des Protagonisten produziert die perverse
›Seele‹ der permanent anthropomorphisierten und in Allusionen al-
legorisierten Stadt Bleston, deren tragödienhaft konnotierte ›Wahrheit‹ allmählich ans Licht kommt. Leerstellen scheinen also nur Pro-
visorien, die Spannung, dies ein ganz traditioneller Befund, wächst
mit deren Aufhebung durch inhaltliche Füllung. Für die Nähe zur
Tragödie spricht auch die Makrostruktur des Textes mit den fünf
großen Teilen, die in je fünf Kapitel untergegliedert sind. Die ›mise
en abyme‹ der ›Tragödie‹ durch den Kriminalroman und seinen mit
dem tragischen Geschehen verbundenen und von ihm erneut einge-
holten Autor ist dann freilich wieder Zeichen für eine gewisse Modernität, wie sie jedoch seit Gide bereits in der Erzählwelt Heimatrecht gefunden hat. Der geradezu hemmungslos subjektiven Per-

spektive des *Emploi du temps* werden demnach objektale Gegengewichte nur spärlich entgegengesetzt.

Daß dennoch die für den gesamten Nouveau Roman kennzeichnenden Fremdheitsgefühle aufkommen, liegt vornehmlich an der ›realistischen‹ Ausgangssituation, in der ein der Landessprache kaum mächtiger junger Franzose sich in einer ihm unbekannten englischen Stadt mit typisch grauer Regenatmosphäre nur mühsam arrangieren kann. Selbst potentielle Liebesgeschichten bleiben der Stadt wegen auf der Strecke: Das heimlich angebetete Mädchen Rose Bailey verlobt sich mit dem Franzosen Lucien Blaise, dem eher blassen Alter ego des Protagonisten, der nach dieser Enttäuschung vorübergehend auch an seiner schriftstellerischen Mission irre wird:

»A quoi bon maintenant continuer cet immense, cet absurde effort pour y voir clair, qui ne m'a servi qu'à mieux me perdre? (...) A quoi bon aviver mes brûlures en pensant à ce soir où j'ai emmené Rose, ma Rose, qui aurait dû être ma Rose (...), Rose que j'ai perdu par cécité, par peur, par haine de cette ville dont j'essayais d'exorciser les sinistres envoûtements, Rose que j'ai manquée à cause de l'horrible pouvoir de Bleston, de ses basses fumées insidieuses et endormeuses, des âcres relents de ces incendies sombres et sournois qui se succèdent?« (189)

Auch Ann, die Schwester der Verlorenen, erste, nun erneuerte Liebe und alte – neue – Garantin des Schreibens, wird sich einem anderen zuwenden, dem ›suspekten‹ James Jenkins, dem diskreten und doch verdächtigten Freund der ersten Stunden in Bleston, das sich nicht erobern läßt.

Zahlreiche Exklamationen und Apostrophen (des Zornes gegenüber der Stadt, der Zärtlichkeit gegenüber den Schwestern Bailey) durchziehen das stilistische Gefüge, in dem sich die Doppelstruktur der auf unterschiedliche Weise glücklosen Beziehung zur Stadt und ihren Frauen sprachlich manifestiert. Auch auf der Ebene des Stils kann also von einer neutralen oder gar objektalen Haltung sicher nicht die Rede sein. Wohl aber dient die Sprache dazu, Bleston, den Gegenstand der Haßliebe, durch die Textwerdung als ›Realität‹ zu zerstören, so wie der Protagonist in einer frühen Aufwallung den Stadtplan verbrannt hatte: eine wahrhaft symbolische Geste. Das Motiv des Brandes, der Selbstauslöschung der Stadt, ausgeweitet in den rückwärtsgewandten Erzählerphantasmen bis hin zur Verbrennung Roms, gehört neben den insistierenden Gongschlägen der Zeitangaben zu den rekurrenten Strukturen des Romans, die der düsteren Geschichte noch einmal eine dunkle Lyrik unterlegen.

Kein Zweifel, daß der Protagonist und sein Autor das Erzählen hier als Exorzismus betreiben: Mit dem befreienden Aufbruch aus

Bleston endet auch der Roman einer Selbstbefreiung, die im Schreiben nicht wirklich gelingen konnte. Der Krankheit am Ende von *Degrés* entspricht hier die Flucht des Erzählers, dessen visionäre Transformation der Realität auf ihn selbst aggressiv zurückschlägt. Wie sehr das Schreiben sich immer mitthematisiert, geht auch aus dem Umstand hervor, daß der Protagonist seine letzte Muse, die er als Ariadne seines Labyrinths imaginiert, ohne daß sie freilich diese mythische Rolle auf sich zu nehmen gedenkt, in ihrem Schreibwarengeschäft (Reminiszenzen an die ›papeteries‹ der *Gommes*?) kennenlernte, dessen Materialien dazu verhalfen, den Bann der Stadt durch ihre Versprachlichung zu brechen. Im kurzen letzten Teil des Romans, der lakonisch ›Adieu‹ betitelt ist, erweist sich das Schreiben, der damit ausgefüllte »emploi du temps«, als die eigentliche und innerste Realität. Das Verbrechen und seine Ahndung sind Phantasmen des Erzählers, die Kette ihrer imaginären Verknüpfung ist weit komplizierter und vager, als die zunächst so realistisch angelegte Spannung es erwarten ließ; Träume, Halluzinationen, Unsicherheit haben das letzte Wort. Außerhalb der Visionen von Kathedralen und Museen, in denen Serien vergangener Städte und Perioden aufgehoben sind, gibt es kein zwingendes Wirklichkeitsfundament jener Verbrechen, deren der Erzähler die Freunde verdächtigt. Der Kriminalroman *Meurtre de Bleston* mit seiner Brudermordgeschichte ist als geschriebene Thematisierung des ins Phantastische verzerrten Ortes deutliche Parabel für eine Stadt, die durch das Feuer nicht nur, mit dem Kainsmal aller Städte gezeichnet und deswegen, einem modernen Sodom und Gomorrha gleich, ausgelöscht werden soll, sondern ebenso sehr durch den zerstörerischen Brand der ›écriture‹ ihre Auferstehung erfahren will: Das ist der Krieg, den die ›Belli civitas‹ (so die mitgelieferte Etymologie des Namens Bleston) gegen den Protagonisten anstrengt, um sich aus ihren amorphen Nebeln zur Unsterblichkeit zu erheben, das ist der Pakt, in dem beide jenseits allen Hasses miteinander verbunden sind.

La modification

Trotz des ungemein kunstvollen Geflechtes der Zeitebenen ist *L'emploi du temps* kein ganz großer und sicher kein wirklich moderner Roman. Die Dämonisierung der Stadt als Erbin und Brutstätte des Brudermords bedient ein überholtes Klischee, und die wütenden Tiraden des Protagonisten entspringen einer allzu einfachen psychologischen Gleichung. Das gänzlich humorlose und oft schwülstige Pathos nötigt selbst Leo Spitzer, sonst voll des Lobes, die Bemerkung ab, gelegentlich kreise der Berg, um eine Maus zu gebären (»ridiculus mus«: Spitzer, 1970, S. 502), wobei die Kritik über die Figur den Autor trifft. Auch die Funktion der Frauengestalten innerhalb des Stadtmotivs bleibt, wenngleich Aufgipfelungen zur Muse und Ariadne helfen sollen, in diesem Roman noch eher unbefriedigend. Dies ändert sich ganz entscheidend mit *La modification* (1957), dem bekanntesten Roman Michel Butors und sicher einem der meistgelesenen Werke des gesamten Nouveau Roman. Jetzt wird die Beziehung zwischen Stadt und Frau so sehr gefestigt, daß beide Elemente ohne einander nicht mehr gedacht werden können.

La modification ist der Roman einer Reise von Paris nach Rom, die der Protagonist in der Absicht unternimmt, seine in Rom lebende Geliebte zu sich nach Paris zu holen. Er muß jedoch erkennen, daß die Geliebte so eng mit Rom verbunden ist, daß eine Lösung dieser Verbindung auch die Liebe beenden würde, da die Anziehungskraft der Frau vor allem aus ihrer Einbettung in die Stadt herrührt und andererseits der besondere Reiz der Stadt durch die Anwesenheit der geliebten Frau bedingt wird. Auf analoge Weise gehören Paris und die Ehefrau zusammen. Die Entwurzelung der ›entführten‹ Geliebten würde also sowohl Rom als auch Paris ihrer Seele berauben, würde beide als Erlebniswelt des Protagonisten verarmen lassen und gleichzeitig die Beziehung zu beiden Frauen zerstören.

Butor hat hier eine überzeugende Möglichkeit gefunden, seine Bildungsmeditationen über Stationen und Zeugnisse abendländischer Kultur mit einer individuellen Erfahrung und einer ›einfachen Handlung‹ (im Sinne Racines), nämlich der ›bloßen‹ Wandlung einer inneren Einstellung, plausibel und unauflösbar zu verbinden. Butors vor allem in *L'emploi du temps* noch oft störend beliebige Redseligkeit wird hier gedämpft durch genaue Situationsbeobachtung und vor allem durch den übergeordneten Gebrauch der zweiten Person Plural (nur ganz selten in andere, üblichere Pronominalformen umgewandelt) für den Protagonisten, der dadurch einem distanzierenden (Selbst-)Verhör unterzogen wird. Das Ungewöhnliche dieser Erzählperson (deren von Morrissette aufgelisteten Vorläufer, unter anderem bei Valery Larbaud, entweder weniger konsequent waren oder inzwischen vergessen sind) gibt dem Roman seinen spezifischen Ton und ist inhaltlich durch die Seelenanalyse motiviert. Das verborgene individuelle Ich, das sich dann gelegentlich auch im Pronomen ›je‹ manifestiert, entsteht neu und von den Gewohnheiten entschlackt unter den Augen jener Instanz, die man als sein eigenes kulturgeformtes Über-Ich ansehen mag. Insofern hat das ›vous‹ einen didaktischen Charakter, wie Butor selbst erklärt (während Roland Barthes hier eher die Anrede des Schöpfer-Autors an sein Geschöpf sieht). Die Reise wird zur konkreten Handlungsmetapher für Überprüfung und Neuorientierung des inneren Standortes; die an eine Laborsituation erinnernden Isolationsbedingungen verhelfen zur Verfremdung der Routine und zur umorientierenden Erkenntnis der Analogien zwischen zivilisatorischen und persönlichen Entwicklungen:

>Vous vous dites: s'il n'y avait pas eu ces gens, s'il n'y avait pas eu ces objets et ces images auxquels se sont accrochées mes pensées de telle sorte qu'une machine mentale s'est constituée, faisant glisser l'une sur l'autre les régions de mon existence au cours de ce voyage différent des autres, détaché de la séquence habituelle de mes journées et de mes actes, me déchiquetant, s'il n'y avait pas eu cet ensemble de circonstances, cette donne du jeu, peut-être cette fissure béante en ma personne ne se serait-elle pas produite cette nuit, mes illusions auraient-elles pu tenir encore quelque temps, mais maintenant qu'elle s'est déclarée il ne m'est plus possible d'espérer qu'elle se cicatrise ou que je l'oublie, car elle donne sur une caverne qui est sa raison, présente à l'intérieur de moi depuis longtemps, et que je ne puis prétendre boucher, parce qu'elle est en communication avec une immense fissure historique.« (228f.)

Diese transformierende und zerstörerische, nämlich desillusionierende »machine mentale« überlagert sich eben jener ermüdenden und in Resignation mündenden Gewohnheitsmechanik, aus der die Reise eigentlich gerade herausführen sollte. Doch symptomatischerweise steht schon der Aufbruch im Zeichen von Erschöpfung und Unbehagen, so daß das »vous« (228 und passim), das sich bereits als erstes Wort des Textes einstellt und das Einsteigen in den nur vermeintlich zur Befreiung hintragenden Zug einleitet, schon bald die Konnotation überprüfender Analyse des unerwarteten psychischen Zustandes annimmt.

Unter den Mitreisenden, die ohne ihr Wissen bei der Überprüfung und Abänderung der getroffenen Entscheidung eine Rolle spielen, sind vor allem ein junges Ehepaar und ein Geistlicher zu nennen. Auf sie projiziert der Protagonist seine eigenen Situationsmerkmale, seine Erfahrungen, Sehnsüchte und Wertskalen. Die Passagiere des Zuges werden so zu Spiegeln, zu potentiellen Trägern der Normen und Normabweichungen, zu Betroffenen von Treueschwüren und deren Vergänglichkeit, zu Inkarnationen der Dialektik von Schein und Sein.

Die mitspielenden Objekte, deren Beschreibung kleine Kabinettstückchen darstellt, sind vielfältiger Natur. Sie reichen von gesehenen oder erschlossenen Accessoires der Anwesenden über ›natures mortes‹ im Speisewagen und die großartige ›mise en abyme‹ der eigenen Geschichte im ungelesenen Roman bis zu minimalistischen

Spuren (Apfelkerne z.B.) auf dem Abteilboden und können assoziativ zu analogen Erinnerungs- und Vorstellungsbildern führen. Vor allem aber schließen sie die Gegenstände mit ein, denen die Fahrtbewegung nur punktuelle Existenz einräumt: Telegrafenmasten, Häuser, Automobile, andere Züge, Landschaftsausschnitte, refrainartig immer wieder unterbrochen durch den Satz ›Passe la gare de ...‹, den Orgelpunkt des Unterwegsseins.

Die Reise als Realität und Symbol konnotiert die verschiedensten Formen von Veränderung. Das Herausgehobensein aus der Routine wird zunächst als Chance für ›joie‹, ›liberté‹, ›authenticité‹ geplant und begriffen und so im Geiste sogar vor den möglicherweise rebellierenden eigenen Kindern verteidigt. Doch gerade das Besondere dieser Romfahrt, die eben nicht im Auftrag der italienischen (Schreibmaschinen-)Firma, sondern ausschließlich in privatem Interesse vorgenommen wird, gibt auch den zurückliegenden persönlichen Erfahrungen größeren Raum. Sie beginnen den reinen Glanz, die erhoffte Klarheit der »modification« bald auszuhöhlen. Über die Erinnerungen an die frühen erfüllten Begegnungen mit Cécile und an die Melancholie der wiederholten Abschiedsmomente schiebt sich als lastendes Unbehagen das Bild der mißglückten gemeinsamen Reise nach Paris. Das Überschreiten der Grenze erwies sich in diesem Falle nicht als beseligende Freiheit, sondern als Beklemmung. So wie die gemeinsame Romfahrt mit der Ehefrau Henriette enttäuschte, entlarvt sich in der ehrlichen Rückholung auch die Parisreise mit Cécile als Fehlschlag: Cécile ohne Rom, seine Straßen und Kunstschätze, Cécile in Paris war, ist, wird nichts sein als eine erstorbene Illusion.

Die beschlossene »modification«, die Cécile nach Paris holen sollte, präsentiert sich im Rahmen der ebenso entfremdenden wie gerade dadurch ins Authentische führenden, die ›mauvaise foi‹ abwaschenden Bewegung der Reise als revisionsbedürftig; es gilt, die »modification« zu modifizieren. Dies bedeutet, die außergewöhnliche Reise zu einer Romfahrt ohne Begegnung mit Cécile zu machen, um die neue Metamorphose nicht ihrem liebenden Drängen auszusetzen und dadurch erneut zu gefährden.

Die Leerstelle der nicht erfolgenden außerplanmäßigen Begegnung soll nun gefüllt werden durch ein zu schreibendes Buch, in dem Rom als schillernde Gegenwart in Bewußtsein und Unterbewußtsein der modernen Welt zu zeigen wäre, als unerfüllbare Verheißung einer ›pax romana‹, an der Götter, Kaiser, Päpste beteiligt waren und sind, ohne sie realisieren zu können. *La modification* ist demnach ein Roman des Übergangs aus trügerischem ›espoir‹ zum luziden Akzeptieren des Verlustes, der sich auf der Ebene des individuellen Mikrokosmos als ›vertige‹, ›désarroi‹, ›malaise‹, ›faiblesse soudaine‹, ›titubation‹ manifestiert, auf der makrostrukturellen Ebene der Geschichte als Riß zwischen Antike und Moderne:

»Si puissant pendant tant de siècles sur tous les rêves européens, le souvenir de l'Empire est maintenant une figure insuffisante pour désigner l'avenir de ce monde, devenu pour chacun de nous beaucoup plus vaste et tout autrement distribué.« (231)

Das Personalpronomen »nous« unterstreicht jetzt das Allgemeingültige und Verbindliche der erfahrenen Bodenlosigkeit, die wie stets bei Butor mit der Kategorie Zeit gegeben ist. Neben dem höchst konkreten Symbol der Zugfahrt, deren Phasen immer wieder strukturierend in das seelische Geschehen eingreifen, dienen zahlreiche Bilder und Phantasmen der Unterminierung falscher existentieller Sicherheiten. Der Protagonist Léon Delmont, Doppelagent zwischen zwei Frauen und zwei Städten, erinnert sich wiederholt an die Lektüre der *Lettres de Julien l'Apostat* mit dem symptomatischen Titel. Dieser Kaiser, ›Abtrünniger‹ und Aufklärer zugleich, der in frühchristlicher Zeit eine erste Renaissance der alten Götterwelt versuchte, ist für den weltläufigen Bildungshunger des Protagonisten eine Art Identifikationsfigur, der sich jedoch eine ihrer Tradition verlustig gegangene Gegenwart überlagert. In Traumphantasien überfallen den Reisenden Todesahnungen. Die verrinnende Zeit, der die ursprüngliche »modification« einen Jungbrunnen ablisten sollte, präsentiert sich nun unter der Allegorie des ›grand veneur‹, des dahingaloppierenden mythischen Jägers, der sich mit anderen Reminiszenzen und halluzinatorischen Vorstellungen zur fast kafkaesken Richtergestalt steigert, die im »vous« ohnehin schon angelegte Verhörstruktur amplifizierend, und den Protagonisten insistierend nach seiner Identität, seinen Absichten, seinem Standort fragt. Mit ihm verbinden sich römische Götter und Kaiser der Antike (Helling, 1985, assoziiert Delmont mit Vergil), jedoch ebenso römische Polizisten und Zöllner der Moderne, das Volk von Rom hält Gericht über ihn, der unter der (biblisch inspirierten) Metaphorik des Dürstenden vergeblich danach verlangt, seine Sehnsucht nach Klarheit, Reinheit, Fülle zu stillen (Spitzer, 1970, S. 516, findet den Mythensynkretismus zu aufdringlich). Die auch in diesem Roman besonders deutlich spürbare theologische Aura konzentriert sich unter anderem, für Butor typisch, wieder in einem Werk der bildenden Kunst, nämlich der Mosesstatue von Michelangelo: Als Führer in ein unerreichbares Gelobtes Land symbolisiert Moses die Sehnsucht des Aufbruchs und dessen Vergeblichkeit.

Am Schluß der Fahrt stehen Reminiszenzen an die frühen Tage der ersten Liebe, die Delmont einst mit Henriette in Rom verbrachte. Damals war Rom die Stadt der Verheißungen, die vielleicht noch einmal eingelöst werden können, jedoch nicht durch die letztlich ins Reich phantastischer Utopie zu verweisende Überlagerung beider Städte, sondern durch die – freilich im Konditional verbleibende – Planung des »livre futur et nécessaire« (236) über »cet épisode crucial de votre aventure« (236) zwischen zwei Frauen und zwei Städten als Inbegriff fragiler, gefährdeter und in ihrer spezifischen Eigenart bewahrungswürdiger Liebe, die Verzeihen und Selbstbescheidung einschließt. Das positiv meditierte Exemplum des mitreisenden jungen Ehepaares verdrängt den Gedanken an Cécile und führt, ein wenig überraschend moralisch und vereinfachend optimistisch, zurück zu einer Henriette, der Rom noch einmal dargeboten werden soll »dès que les ondes de cette perturbation se seront calmées, dès que tu m'auras pardonné; nous ne serons pas si vieux« (236). Mit Michel Leiris kann man das Ende dieser konkreten und spirituellen Reise aber auch negativer sehen. Der Ausblick auf die denkbare neue Romreise mit der nachsichtigen Ehefrau stünde dann weniger im Zeichen der Aussöhnung und Neuordnung, sondern wäre nur ein durch Autosuggestion umgefärbter Aspekt der generellen und alles nivellierenden Einmündung in die Todesnähe, der man in einer Art resignierender Verbissenheit noch einmal eine Wiederholung von Anfangserfahrungen abzutrotzen suchen würde.

Auf der objektalen Ebene, an der in diesem Roman konsequenter als sonst bei Butor festgehalten wird und auf der sich das Schicksal seiner Modernität abspielt, schließt mit dem Verlassen des Abteils die Bewegung des Ganzen exakt wieder an den Anfang an. Die Reise ist beendet, die Transformation der »modification« ist abgeschlossen. Das Abtauchen in die Katakomben des Ichs ebenso wie das quasi manische und damit fast schon zwanghaft präzise Registrieren der Gegenstandswelt vermochten die Dämme nicht vollständig einzureißen, die bestimmte mittlere Ordnungsvorstellungen aufbauen. Ist es dies, was *La modification* so erfolgreich machte? Dann müßte man wohl wieder von einem gewissen Rezeptionsmißverständnis ausgehen (*La modification* als moralaffirmativ aufgelöste Ehebruchsgeschichte), bei dem freilich der Autor an der Reduktion der textinternen Provokationen durch den traditionsverhafteten Leser nicht ganz unschuldig wäre: zu mißverständlich nämlich ist das Ende der Fahrt.

In den Augen der übrigen Nouveaux Romanciers ist Michel Butor, der bezeichnenderweise 1971 auf dem Kolloquium von Cerisy nicht mehr persönlich anwesend ist, sondern nur noch einen kurzen Beitrag über das Verhältnis seiner neueren Texte zur bildenden Kunst übermittelt, durch ein lediglich an der Oberfläche konfliktgeprägtes, in der Tiefe jedoch einverständliches Verhältnis zur Kultur charakterisiert und steht insofern der weitaus grundsätzlicheren Harmonieaufkündigung seiner früheren Freunde und Mitstreiter fern, auch wenn er wie sie unorthodox mit Sprachmaterialien und offenen Formen zu operieren sucht (cf. *Mobile*, 1962, oder *OÙ*, 1971):

»De là viendrait peut-être le fait que si tous les projets de Butor m'intéressent énormément (il est plein d'idées), je suis régulièrement déçu par sa lecture, notamment par la texture de sa phrase que je trouve manquer de vigueur et de brutalité, d'agressivité et d'érotisme.« (Claude Ollier in: Ricardou, van Rossum-Guyon, éds., 1972, t. 2, S. 283)

Robbe-Grillet datiert die Entfremdung seit etwa 1960, mit der Radikalisierung des Nouveau Nouveau Roman, an dessen Suche er Butor nicht mehr beteiligt sieht (im Gegensatz übrigens zu zwar nicht dem engsten Kreis angehörigen, aber durchaus geistesverwandten Autoren wie Philippe Boyer, Maurice Roche oder Georges Perec).

3.4 Claude Simon oder die zersetzenden Erinnerungsströme

Die höchste Auszeichnung, die an einen Schriftsteller vergeben werden kann, der Nobelpreis für Literatur, ehrt im Jahre 1985 mit Claude Simon einen Autor, der seit den 50er Jahren zu den Nouveaux Romanciers gezählt wird. Simon gilt einerseits als besonders schwieriger Romancier, weil er meist überlange, vom Leser schwer zu durchschauende Sätze bevorzugt, andererseits ist er durchaus weiterhin Geschichtenerzähler und damit viel weniger abstrakt als etwa der radikalere Robbe-Grillet. Insofern kann man den Nobelpreis, der in Frankreich alles andere als unumstritten war, nicht einfach als Anerkennung für den Nouveau Roman vereinnahmen, sondern muß ihn unmittelbar auf die spezifische Ästhetik Claude Simons beziehen. Im Unterschied zu Sarraute, Robbe-Grillet und Butor ist Simon als Theoretiker, mindestens in den frühen Jahren, kaum in Erscheinung getreten, wohl aber stehen seine Romane spürbar in kritischer Auseinandersetzung mit großen literarischen Modellen, unter denen vor allem Proust zu nennen ist.

Mit Proust, an dessen Philosophie und Kunstauffassung der Erzähler Claude Simon im Rahmen seiner Fiktionen deutlich mit höchster Bewunderung gemischte Kritik übt, und mit Faulkner teilt der Autor die überdehnten ›unfranzösischen‹ Satzdimensionen, zu denen, freilich eher unter dem Einfluß surrealistischer Lyrik, auch

Butor neigt. Mit Butor verbindet ihn ebenfalls eine thematische Dominante, nämlich die Auseinandersetzung mit der Kategorie Zeit und der Blick auf verschüttete Epochen. Die tief verwurzelte Kulturgläubigkeit jedoch, die den verschiedenartigsten Experimenten Butors trotz aller Entfremdungserfahrungen noch einen gemeinsamen Wertebefund garantiert, vermag Claude Simon nicht zu teilen. Bei ihm ist Erinnerung und Wiederholung stets nur quälendes Provisorium in einem reißenden Strom, der in der Zerstörung von Subjekt und Objekt mündet. Seine Zeitkonzeption ist somit zutiefst tragischer Natur. Es sind die bei manchen Nouveaux Romanciers so verpönten ›großen‹ Themen wie Kampf, Liebe, Erotik, die Simon behandelt, jedoch nicht, um ein weiteres Mal ihre Strukturen zu analysieren, sondern um sie in den umfassenden Sog der Auflösung hineinzustellen. Es ist kein Zufall, daß der Krieg oft den Rahmen für diese umfassende, mit großer sprachlicher Gewalt erstellte Negativität abgibt, denn Simons wahrer Faszinationsgegenstand, der als Realität und Allegorie in seinen Fiktionen immer wieder präsent ist, ist zweifelsohne der Tod, dem Individuen, Epochen und Kulturen gleichermaßen ausgesetzt sind und dem keine Proustsche Kunstkathedrale zu trotzen vermag.

La route des Flandres

Claude Simon veröffentlicht seine erste Erzählung, *Le tricheur*, lange vor der Entstehung des Nouveau Roman (1946). Vieles darin erinnert an Camus' *Etranger*, der wenige Jahre zuvor erschienen war. In seinem Frühwerk erzählt Simon noch vergleichsweise traditionell. Doch bald schon kündigt sich jene typische Darstellungsweise an, mit der Claude Simon in zahlreichen Romanen die komplexen Auflösungsstrukturen einer überindividuellen psychischen Realität wiederzugeben sucht. Seine Sätze werden vom *Tricheur* und *Le vent, tentative de restitution d'un rétable baroque* (1957) über *Histoire* (1967) mit dem ebenso bezeichnenden wie doppeldeutigen Titel, der sich sowohl auf Geschichte als auf Geschichten bezieht, und zahlreiche Werke bis hin sogar noch zu Teilen der *Leçon de choses* (1975) immer ausufernder, von Einschüben und Klammern durchbrochen; die auffallende Häufung von Präsenspartizipien führt die unendliche Bewegung immer wieder zu Momenten der Erstarrung, zu Bildern, die Mosaiksteine eines Puzzles sind (das Motiv des Puzzles wird auch direkt als ›mise en abyme‹ eingesetzt), das die für Simon evidente Zusammenhanglosigkeit und Bruchstückhaftigkeit menschlicher Situationen ausdrückt. Dabei vermischen sich Beobachtungen, die es in ihrer minutiösen Präzision mit den radikalsten Deskriptionen des Nouveau Roman aufnehmen können, mit Traum, Erinnerung, Phantasmen. In den umfangreichen *Géorgiques* (1981) schließlich, deren Vergil aufgreifender Titel Programm ist, stellt Simon der Tragödie des psychischen Lebens, der Geschichten (von drei Figuren aus unterschiedlichen Epochen) und der Geschichte (von Kriegen und Revolutionen) den immerwährenden Rhythmus der Natur und ihrer geordneten Regelmäßigkeit mit den entsprechenden bäuerlichen Arbeiten zur Seite. So erklingt jetzt eine im Ansatz fast tröstliche Doppelmelodie, die in gewissem Maße mit seinen Anfängen zu kontrastieren scheint und von manchen auch als eine parodistische Abrechnung mit dem Nouveau Roman angesehen wird.

Andererseits hat Simon auch früher schon bei aller Entpersönlichung seiner Protagonisten, bei aller sinnlosen Fremdheit ihrer Lebensgeschichten dennoch niemals ganz darauf verzichtet, beide, Geschichten und Figuren, ernst zu nehmen. Nicht zufällig sprechen Simon-Interpreten noch von *Aspects du personnage* (Baehler, 1985) und *Profil du personnage* (Andrès, 1992).

Einer der berühmtesten Simon-Romane, *La route des Flandres* (1960), macht beides deutlich, die zur Sinnlosigkeit führenden Auflösungstendenzen ebenso wie die handfesten Spuren von Menschen und Ereignissen, an denen die Korrosionstätigkeit vorgeführt wird. Das realistische Ausgangsmotiv des in fast interpunktionslosem Satzgewucher erzählten Romans ist eine Episode aus dem Zweiten Weltkrieg, die sich in Flandern abspielt und den Tod des Rittmeisters de Reixach, dessen Schwadron nahezu völlig aufgerieben ist, zum Inhalt hat. Da der Offizier alle Vorsichtsmaßnahmen außer acht gelassen hat, sieht es so aus, als habe er sein Ende bewußt gesucht. Georges, der Beobachter und Erzähler des Geschehens, der weitläufig mit dem Toten verwandt ist, deutet den Augenblick, der sich ihm unauslöschlich eingeprägt hat, als Reaktion auf eine unglückliche Ehe.

Im Gespräch mit Lucien Dällenbach unterstreicht Simon die grundlegende Relevanz dieser auf einen autobiographischen Anlaß zurückgehenden Szene, die in Variationen immer wieder in seinem Werk auftaucht:

»Pour ce qui est de l'image mère de ce livre, je peux dire que tout le roman est parti de celle-là, restée gravée en moi: mon colonel abattu en 1940 par un parachutiste allemand embusqué derrière une haie: je peux toujours le voir levant son sabre et basculant sur le côté avec son cheval, comme au ralenti, comme une de ces cavaliers de plomb dont le socle serait en train de fondre... Ensuite, en écrivant, une foule d'autres images sont naturellement venues s'agglutiner à celle-là...«. (Dällenbach, 1988, S. 18l)

Neben Georges (der übrigens vielleicht noch im Titel der *Géorgiques* gleichsam als impliziter Epensänger anwesend ist), der sowohl in der ersten wie in der dritten Person präsentiert wird, spielen vor allem der Kriegskamerad Blum und Reixachs Jockey und Bursche Iglésia eine wichtige Rolle. In den Phantasmen der Gefangenschaft kreist alles um die erotische Faszination jener Corinne, die vermutlich durch ihr ehebrecherisches Verhältnis mit Iglésia Anlaß für den ›Heldentod‹ war und mit der Georges später eine ebenso heftige wie kurze, trostlose Beziehung eingehen wird. (Der Name ›Corinne‹, Verdichtung einer Obsession, kehrt mehrfach wieder, z. B. in *La bataille de Pharsale* und *Histoire*.)

Die Demontage des in Verwirrung, Blut, Schlamm und Fäulnis aufgelösten Kriegsgeschehens kann in die Tradition von Henri Barbusses früher Anklage *Le feu* (1916) und vor allem von Célines *Voyage au bout de la nuit* (1932) eingereiht werden. Wie bei Céline verzerren sich auch in *La route des Flandres* Beobachtungen und Sinneswahrnehmungen, an denen der Roman überreich ist, ins Visionäre, Phantastische und Halluzinatorische:

»(...) il croyait entendre tous les chevaux, les hommes, les wagons en train de piétiner ou de rouler en aveugles dans cette même nuit, cette même encre, sans savoir vers où ni vers quoi, le vieux et inusable monde tout entier frémissant, grouillant et résonnant dans les ténèbres comme une creuse boule de bronze avec un catastrophique bruit de métal entrechoqué.« (33)

Pferde, die sowohl im früheren Leben des Rittmeisters als auch im Kriegsgeschehen eine zentrale Rolle spielen, werden mit den sie reitenden Soldaten zu apokalyptischen Reitern à la Dürer allegorisiert. Stets reitet der Tod mit ihnen. Daneben gibt es eine Fülle von Analogien, die sowohl die Ebene der Themen als auch den Bereich des sprachlichen Assoziierens dominieren. Die Suizidthematik wird aufgegriffen in der Figur eines Vorfahren, der sich das Leben genommen hatte und dessen Porträt die Vorstellungen des Erzählers in imaginierende Bewegung versetzt. Die rote Farbe des Gemäldes stellt Entsprechungen zum blutigen Kriegsgemetzel her, Fäulnisrinnen scheinen die Leinwand zu durchfurchen. Die Einarbeitung von Merkmalen eines Motivs in ein anderes ist ein durchgehendes Verfahren bei Claude Simon; es wird durch Ausdrücke wie ›en surimpression‹ verdeutlicht. Die syntaktische Erstellung von Äquivalenzen geschieht durch eine Fülle von Vergleichsformeln wie ›on aurait dit‹, ›quelque chose comme‹, ›semblable à‹, ›à la façon de‹, ›comme si‹, ›soit ... soit‹, ›ou ... ou‹, ›semble ne faire qu'un avec‹, ›c'est-à-dire‹, ›une histoire comme ça‹. Häufig durchbrechen erklärende Klammern den syntaktischen Strom. Auch die rhetorische Figur der *enu-*

meratio dient der Gleichsetzung, Nivellierung von Verschiedenartigem. Wiederholt wird ein und dieselbe Episode mehrfach wiedergegeben: aus verschiedenen Erzählerperspektiven, von unterschiedlichen Zeitpunkten her, mit anderer semantischer Einbettung. Ähnlichkeiten der Deskriptionsverfahren stellen Beziehungen her: Die statuarische Beschreibung Reixachs wiederholt sich auf dem Ahnenbild, womit die angenommene Erlebens- und Reaktionsanalogie der beiden Figuren verstärkt wird. Vergleichbare ›peines de coeur‹ finden sich bei mehreren Haupt- und Nebenfiguren, ein gemeinsamer Lebensüberdruß verbindet Epochen. Die Entsprechungen dürfen aber nicht als Ausdruck einer doch noch vorhandenen geheimen Weltordnung mißverstanden werden, wie sie die Romantiker bezeugen. So stellen beispielsweise auch Hörfehler des Erzählers Analogien her, so daß die auf der Ebene des Inhalts beschriebene Auflösung, die Menschen und Tiere im Schlamm des Kriegs unter sich begräbt, auch die Ebene des ›discours‹ ergreift. Die dadurch ausgelöste Unsicherheit spiegelt sich in rekurrenten Ausdrücken der Orientierungslosigkeit wie ›impossible de savoir‹. In solchen Augenblicken sind Ähnlichkeiten mit Beckett nicht von der Hand zu weisen.

Die Ebene mondänen Glamours, wie er vor allem von Corinne verkörpert wird, scheint zunächst dem Eindruck absoluter Modernität zu widersprechen. Claude Simon arbeitet hier mit einer Fülle von Klischees, die als solche jedoch sehr bald entlarvt werden. Denn sämtliche Versatzstücke gesellschaftlicher und erotischer Zugeständnisse haben an der allgemeinen Destruktionstendenz des Romanes teil, die alles mitreißt: den Bildungshunger des lesenden Vaters ebenso wie das Gerede der Mutter. Nichts hält stand, implizit wird auch und gerade, indem ähnliche Motive vorkommen, die konstruierende und heilende Erinnerungstechnik und -kunst Prousts in Frage gestellt. Die immer wieder eingestreuten und für den Simon-Stil charakteristischen Partizipien sind Träger der Erstarrung von Bewegung; sie vereisen gleichsam das, was Leben zu sein schien. Im übrigen greifen sie in diesem Roman auf der Darstellungsebene auch das inhaltlich so wichtige Motiv des statischen Bildes auf. Partizipien funktionieren darüber hinaus als Gleichmacher, Katalysatoren für Verschiedenartiges, das miteinander in Schwebe gehalten wird, um zusammen abzustürzen.

Auf mikrostruktureller stilistischer Ebene sind Assoziationsphänomene zu beobachten, die mit etymologischen oder phonetischen Ähnlichkeiten und Gemeinsamkeiten arbeiten: Wörter gleichen Stammes rufen einander herbei, Wörter erzeugen andere mit gleichen Präfixen, die oft auch die ohnehin vorhandene semantische Verwandtschaft zu unterstreichen helfen, ›désordre‹ etwa führt zu

›désarroi‹, ›désespoir‹; ›Corinne‹ zieht ›corail‹ nach sich, etc. Claude Simon selbst sieht rekurrente »mots carrefours«, wie sie Winfried Engler (1994) noch für den ›politischen Reisebericht‹ *L'invitation* (1987) nachweist, zwar als Generatoren verschiedener Konstellationen und Kontexte, gleichzeitig aber auch als dienende Elemente des übergeordneten Ganzen an (in: Ricardou, van Rossum-Guyon, éds., 1972, t. 2, S. 84). Insofern verwahrt er sich gegen die Überbewertung derartiger Verfahren in seinem Werk: »Je ne suis pas roussélien« (Dällenbach, 1988, S. 179).

Auch bei der Darstellung der erotischen Phantasmen gegen Ende des Romans bedient sich Simon des für ihn charakteristischen Stilprinzips der Analogie. Hier wird wieder die Pferdemetaphorik verwendet (nicht ohne Peinlichkeit bisweilen), intratextuell genügend vorbereitet, intertextuell als Ausleben sexueller Phantasien an Genets *Balcon* erinnernd. Sakralisierung der Frau (als eine Art Erdgöttin) und Dämonisierung (als Büchse der Pandora, aus der alles Unglück einschließlich des Krieges hervorgeht) verbinden sich miteinander zu Qualen, die als Tortur und »hurlement dans la nuit« (248) enden. Die Lust des Geschlechtsaktes ist ohne Freude, sie ist grenzüberschreitend nicht im Sinne der Ewigkeit, sondern einer andersartigen Form von Zerstörung: Tatsächlich kommt es zu Gewalttätigkeiten. Wie das tote Pferd, das im Krieg zum negativen Faszinationsobjekt wird, nach dessen Geheimnis man vergeblich fragt, ist auch die »bête apocalyptique« des Liebesgeschehens ein »décevant secret« (255), nämlich »la certitude de l'absence de tout secret et de tout mystère« (255). Die Nacht der hochgespannten Erwartungen und gesteigerter Einsamkeiten löst alle Geschichte und alle Geschichten dieses Romans aus und konstituiert den Protagonisten als – gequälten zwar, aber immerhin doch noch Mitteilbares garantierenden – Erzähler.

Die Erinnerungsströme, die Reden, Phantasmen und Beobachtungen dieses Romans, das unendliche Spiel der Analogien: alle diese durchaus bis zur Virtuosität gesteigerten Techniken stehen in kontrastierender Relation zu einer Kunsttheorie, wie sie meisterlich und exemplarisch bei Proust realisiert wurde. Proust ist das Modell, an dem Claude Simon leidet, weil er es wegen seiner Überzeugung von der sinnlosen Hinfälligkeit der Welt nur verneinend aufgreifen kann. Es entsteht keine Kathedrale, sondern »une maison vide, le paysage tout entier inhabité vide sous le ciel immobile, le monde arrêté figé s'effritant se dépiautant s'écroulant peu à peu par morceaux comme une bâtisse abandonnée, inutilisable, livrée à l'incohérent, nonchalant, impersonnel et destructeur travail du temps« (314). Die Thematik der Zeit ist beiden gemein, ihre Wertung jedoch ist radikal verschieden.

Kriege (der Zweite Weltkrieg, der Spanische Bürgerkrieg) bilden auch die alptraumhaften Schauplätze von *L'herbe* (1958), *Le palace* (1962), *La bataille de Pharsale* (1969). Das problematische Verhältnis der erzählbaren Geschichten zur großen Geschichte ist Thema des umfangreichen Werkes *Histoire* (1967) mit dem deutlich sprechenden Titel. Immer mehr werden das Erzählen selbst, seine Strategien, Analogien und die tastenden Bemühungen des Schriftsteller/ Erzählers, über den Claude Simon in *Orion aveugle* (1970) nachdenkt, zum wahren Gegenstand, der Ereignisse und Figuren samt ihren Phantasmen verdeckt. Es ist kein Zufall, daß die einzige längere theoretische Meditation Simons sich auf ein Bild bezieht, Poussins *Landschaft mit dem blinden Orion* aus dem Jahre 1658. Hier spricht nicht nur der Maler, als der Simon ebenfalls hervorgetreten ist (so mit Einbandillustrationen zu eigenen Publikationen), vielmehr werden die Malerei als Verfahren ebenso wie die Thematik des seinen Weg mühsam suchenden Blinden zur repräsentativen Metapher für die schriftstellerische Arbeit des Autors. Als poetologisches Synonym zu Orion präsentiert sich die Gestalt des »Achille immobile à grands pas«, die Simon im Motto zum ersten Teil der *Bataille de Pharsale* Paul Valéry entlehnt (7). In ihrer Spannung aus Bewegung und Zustand ist sie ein eindrucksvolles figürliches Bild für die sonst durch gehäufte Partizipialkonstruktionen ausgedrückte ambivalente Weltsicht des Erzählers Simon.

Wie auf Gemälden Entsprechungen verschiedener Teile (vgl. den aufschlußreichen Titel *Triptyque*, 1973) aufeinander verweisen, auch wenn der Kontext gänzlich verschieden sein mag, wie auf diese Weise durch Linien- und Farbgebung über alle auseinanderstrebenden Strahlen hinweg Einheit hergestellt wird, so soll der Simon-Leser auch das, was im sprachlichen Bereich notgedrungen ins Nacheinander verwiesen wird, gleichzeitig räumlich lesen, also die Relationen farblich-kompositorischer Natur der Malerei analog in den Parallelen, Erinnerungen und Reminiszenzen auf stilistischer und struktureller Ebene entziffern und in seinem Gedächtnis speichern, um die ›abstrakte‹ Schönheit des Ganzen würdigen zu können (vgl. Simons Ausführungen in: Ricardou, van Rossum-Guyon, éds., 1972, t. 2, S. 90ff.).

Leçon de choses

Neben der dominanten Thematik der Zeit, die den Kontrapunkt zu diesem spatialen Arrangement bildet, vermehren sich im Werk Simons die immer schon wichtigen Beschreibungen, deren Vorrangstellung vor allem in *Leçon de choses* (1976), das schon im Titel auf sein Verfahren verweist, entschieden ist. Hier werden die Aufzählung, der (offene) Katalog zu Keimzellen der sprachlichen Imagination, deren Entfaltung im Prinzip keine Grenzen gesetzt sind, es sei denn, die Notwendigkeit der Auswahl aus Gründen technischer Bescheidung mache noch einen Rahmen erforderlich, der das ›Bild‹ kompositorisch doch irgendwie eingrenzt. Dieser Rahmen, als ein Element der dargestellten Wirklichkeit textualisiert, ist bei Simon und auch sonst im Nouveau Roman gern ein – problematisches, defektes – Fenster, das an viele poetologische Reflexionen der Tradition bis hin zu Realismus und Naturalismus erinnert, jedoch nur noch in ironisch gebrochener, gleichsam entarteter Form. Das Fenster (die Tür, etwa in Alain Robbe-Grillets *Dans le labyrinthe*, kann eine vergleichbare Funktion einnehmen) steht in exakter Analogie zum Bilderrahmen und führt somit wieder direkt zurück zum Kompositionsprinzip des geschauten Raumes, der nun mehr und mehr in minimale Einzelheiten zerfällt. Den Rahmen überschreitend, findet sich jedoch im ›Vorspann‹ (»Générique«, 7ff.), ein »etc. etc.« (11), das die Unabgeschlossenheit demonstriert und gleichzeitig die Willkür, das heißt das Gemachte, Fiktionale, der aufgeführten Serien von Gegenständen oder Verrichtungen unterstreicht (vgl. auch 106f.).

Eng miteinander verbunden und ineinander verwoben sind in *Leçon de choses*, das stilistisch zum Teil die üblichen ausufernden Satzfolgen durch knappere und dem Titelprogramm entsprechende Feststellungen ersetzt, Phänomene von Konstruktion und Destruktion. Möglich wird dies durch die Nutzung einer spezifischen Raummetaphorik: Ein Haus unter feindlichem Beschuß wird zur gefährdeten Zufluchtsstätte einiger versprengter Kavalleriesoldaten. Während ein Verwundeter schon den Tod in sich trägt, blättert ein anderer in einem »Leçon de choses« betitelten Buch (24), dessen kommentierte Abbildungen sich zum Teil auf Maurertätigkeit und damit auf die denkbare Erstellung eines Hauses beziehen, wie es sich gleichzeitig in der realen Situation des lesenden Soldaten in Auflösung befindet. Idyllische Reproduktionen von Kalenderblättern projizieren zudem noch die Illusion friedlicher Exkursionen ins Aussichtsfeld des Fensters und lassen anhand der dargestellten Figuren sogar das Luxusleiden von Liebes- und Eifersuchtsdramen erstehen, das Simon immer wieder in die Grenzerfahrung des Krieges einzubetten versteht. Kulminationspunkt der anskizzierten Dreiecksgeschichte ist die detaillierte Anatomie eines Liebesaktes mit entlarvender Schlußpointe (172). Elemente der einen Ebene, Rhythmen und Bewegungen zum Beispiel, aber vor allem auch Farben, kehren auf anderen Ebenen wieder (das Grau des Mörtels ist auch das Grau des Todes, das Rosa des Himmels das des dargebotenen Fleisches, vgl. S. 112, 151, 154, 164 und passim). Die Metaphorik der Maurertätigkeit dient gleichzeitig zur Beschreibung der Physis des Verwundeten: »On dirait que la main tout entière a été sculptée dans une pierre molle et incolore« (77) und der gesamten im Zeichen von qualvoller Präsenz und zynischem Vorbei stehenden Kriegswirklichkeit, die Simons grundsätzliches Existenzgefühl bedingt und spiegelt:

»Couché sur la table derrière son arme (ou assis parfois les jambes pendantes), le tireur semble composer avec le chargeur assis à côté sur une caisse un de ces groupes grossièrement moulés sur nature dans le plâtre liquide et qui, dans les musées ou sur les monuments aux morts, sont figés dans une terrifiante immobilité, comme non seulement la négation du mouvement et de la vie mais une perpétuation macabre, fantomatique, de l'instantané et du périssable«. (155)

Der Kanonier verwahrt sich gegen Idylle und Verharmlosung. Ihm gibt Simon eine »voix geignarde et véhémente (et plus que véhémente: indignée, et plus qu'indignée: martyrisée«)« (156) und eine populäre Sprache, in der Aufsässigkeit und Verzweiflung die objektale und ahistorisch verfahrende »leçon de choses« torpedieren:

»Le pourvoyeur pousse le coude du tireur et dit Ho Charlot j'te cause tu m'entends merde c'est le moment de bouquiner kes'tu lis? Il lui arrache le livre des mains, oriente les pages vers la fenêtre et lit le titre en caractère gras: 145. DESTRUCTION DES CÔTES PAR LES VAGUES. Il dit merde et la destruction des cons comme nous où c'est qu'ils en parlent? Il jette rageusement le livre.« (96)

Der ironisch als erstes »Divertissement« überschriebene dritte Teil des Romans ist der interpunktionslos und weitgehend phonetisch wiedergegebene Zornesmonolog desselben Sprechers, dessen privilegierte Vokabel »merde« (59ff.) die permanente Katastrophe der menschlichen Existenz mit ähnlich illusionsloser Wut beschreibt, wie es Céline durch seinen Ferdinand Bardamu in *Voyage au bout de la nuit* getan hatte. Im zweiten »Divertissement« konfrontiert Jahre später ein ziemlich einseitiger Dialog einen älteren Maurer mit einem spanischen Gastarbeiter, der sich die Kriegserinnerungen des Arbeitskollegen anhören muß. Anspielungen auf den Tod des Rittmeisters von Reixach und die makabre Symbiose von Reitern und Pferden im Chaos der Zerstörung stellen nicht nur intratextuelle Analogien zwischen den verschiedenen Zeitebenen her, sondern weisen auch zurück auf *La route des Flandres* und die gemeinsame Keimzelle des Entsetzens. Ineinandergreifende Zeiten fügen sich dabei nicht zu harmonischen Kreisen; nicht zufällig trägt der Schlußteil den wieder der Baumetaphorik entnommenen Titel »courts-circuits« (175).

Die wichtige und von Claude Simon immer wieder betonte Vorrangstellung des dialektischen Spiels von Zeit und Raum, das den spezifischen sprachlichen Grundton erzeugt, der wie ein gewaltiger lyrischer Strom sein Werk durchzieht, sollte dennoch nicht verdekken, daß die behandelten Themen nicht beliebig sind, daß physische Qualen (*Les corps conducteurs*, 1970), Auflösung, Agonie (so in *L'herbe*, das auch insofern erwähnenswert ist, als es ausnahmsweise einen weiblichen Protagonisten ins Zentrum rückt), Krieg, Tod, Zerfall, enttäuschte Sehnsüchte und Begierden und daraus resultierende radikale Einsamkeiten Konstanten des gesamten Romanschaffens dieses Autors sind (vgl. Kuhnle, 1995), der allerdings in seinen Selbstkommentaren, so im *Discours de Stockholm* (1985), dieser Seite seines Erzählens kaum Beachtung schenkt, sondern den ›Klang‹ hervorhebt:

»Rien n'est sûr ni n'offre d'autres garanties que celles dont Flaubert parle après Novalis: une harmonie, une musique. À sa recherche, l'écrivain progresse laborieusement, tâtonne en aveugle, s'engage dans des impasses, s'embourbe, repart – et, si l'on veut à tout prix tirer un enseignement de sa démarche, on dira que nous avançons toujours sur des sables mouvants.« (31)

Mit dem letzten Satz freilich geht Simon über den eigenen Deutungsansatz vorsichtig hinaus: Was er hier als »enseignement« bezeichnet, ist auch die letzte subjektive und ›objektive‹ Dimension seiner Erzählgegenstände, die Ungesichertheit der historischen und privaten Existenz, für die immer neue Beispiele gefunden werden, deren Metaphorik sich grundsätzlich aus dem Raum der »sables mouvants« bedient, wie es überzeugend vor allem die Romane seit *La route des Flandres* vorführen.

In *La route des Flandres* erzählt Georges von Liebesverrat, (Selbst-)Zerstörung und Auflösung. Doch schon die frühen traditionelleren Texte (vom *Tricheur* bis zu *Gulliver*) enthalten die insistierenden Konstanten von Vergänglichkeits- und Todeserfahrung, die sich seit *Le sacre du printemps* (1954) und *Le vent* fortschreitend mit der Erfahrung des Chaos als existentiellem und poetologischem Grundprinzip verbinden. Das Motiv der Agonie durchzieht *L'herbe*; eine problematische, gefährdete und (tödlich) gefährliche Sexualität, wie sie dem Leser aus *La route des Flandres* vertraut ist, verbindet noch die drei ›faits divers‹ des *Triptyque* miteinander. Und immer wieder, ob man *La route des Flandres*, *Palace*, *La bataille de Pharsale*, ja sogar die nur scheinbar neutral-deskriptive *Leçon de choses* aufschlägt, begegnet man der mit *La corde raide* (1947) autobiographisch begründeten Kriegsthematik, in der sich die für Simon typische Analogie von individuellem und öffentlichem Scheitern, erinnernd an die exemplarisch gleiche Konzeption in Flauberts *Education sentimentale*, kristallisiert. Besonders deutlich wird dies noch einmal in den im Zeichen von Gewalt und Verlust stehenden ›Erinnerungen‹ des umfangreichen Romans *Histoire*.

La bataille de Pharsale

Das übergreifende Motiv des Unterwegsseins charakterisiert nicht nur die Kriegsthematik, sondern alle in Auflösung, Erschöpfung und Tod mündende existentielle Praxis und deren bruchstückhafte Rückholung durch ›Gedächtnisräume‹ (Stierle). Gleichzeitig wird auch die schon durch Simons eigenes Doppelmetier angelegte Parallelität zwischen der Malerei und dem Schreiben immer stärker. Bezugsmodelle aus dem Bereich der bildenden Kunst sind z. B. der bereits erwähnte Poussin (mit seiner Darstellung des blinden Orion) oder Moderne wie Robert Rauschenberg und Francis Bacon. Der Untertitel zu *Le vent*: *Tentative de restitution d'un rétable baroque*, macht das strategische Prinzip solcher Relationen sichtbar, die auch die collageartige Komposition der späteren Werke anregen.

Zur bildenden Kunst als Referenzpol gesellt sich Geschriebenes: Gebrauchstexte aller Art (von Postkarten in *Histoire* – und immer wieder im Gesamtwerk – bis zur erinnerten Geschichtslektion in *La bataille de Pharsale* oder zur gelesenen Konstruktionsanweisung in *Leçon de choses*), aber auch implizite oder explizite literarische Anspielungen (insbesondere auf Faulkner und natürlich immer wieder Proust und seine in Wahrnehmungsanalogien funktionierende ›mémoire involontaire‹) und schließlich zunehmend andere Formen strukturverleihender Ästhetik (Spiele, Geometrie, letztere potenziert inspirierend durch ihre Rolle im Kubismus). Alle diese Bezüge dienen dazu, sowohl das Gemachte, Fiktionale als auch das mühsame Herantasten an eine die Chaotik der Materialität transformierende ›Harmonie‹ sinnfällig zu machen. Das *Histoire* vorangestellte Rilke-Motto ist in diesem Zusammenhang aufschlußreich:

>»Cela nous submerge. Nous l'organisons. Cela
>tombe en morceaux.
>Nous l'organisons de nouveau et tombons
>nous-mêmes en morceaux.« (7)

Ein rekurrentes narratives Muster, das zur Organisation des formlosen »cela« verhilft, stellt bei Simon die Triade. Das immer wieder auftretende Eifersuchtsmotiv schöpft aus dem uralten Komödienmotiv des Dreiecksverhältnisses, das jetzt stets tragisch eingefärbt ist. Drei Stimmen (Georges, Blum, Iglésia) und drei Epochen (Flandern 1940, die elegante französische Vorkriegsgesellschaft und das Frankreich der Konvention) profilieren sich schon deutlich in der durch drei Zitate eingeleiteten *Route des Flandres*.

La bataille de Pharsale gehorcht in seiner Gesamtanlage ebenfalls diesem Strukturprinzip und ganz ausdrücklich natürlich *Triptyque* mit seinen drei erzählten Flügeln, zu denen sich Simon durch Gemälde von Bacon, Dubuffet und Paul Delvaux inspirieren ließ (vgl. Sykes, 1978). Struktur und Konstellation (Orion ist der Name eines Gestirns, einer ›constellation‹) des eigenen Werkes haben teil an den tastenden Bemühungen sowohl des blinden Orion, also eines gemalten Gegenstandes, der zur dominanten Metapher für das Schreiben wird, als auch an der Technik der Querverweise und Entsprechungen, wie sie durch Linienführung und Farbgebung von Gemälden realisiert wird. Das räumliche Denken Claude Simons ist der bis zu *Leçon de choses* immer stärker auf die Spitze getriebene Kontrapunkt zur Zeit- und Geschichtsthematik und eine nachvollziehbare Demonstration der unauflöslichen psychischen Verquickung von Erinnerungsströmen und Erinnerungsbildern.

Das tastende Bemühen und Experimentieren führt auch – bei aller Dominanz gewaltiger syntaktischer Ströme – zu verschiedenen Stiltypen, deren heterogenes Spektrum sich besonders augenfällig in *La bataille de Pharsale* präsentiert, einem in vielfacher Hinsicht überraschenden Roman, der nicht nur im dritten Teil unerwartet kurze Sätze mit klassischer Interpunktion aufweist, sondern auch zum Beispiel eine Brechung erzählter Eifersuchtsgeschichte durch die elliptische Komik einer ›bande dessinée‹: Wie in der bildenden Kunst kennt Claude Simon auch in der Literatur grundsätzlich keine der Verarbeitung und Bearbeitung unwürdigen Materialien.

Der zunehmenden Thematisierung des Schreibprozesses wegen könnte man Simons Werk seit diesem Text auch dem Nouveau Nouveau Roman zurechnen, doch sind die Übergänge fließend. Die wichtigsten Motive der *Bataille de Pharsale* erwachsen aus einer Ansammlung von Objekten: Zigarettenpackung, Streichholzschachtel, Banknote und Münzen, Postkarten und Lexikon, die dem Betrachter am Schluß des Romans als Stilleben präsentiert werden. Alle auf dem Schreibtisch versammelten Gegenstände sind dem Blick von O ausgesetzt. O bedeutet ›zéro‹, das Postulat des neutralen, nicht subjektiv eingefärbten Blicks (möglicherweise aber auch Orion, das fi-

gürliche Symbol des Schriftstellers), und gleichzeitig den Anfangs-
buchstaben von ›œil‹ (in der Form des Buchstabens aber auch um-
rißhaft die konkrete Abbildung des Auges) sowie von ›observateur‹
und ›observatrice‹. So ist es möglich, daß in den Erinnerungen der
Träger der psychischen Bewegungen sowohl männlich sein kann,
insbesondere in den Reise- und Kriegsbeschreibungen, als auch
weiblich, so in den wiederholten Sex- und Eifersuchtsphantasien.

Die durch Postkarten markierten Reiserouten führen nach Italien
und ins moderne Griechenland, in dem ein Wegweiser zum heuti-
gen Phersala über frustrierende Lateinlektionen der Kindheit zur berühmten antiken Schlacht bei Pharsalos und ihrer Darstellung bei
Plutarch und Lukan zurückvermittelt. In diesem Kontext kehren
aber auch immer wieder die Erinnerungen an die aufgeriebene Rei-
terschwadron der Flandernschlacht des Jahres 1940 zurück, so daß
sich vieles wie Wiederaufnahmen aus *La route des Flandres* liest
(woran auch z. B. der Name Corinne erinnert). Kriegerfiguren werden durch anekdotische Rückverweise sowie durch Bild- und Statu-
enbeschreibungen radikal (bisweilen auch sehr witzig) entheroisiert
(»les guerriers de della Francesca s'assommant immobiles avec des
gestes lents«, 163; »le grand corps (...) comme une dérisoire parodie,
une dérisoire réplique de tous les Persées, les Goliath, les Léonidas,
la cohorte des guerriers figés dans les bitumeuses peintures des musées parmi le cliquetis des armes entrechoquées, témérairement nus
ou équipés«, 137). Als Herkulesparodie fungiert auch die eingefügte
»bande dessinée« (65ff.), »une sorte de triptyque« (70). Kriegs- und
Kindheitserinnerungen beschwören Todesvisionen herauf. ›Orion
aveugle‹ und ›Achille immobile‹ sind mythisierte Erstarrungen zer-
störerischer Bewegung, von jenem irrealen, tödlichen, fatalismus-
durchwalteten Frieden kündend, den das häufig verwendete Adjektiv ›paisible‹ in *La route des Flandres* bereits meinte und den Claude
Simon in der *Bataille de Pharsale* als Paradox dem Höhepunkt des
Kriegsgeschehens zuordnet (»le tapage figé à ce niveau paroxysmique
où il se détruit lui-même, immobilisé lui aussi dans le silence«, 118).

Besuche in Malerateliers, Beschreibungen von Kunstreproduktio-
nen und kunsthistorischen Abhandlungen, aber auch filmische Reminiszenzen lassen Schlachtdarstellungen noch einmal wieder potenziert zu bewegten Stilleben gerinnen. Die textgenerierende Erin-
nerungsmechanik wird durch häufige Proustallusionen sichtbar gemacht. So stellt Simon dem ›Lexique‹ betitelten zweiten Kapitel des
dreiteiligen Romans ein aufschlußreiches Proustzitat als Motto voran:

»Je fixais avec attention devant mon esprit quelque image qui m'avait forcé à la regarder, un nuage, un triangle, un clocher, une fleur, un caillou, en sentant qu'il y avait peut-être sous ces signes quelque chose de tout autre que je devrais tâcher de découvrir, une pensée qu'ils traduisaient à la façon de ces caractères hiéroglyphiques qu'on croirait représenter seulement des objets matériels«. (99)

Die erinnerungsauslösende Kraft der ›Hieroglyphen‹ materialisiert sich in diesem Roman besonders anschaulich in eingestreuten griechischen Schriftzeichen, die aus der durchwanderten Gegenwart auf antike Schlachtfelder und ihre Beschreibungen bei lateinischen Epikern und Historikern verweisen. Das Ineinandergleiten verschiedener Zeit- und Beobachtungsebenen und -perspektiven, die nur sporadisch durch einen neuen Absatz oder andere Schrifttypen gekennzeichnet erscheinen, zieht den Leser in ein komplexes temporales und spatiales Beziehungsgeflecht, in dem die sprachlichen Mittel sich immer wieder verselbständigen, so daß Jean Ricardous leicht anagrammatische Titellesart ›la bataille de la phrase‹ nicht unplausibel scheint. Der Erzähler verbindet beispielsweise die gleichsam ›obszöne‹ Körperlichkeit kriegerischer und sexueller Kämpfe in einer genüßlichen Betrachtung des Wortes »libidineux« (die fast schon an die witzigen Homophoniespielereien San Antonios erinnert) »avec sa consonance un peu rose, un peu molle, plissée pour ainsi dire par la répétition des mêmes syllabes et de sons évocateurs (lit, bite, noeud), émotion rose et caoutchouteuse« (139).

Mit der Beobachtung eines Taubenflugs, der Analogien zu rekurrenten Pfeil- und Schwertbewegungen der Kriegsdarstellungen aufweist, aber darüber hinaus die Tätigkeit des Schriftstellers symbolisiert, mündet das Ende des Romans in den Anfang ein: O schreibt erst jetzt auf, was zu Beginn bereits zu lesen war, denn die vorher entfaltete Geschichte erwächst (erwuchs) aus dem schöpferischen Stilleben des Schlusses. In ihm materialisiert sich diesmal die übergeordnete Ausgangsfigur, der sich die von ›carrefours‹ ausstrahlenden Bewegungen der Wörter und Geschichten bei Simon grundsätzlich unterzuordnen haben.

3.5 Robert Pinget oder die Suche als Ziel

Wenn der Pakt, den der Nouveau Romancier mit dem Leser schließt, das Erzählen einer beiden unbekannten Geschichte ist, dann erfüllt Pinget diesen Vertrag vorbildlich. In seinem Werk geht es immer wieder darum, etwas zu suchen, was nicht gefunden werden kann, etwas zu erzählen, was nicht an ein schlüssiges Ende gebracht wird (vgl. Robert Henkels' Analyse mit dem programmatischen Titel *The Novel as Quest*, 1975). Figuren fragen immer wieder nach einer Bedeutung; wird sie gegeben, so ist sie unbefriedigend, parodistisch oder unvollständig.

Zunächst schickt Pinget zwei Ruhelose, nämlich den wißbegierigen Fuchs, den es nie lange an derselben Stelle hält, und David, den Ewigen Juden, gemeinsam auf Reisen nach Israel. So variiert er das Herr-Diener-Gespann des *Don Quijote* und schreibt zugleich den mittelalterlichen *Roman de Renart* in die Moderne fort. Die erzählte Welt ist durchsetzt mit fiktiven Illustrationen, die den Maler Pinget amüsieren, und zahlreichen halbernsten Lebensweisheiten (*Le renard et la boussole*, 1955).

Graal Flibuste

Mit *Graal Flibuste* (1956) erneuert Pinget witzig den pikaresken Roman. Doch auch dieser phantastische Text, der mit einer Fülle von Reminiszenzen an den ›roman philosophique‹ des 18. Jhahrunderts gespickt ist, beweist, daß die ironische Abrechnung mit der Tradition nicht Selbstzweck des Autors ist. Ihm geht es eigentlich immer wieder darum, in poetologischer Reflexion die quälende und unendliche, weil nie zu einem erfüllenden und erfüllten Abschluß kommende Beziehung zwischen dem Schriftsteller und seinem Gegenstand zu umkreisen und für diese Problematik Handlungs- und Sprachbilder zu geben. Der Weg geht dabei von der verspielten und an surrealistische Prosa (insbesondere eines Benjamin Péret) erinnernden pseudo-pikaresken Weltfülle, die sich freilich in der Beliebigkeit ihrer Metamorphosen selbst als Schein entlarvt, zu einer strengeren Suche, für die das ebenso inquisitorische wie zu nichts führende Verhör eine überzeugende Metapher darstellt. Überhaupt ist das Ankommen bei der Leere, beim Nichts, bei der totalen Enttäuschung von denkbaren Erwartungen aller Art die Zielvorstellung dieses Werkes. Gesagtes wird dabei immer wieder korrigiert, zurückgenommen und verworfen. In vielfacher Hinsicht steht Pinget insofern Samuel Beckett nahe, mit dem ihn freundschaftliche Zusammenarbeit verband.

Der Roman *Graal Flibuste* präsentiert einen Ich-Erzähler, der mit seinem Kutscher Brindon und dem Pferd Clotho unterwegs ist, um dem geheimnisvollen göttlichen Herrscher Graal Flibuste seine Aufwartung zu machen. Graal Flibuste bleibt im erzählten Universum eine Leerstelle ohne tiefere Bedeutung, die nur aus Spaß und, wie schon der Zusatz »Flibuste« ahnen läßt, parodistisch an das hehre Motiv der Gralssuche erinnert. Der offene Schluß des Romans, der den Leser zu einem gewaltigen Tor führt, hinter dem sich außer neuer unmarkierter Weite nichts findet, ist typisch für die gesamte fiktionale Welt Robert Pingets. Doch bis zu diesem Ende, das nur jemanden überraschen kann, der nicht erkannt hat, daß fast alle Sequenzen zuvor bereits unter dem Gesetz antwortloser Sinnfrage stehen, passieren viele seltsame Dinge. Merkwürdige Landschaften und Lebewesen, bei denen Grenzüberschreitungen zwischen ontologischen Ebenen an der Tagesordnung sind, strapazieren die Phantasie, ohne sich doch als glaubwürdige Rivalen der Realität zu profilieren. Dieser bewußte Seinsmangel wird nicht nur durch die bizarren Verbindungen aus vegetativem, animalischem und menschlichem ›Material‹ hervorgerufen, sondern vor allem durch die Schnelligkeit und Beliebigkeit der Metamorphosen. Diese gehorchen keinen übergeordneten Rahmenbedingungen, es sei denn, der Banalisierung zuvor suggerierten Zaubers. Die Ent-Täuschung geschieht beispielsweise gern durch utilitaristische Reduktionen. Wesen, die gerade noch durch ihre Anmut bestachen, deren Blick so herzzereißend menschlich schien, werden anschließend ihrer Eßbarkeit, ihres Wohlgeschmacks wegen gerühmt. Umgekehrt ereignen sich leidenschaftliche Liebesgeschichten da, wo der abstoßende Charakter der Bezugsobjekte dergleichen eigentlich auszuschließen schien.

Die gesamte erzählte Welt erwächst aus einer kleinen unabhängigen Vorgeschichte, in der ein Trinker beim Träumen beobachtet wird: gewiß ein aufschlußreicher poetologischer Fingerzeig. In der Eröffnungssequenz des Romans wird dann der Tempel Graal Flibustes beschrieben. Es ist ein Ort der Verlassenheit und der Regression: »(..) l'abandon a pris ici une densité inconnue.« (13) Am Schluß des Werkes gelangen die Reisenden, die nie bis zum angesteuerten Meer vordringen (Brindon vermutet, weil sein Herr nicht imstande ist, es zu beschreiben...), plötzlich an einen Triumphbogen, ein gewaltiges Tor, das sich zwar auf nichts Bedeutendes hin öffnet, aber neben vielen anderen allegorisch deutbaren Details das Auge Graal Flibustes enthält, des »dieu des ferveurs imaginaires et maître du monde« (234). Die »ferveurs imaginaires«, seien sie religiöser, philosophischer, sozialer oder amouröser Natur, werden auch im Laufe des Textes ebenso vielfältig wie heftig, aber auch mit fröhlicher

Komplizität, entmythologisiert. Die Genealogie Graal Flibustes, im Verfahren an den biblischen Stammbaum Christi erinnernd, ist überladen mit sinnlosen Einzelheiten und führt trotz mehrfacher Wiederaufnahme nicht bis zu dem angeblich thematisierten Endpunkt; die Verherrlichung der Frau, der großen Zauberin Vaoua und ihrer »quête d'amour« (75ff.), landet, wie fast alle Geschichten illustrer Damen, bei Prostitution und Bordell, so wie Professor Unrat den Charaktertyp bezeichnen könnte, bei dem die Sehnsucht der Männer ankommt. Auch das Ich, das offensichtlich seinen Freud gelesen hat, ertappt sich dabei, daß die zuerst so suspekten Orgien des Gärtners Jasmin (»Ciel! me dis-je, méfions-nous désormais des gens qui cultivent leur jardin«, 132) am Ende doch mehr Spaß machen als alle Philosophie, bei der ohnehin der Gemeinplatz mit Vorliebe Pate zu stehen scheint: »Propos fades« ist denn auch eines der philosophischen Betrachtungen gewidmeten Kapitel betitelt.

Die wildwüchsige Metamorphosenstruktur des Romans kennt keine Tabus: Der Täufling verwandelt sich unter dem Einfluß des Sakraments in alles mögliche (einschließlich eines Spiegeleis), bevor er, häßlich wie zuvor, erneut menschliche Gestalt annimmt. Selbstverständlich klinkt sich aus der buchlangen Ironisierung auch das eigene Verfahren nicht aus. »L'imprévu finit par lasser« (35), stellt der Erzähler schon ziemlich früh fest, und wenn er sich ein Vorwort zu einem fiktiven Buch ausdenkt, macht er den Leser zum Komplizen einer nur scheinbar abwegigen Vorstellung: »(...) ce livre, à l'instar de qui le composa, diminue d'importance à mesure qu'il grossit, contrairement à l'usage...«. (33)

Die ebenso entfesselte wie immer wieder bewußt desillusionierende Imaginationsfülle des Romans mit den zahlreichen eingestreuten Exkursen und Beispielfällen ist vor allem dem 18. Jahrhundert, wenngleich natürlich parodistisch, verpflichtet: Diderots *Jacques le fataliste et son maître* in erster Linie, aber auch Voltaires *Contes philosophiques*, Lesages Schelmenroman *Gil Blas*, Marivaux' Memoirenromanen, Robert Challes *Illustres Françaises*, den frivol-moralistischen Geschichten von Crébillon fils und der ambivalenten Tugenddiskussion in Prévosts *Manon Lescaut*. Außerdem wird eine Gattung ausgebeutet und demontiert, die vor Freuds sexueller Revolution als Ventil für verbotene Gelüste herhalten mußte: die Phantastik des 19. Jahrhunderts nämlich, die nun bis zur totalen Beliebigkeit aus dem Ruder laufen darf. So ist die Welt mit geheimen Entsprechungen und Mysterien durchzogen, für deren Glaubwürdigkeit der Autor nicht allzu viele Mühen aufwendet – es ist nicht nur Spaß, wenn er feststellt, daß nichts so geheimnisvoll sei wie ›le réel‹ –; Kontakte mit dem Jenseits, zum Beispiel der Ersatz der phantastischen Nekrophilie, in der die beiden Tabuzonen Tod und Sexualität auf eindringlichste Weise miteinander verknüpft wurden, durch die modernere Variante des Telefonierens mit den Verstorbenen, die ›nécrophonie‹, werden mit heuchlerischer Ernsthaftigkeit als vielleicht doch nicht tragfähig entlarvt.

Die phantastische Welt des 19. Jahrhunderts bedurfte zu ihrer Wirkung eines Lesers, der die Möglichkeit einer ins Diesseits eingreifenden Transzendenz weder völlig ausschloß noch – wie im Märchen – für selbstverständlich hielt. Dieses fruchtbare Zögern hat jetzt ausgedient; Phantastik ist nur noch Vehikel spezifischer, poetologisch gefärbter Komik. Landschaften und Wesen erinnern zudem in der Öffnung auf die Logik des Bizarren an den Surrealismus und an Michaux, sind somit nicht nur der historischen, sondern auch einer spezifisch modernen Phantastik verpflichtet.

Daß neben scheinbar ungebremster und zielloser Erzählfreude auch viel Sprachwitz im Spiel ist, zeigt sich auf verschiedenen Ebenen. Ein Wort zieht aus phonetischen oder mikrostrukturell semantischen Gründen das nächste nach sich und ironisiert so den größeren Bedeutungskontext (etwa in der Genealogie Graal Flibustes, in der Tourte Tarte zeugt und Tarte Bonne-Confiture). Die ›realistische‹ Beschreibung imaginärer Wesen geht wieder ein in die Wort- und Schriftzeichenwelt, der sie entstammt (auch das ein Zug, der für Michaux charakteristisch ist): Bannt man zum Beispiel die »papillons-singes«, deren Ahnen den sprechenden Namen »Persiffleurs ou Parsiffleurs ou Parsipleurs« trugen, auf Zelluloid, so erscheint nur ein »chassé-croisé de points et de virgules« (18f.). Es gibt Parodien von Etymologien (51) und philologischer Quellenhuberei (53ff.). Wenn in der Prozession animalischer Reduktionsformen eine Art ›roi pêcheur‹ auftaucht, wird die Parzivalparodie des Ganzen im (ursprünglich wichtigen) Detail noch einmal so beiläufig aufgenommen, daß ein Überlesen der Stelle keine Sünde wider den Geist des Textes bedeuten würde, der gerade aus der (Un-)Systematik seiner Verstöße gegen Bildung und guten Geschmack seine Vitalität bezieht.

Die Reisenden und ihre Zufallsbekanntschaften fabulieren wie im pikaresken Roman Lesages nach Herzenslust (un-)moralische Exempla und wildwüchsige ›Entwicklungsromane‹ zusammen. Immer wieder gibt es aber auch Betrachtungen, die, für sich genommen, durchaus nicht abwegig sind, so daß sich unschwer eine kleine Aphorismensammlung zusammenstellen ließe (Genre: »Le lit nous en apprend plus sur quelqu'un que les plus longs discours«, 134). Und wenn man schließlich auf die Frage nach dem Sinn seiner Existenz erfährt, man sei da »pour embêter le monde« (151), bezeugt auch diese entwaffnend triviale und richtige Entgegnung jenen ›bon sens‹, den wie immer im pikaresken Genus vor allem die Figur des Dieners repräsentiert.

Pinget beherrscht wie kaum einer ohne ätzende Polemik die schöne Kunst der Respektlosigkeit, die als Gegengewicht zu den hohen Gattungen immer schon literarisches Heimatrecht hatte und im Schelmenroman über weite Strecken zum Selbstzweck wurde. Wo jedoch Frivolität und Unsinn sich ausleben dürfen, fesseln ernsthafte und anrührende Passagen umso mehr die Aufmerksamkeit eines Lesers, den zu verstören sicher eines der Hauptvergnügen dieses Romantyps ist. »L'Organiste« im gleichnamigen Kapitel (94ff.) zelebriert Kunst gleichsam als ›service inutile‹; ähnlich evozieren im »Détail de la Porte« des Schlusses gemeißelte florale Elemente versteinerte Tänzerinnen, »sacrifiées, martyrisées, et finalement exaucées dans le voeu démentiel d'inventer pour la gloire de personne une façon neuve de servir la beauté« (235). Schon zeichnen sich inmitten aller fröhlichen Absurdität die Umrisse jener vielgestaltigen poetologischen Thematik ab, mit der sich das Gesamtwerk des Autors immer wieder befassen wird.

Die imaginäre Geographie Pingets weist Konstanten auf. Seit der Novellensammlung *Entre Fantoine et Agapa* (1951), deren Titel bereits die wichtigsten Orte des Phantasielandes anführt, tauchen bestimmte Namen von Orten und Figuren in neuen Kontexten immer wieder auf. So kommen später in *L'inquisitoire* nicht nur die schon bekannten zentralen Lokalitäten in überaus präzisen Beschreibungen vor, sondern auch einige der Gestalten, die dem Leser aus *Graal Flibuste* bekannt sind: die Besitzer des Schlosses Bonne-Mesure, der vornehm-distanzierte Geistliche Bouge-croupe mit dem einst recht anrüchigen Lebenswandel, die Ducreux; ja sogar Brindon, der von seinem ehemaligen Herrn und ihren gemeinsamen Reisen philosophiert, ist mitsamt seinem inzwischen alt und müde gewordenen Pferd Clotho dem Ich-Erzähler eine Erwähnung wert. Auch von Mahu, »un tordu« (166), ist die Rede. Dem Pinget-Leser ist der Name vertraut aus *Mahu ou le matériau* (1952). In diesem frühen Roman entwirft Pinget einen ganzen Fächer poetologischer Möglichkeiten als Interdependenzen zwischen Autoren und ihrem Material: Ist Mahu eine ›reale‹ Gestalt oder vielleicht nur eine Figur in einem textinternen Roman, vielleicht nur erzählt vom Schriftsteller Latirail, der Mahu seine Erzählstrategien mitteilt? Bei den erzählten Fällen weiß man nicht, ob überhaupt etwas geschehen ist, und wenn, wer der Täter, wer das Opfer war, der Status der Unsicherheit ist radikal und durchgehend. Die Interdependenzen gehen weiter: Da bereitet jemand namens Sinture, der als Postangestellter ›lettres‹

verwaltet (die französische Bezeichnung ist mehrdeutig), angeblich die Einheit der von anderen geschriebenen Romane vor; Inhalte von Romangeschichten, die abwegige Suchen darstellen (›chercheur de poux? de clous?‹) und in ihren Verzweigungen durch Lautähnlichkeiten konstituiert werden, breiten sich aus wie Krankheiten und färben auf andere Schriftsteller (Mlle Lorpailleur) ab, so daß textintern gleichzeitig die ›Werke‹ *Le chercheur Desclous* und *Les chercheurs de clous* entstehen; Figuren der Romane tauchen in der ›Wirklichkeit‹ auf: Themen, wie sie Pinget in strengerer Form später immer wieder behandeln wird und durch die er den Leser an Pirandello erinnert. Mahus Geschichten, manchmal beängstigend, manchmal fast so pseudo-naiv wie Préverts *Contes pour enfants pas sages*, verhelfen ihm selbst erst eigentlich zur Existenz (»Je n'écris pas par plaisir, mais seulement pour inventer du monde autour de moi qui m'écouterait, autrement à quoi je rime? Je suis mort«, 187). Sein Verhältnis zur Sprache schwankt zwischen beklemmender Angst (»J'ai bien du mal à m'exprimer. Ça empire. Cette question de parler, c'est ça qui ne va pas«, 152) und befreiender Lust (»J'aime les mots, une phrase dans la rue n'importe laquelle, soudain je me dis: ›C'est du français, que c'est beau‹«, 194).

L'inquisitoire

L'inquisitoire (1962), eines der bekanntesten Pinget-Werke, ist gekennzeichnet durch eine originale Sprechsituation. Der schwerhörige Diener ›de ces messieurs‹ wird von einem gebieterischen Fragesteller über sein ehemaliges Leben bei den Herrschaften befragt. Auslösendes Moment für das Verhör ist das plötzliche Verschwinden des Sekretärs, für das keine befriedigende Erklärung gefunden wird. Möglicherweise gibt es da eine Betrugsaffäre, in die er zusammen mit Freunden und Bekannten ›de ces messieurs‹ verwickelt war. Vielleicht aber ist auch das nur Gerede. Jedenfalls tritt der ›Fall‹, auch wenn er von Zeit zu Zeit wieder aufgegriffen wird, schon bald in den Hintergrund, wird nur noch pflichtschuldig miterledigt. Die seltsam anonyme, fast kafkaeske Sprechsituation gibt vielmehr die Möglichkeit, ein im Prinzip unendlich erweiterbares Mosaik von Informationen und Erinnerungen hervorzulocken. Die Verhörinstanz bedient sich dabei eines Fächers von stereotyp wiederkehrenden Redeaufforderungen (›décrivez‹, ›détaillez‹, ›dites‹, ›dites ce que vous savez‹, ›répondez‹, ›poursuivez‹), Fragen (›qui est‹, ›qu'est-ce que‹, ›est-ce qu'il y a‹, ›où est‹), Einschüchterungsversuchen (›prenez garde‹, ›ne prenez pas cette attitude réticente‹) und Beschwichtigungsformeln (›calmez-vous‹).

Auf die Redeanstöße antwortet der Diener bisweilen mit kurzen Repliken, dann wieder mit überaus ausführlichen Beschreibungen, die sich manchmal so sehr verselbständigen, daß sich der Befragende zur Anweisung ›abrégez‹ veranlaßt sieht. Aber nicht immer erfolgen die Antworten bereitwillig; insistierende Nachfragen werden mit ›j'ai déjà dit‹, scheinbare Mißverständnisse mit ›je n'ai pas dit ça‹ oder ›est-ce que j'ai dit ça vraiment vos questions des fois‹ abgewehrt. Wenn der Diener längere Ausführungen macht, ist er unbewußter Verfasser verschiedenster Textsorten: Portraits, Familienromane, Kriminalgeschichten, detaillierte makro- und mikrostrukturelle Orts- und Gegenstandsbeschreibungen, Milieustudien. Die topographischen Schilderungen, häufig auch von Gemälden, sind so präzise, daß sie gewisse Idealvorstellungen des Nouveau Roman geradezu schon zu parodieren scheinen.

Bestimmte Bezugspersonen aus dem Dienerleben (›ces messieurs‹ natürlich, ein auf herrschaftlichem Besitz residierendes Freundespaar gut mittleren Alters, über dessen Intimleben sich der Befragte hartnäckig ausschweigt, die Köchin Marthe, der Kammerdiener etc.) kommen immer wieder vor. Mit seiner eigenen privaten Welt, seinen schmerzlichen Verlusten, hält der Sprecher lange hinterm Berg: Die verstorbene Ehefrau, das tote Kind sind verdrängte, fast schon tabuisierte Zonen, an die erst spät gerührt werden kann. Dann brechen nur dürftig zugedeckte Schmerzzonen auf und färben die Rede mit einer neuen Qualität, in der sich zum Unbehagen an der Verhörsituation eine bis zur Verzweiflung reichende Hilflosigkeit gesellt. Die Ohnmacht besteht darin, daß man das aufzuzeigende Leben der anderen nicht erfassen kann oder will (»je n'étais pas dans leur peau«, 186), daß alles Ringen um Wahrheit und Wirklichkeit zu einem makabren Tanz im Kopf wird (»Dans la tête la frontière dans la tête ce qu'on sait et qu'on ne sait pas c'est là«, 281), daß Erinnerungen selbst an die einst wichtigsten Dinge immer lückenhafter werden und nur das zählt, was man unter den Augen hat, und sei es eine so armselige Präsenz wie das einsame Zimmer, in dem der ›Zeuge‹ des Verhörs jetzt haust. Am erzählten Schicksal anderer leuchtet immer wieder die einzige ›Wahrheit‹ auf: »le vent qu'ils attrapent« (499); das Leben ist permanentes Fortgehen und Abschiednehmen – warum lange nach dem Verschwinden des Sekretärs fragen? – ; das immer wieder per Sprache durchzugehen, verstärkt nur Sinnmangel und Ratlosigkeit: »(...) quelle misère tout ça tout le temps qui recommence pourquoi, tous ces morts autour de nous tous ces morts qu'on cuisine pour les faire parler.« (457f.)

Die nachträgliche Fixierung des Gewesenen, zum Beispiel des üppigen Festes bei ›ces messieurs‹, krankt an der grundsätzlichen

Differenz zwischen der sprachlichen Evokation und ihrem Gegenstand, einem Hauptproblem aller Wahrheitssuche. Existentielle und poetologische Unsicherheit mischen sich hier miteinander, auch wenn der Diener als Sprachrohr des Verfassers selbstverständlich nur bedingt ernstgenommen werden kann. Sein guter Wille, sein gesunder Menschenverstand, seine Ungeduld, seine Verzweiflung und seine Müdigkeit, seine kindliche Sehnsucht nach dem gestirnten Himmel, sind ebenso anrührend wie (verhalten oder deutlicher) komisch. Gerade in dieser Mischung zeigt sich sowohl die Verwandtschaft mit dem übermütigeren *Graal Flibuste* als auch die Nähe zum spezifischen Humor Samuel Becketts. Die Figurenkomik äußert sich nicht zuletzt in einer fundamentalen Schizophrenie des Dieners als Sprachbenutzer, vom Autor übrigens durchaus realistisch gesehen: Äußerste Redseligkeit und pedantische deskriptive Mechanik gehen mit mangelnder sprachlicher Kompetenz in gewissen Spitzenzonen einher. So verbleiben selbst gebräuchliche wissenschaftliche Fachausdrücke im Status des grotesken Ungefähr; Molières *Fourberies de Scapin* werden als ›Foutreries d'Escarpin‹ wiedergegeben (und nebenbei überhaupt nicht lustig gefunden); die Terminologie der Verhörinstanz übersteigt oft den intellektuellen Horizont des Antwortgebers und hat überdies mit seiner sozialen Wirklichkeit nichts zu tun (»L'attitude l'attitude vous n'avez que ce mot à la bouche qu'est-ce que j'en ai à faire moi des attitudes«, 443). Die kleinbürgerliche Prüderie des Sprechers schließlich macht es ihm schwer, die tabuisierten Zonen des Erotischen ›seriös‹, jenseits anekdotisch burlesker Distanzierung, in Sprache zu setzen.

Trotz aller dieser Grenzen und Borniertheiten ist der Diener im Zusammenklang mit dem Verhörenden als neuem ›Über-Herrn‹, als gebieterischem Über-Ich, in seiner ontologischen Spiegelbildfunktion ernstzunehmen. »Je ne sais pas ce que je sais« (167) wandelt die sokratische Weisheit des gewußten Nicht-Wissens erneut ins Unsichere ab; die Rollen im Verhörprozeß des Lebens sind prinzipiell austauschbar (dies ähnlich wie bei Sarraute) und besagen nicht, daß jemand im Besitz der Wahrheit wäre (»ils confondront vous et moi je serai celui qui pose les questions et vous répondrez vrai ou faux qu'est-ce que ça peut faire«, 316): Sicher ist nur, daß die ohnmächtigen Strapazen der Suche sich als Potenzierung existentieller Qual erweisen (»Voilà la vie pour le dire c'est comme de crever une seconde fois«, 430). Die Reichtümer der narrativen Phantasie und alle eingearbeiteten Späße, so befreiend sie punktuell auch wirken mögen, ändern nichts daran, daß dem Verhör die Heils- und Wahrheitsfindung ebenso verwehrt wird, wie dies in der pervertierten Gralsuche der Reisenden aus *Graal Flibuste* der Fall war. Wie bei

Beckett (und wieder ganz ähnlich wie bei Michaux) haben auch hier Leben und Tod für den einzelnen keine das Dasein übersteigende Antwort parat: »(...) mais est-ce un secret celui de tout le monde non c'est la vie ma vie.« (319)

Quelqu'un

Der Roman *Quelqu'un* (1965) weist eine völlig andersartige Sprechsituation auf. Er präsentiert die Perspektive eines ängstlich um Isolierung und Anerkennung gleichzeitig bemühten Ichs, das sich buchlang auf die Suche nach einem verlorenen Zettel macht. Der Zettel enthält Informationen für eine in Entstehung begriffene Abhandlung zur Botanik. Der Erzähler ist also einer jener bizarren Schriftstellertypen, von denen Pinget eine ganze Serie entwerfen wird, um an diesem Modell sowohl die Sisyphusanstrengungen des Schreibenden als auch und vor allem den dazu gehörigen (natürlich leicht ins Irreale verfremdeten) psychischen Sockel zu entwerfen: manisches, immer wieder neu einsetzendes und überprüfendes Bemühen um Präzision und Vollständigkeit, gemischt mit sozialen Berührungsängsten und Zugehörigkeitssehnsüchten. In *Quelqu'un* wird der Verlust des Zettels, dessen Inhalt (ebenso wie der exaktere Gegenstand der gesamten textinternen schriftstellerischen Arbeit) Leerstelle bleibt, zum Ausgangspunkt für progressiv aufgeschwellte repetitive Serien (»Répéter je cherche ce papier«, 115) der Erinnerung und Vorstellung, in denen Orte und Personen rund um den Suchenden mit durchgenommen werden. Die anfängliche radikale, geradezu mit Brechreiz einhergehende Abwehr anderer (unter ihnen Gaston, mit dem der Erzähler die kleine Familienpension führt, die Haushälterin Marie, die Dauergäste, der schwachsinnige halbwüchsige Helfer, der Nachbar), von denen sich das Ich ›observiert‹ fühlt, wandelt sich im Laufe der durch »hypothèses« (35, 44) und »suppositions« (38, 43) gekennzeichneten Rekonstruktion der eigenen Lebenssituation in (reale? imaginäre? erinnerte?) Toleranz und Menschenfreundlichkeit, die besonders Fonfon, dem geistig zurückgebliebenen Jungen, zugute kommt. (Die durch gemeinsame Fernseherlebnisse vermittelte fast zärtliche Komplizität zwischen Fonfon und dem Erzähler erinnert nebenbei an ganz ähnliche Sequenzen in Walker Percys 1960 erschienenem Kultbuch *The Moviegoer*.)

Der Ton des von permanenten Fragen und Selbstkorrekturen durchzogenen Erzählens ist gerade in *Quelqu'un* oft Beckett besonders nahe. Insgesamt geht es jedoch in Pingets ›Namenlosem‹ weniger scharf und kompromißlos zu, wenngleich gerade auch der sub-

versive (Fäkaliensprache nicht scheuende) Humor diesen Vertreter
des Nouveau Roman wieder eher mit dem großen Iren verbindet als
mit seinen französischen Kollegen. Die permanente ›nervosité‹ weist
dem Pingetschen Antihelden außerdem einen Platz an in der Ahnenreihe der aus dem 19. Jahrhundert stammenden ›neurasthé-
niques‹ (z.B. Maupassants Erzähler in *Le Horla*, Huysmans' Des Es-
seintes in *À rebours*), zu der er – ähnlich wie Michaux' Plume – eine
kafkaeske Variante liefert.

Im Laufe des Romans stellt sich mehr und mehr heraus, daß das
Motiv der Suche nicht des Findens wegen so zentral ist, sondern in
sich eine lebenserhaltende Strategie bedeutet. In diesem Sinne löst
es das Pascalsche ›divertissement‹ ab und ist somit bei aller Groteske
und scheinbaren Beliebigkeit, auch darin Beckett vergleichbar,
durchaus von metaphysischer Relevanz:

»C'est ça ma bénédiction à moi, d'oublier et de perdre mes papiers. J'aurais
de la mémoire, je ne perdrais rien, je ne saurais plus que faire, je
m'ennuierais comme un rat mort. Avoir tout le temps à se demander qu'est-
ce que j'ai oublié, ça soutient.« (245)

Quelqu'un präsentiert sowohl die Inkarnation des sich abmühenden
Schriftstellers als auch dessen tragisch- parodistische Auflösung und
stellt damit einen besonders engen Bezug zu Pingets übrigem narra-
tivem sowie vor allem zu seinem dramatischen Werk her. Der Roman *Le Libera* (1968) schreibt sich wieder in die bereits bekannte
Pinget-Geographie mit ihren vertrauten Orten und Figuren ein. Der
Romantitel bezeichnet ein Gebet, das in Verbindung mit seiner sar-
kastischen Entmythologisierung den zwischen Groteske und Verzweiflung spielenden stilistischen Grundton des Erzählers und des
Erzählten wiedergibt: »Libera me Domine et la suite comme si la
bouse qu'on nous balancerait sur le coin de la figure« (221). Das
Motiv des Schreibens und des Schriftstellers wird zwar auch hier
nicht gänzlich ausgespart, doch geht es in erster Linie um das dem
Schreiben voraufgehende Geraune, das in diesem Fall aus zwei zeitlich längst zurückliegenden unklaren Verbrechens- oder vielleicht sogar nur Unfallsituationen erwächst und ein Netz aus Verdächtigungen und aufgeregten Entschuldigungen spinnt, in dem sich nacheinander die verschiedensten Handlungsträger verfangen. Pinget ahmt
den Stil diffuser Konversation mit ihren vielsagenden Andeutungen
souverän nach, beendet Aufzählungen und Erinnerungen immer
wieder mit dem Jargon umgangssprachlicher Abkürzungen, etwa
dem populären »et tout le tremblement« (115 und passim) und läßt
auf Erzählsequenzen ein abruptes »et caetera« folgen (118 und passim). Die stilisierte Gerüchteküche entwickelt sich zu einer Art

›écriture automatique‹ der alltäglichen üblen Nachrede, deren Durchschnittsphilosophie und -psychologie immer gefährlich ist, selbst wenn sie sich als Sorge tarnt. Es ist ein Gemurmel, das die kollektive Tiefenstruktur unterhalb einzelner Reden sichtbar macht (vgl. Tison-Braun, 1990, S. 301-326). *Le Libera* ist inhaltlich *L'inquisitoire* ebenso verwandt wie *Le fiston*, dem nie ankommenden Erzählbrief eines Vaters an den entfremdeten Sohn (1959), und *Clope au dossier*, dem eifrigen Bemühen um die Sammlung von Gegenbeweisen gegen verschwommene Verdächtigungen (1961), nähert sich in der mit Variationen des erzählten Anfangsmodells arbeitenden Struktur jedoch stärker dem – freilich wesentlich strengeren – ein Jahr später erschienenen *Passacaille* an.

Passacaille

Passacaille (1969) ist vielleicht Pingets überzeugendster Beitrag zum Nouveau Roman, insofern er dessen ursprünglichen Anforderungen besonders deutlich entspricht. Das schmale Buch verzichtet absichtlich auf die – bisweilen ins Austauschbare entgleitende – Üppigkeit der Einfälle (»images à débarrasser de leurs scories«, 68 und passim), die für den frühen Pinget charakteristisch sind. Jetzt wird bei aller Kraft der Imagination die Strenge einer Komposition erkennbar, die Pinget in diesem Falle stärker mit dem Robbe-Grillet der *Jalousie* verbindet (kein Zufall, daß Robbe-Grillet gerade diesen Pinget-Roman als eines der repräsentativen Werke des Nouveau Roman schätzt). Die Musikmetaphorik, die den Titel liefert, spielt im ganzen Text eine wichtige Rolle. Eine Passacaglia ist gekennzeichnet durch das wiederkehrende Baßthema, über dem sich die Variationen der Melodie erheben und profilieren. Auch der Roman *Passacaille* hat ein solches wiederkehrendes ›dunkles‹ Motiv (das Motiv des Todes), mit dem und über dem auf verschiedenartige Weise gespielt wird, wobei die rekurrente Metaphorik der außer Kraft gesetzten Uhr diese Grundthematik ebenso verdeutlicht wie die der Romankomposition eigene Aufhebung der Chronologie. Die Analogien zur Domäne der Musik gehen jedoch über diese Strukturentsprechungen in der Motivanlage und -durchführung und damit über eine relativ leicht nachvollziehbare Transpositionsform hinaus. Übergreifend werden vielmehr Erzählen und Schreiben durch das Bild des Hörens wiedergegeben. Welche Textsorte auch immer im Verlauf des Ganzen gewählt sein mag, in welchen Kontext hinein sich das ›Baßmotiv‹ auch verändert, wie breit sich auch der Fächer öffnet zwischen realistischer Deskription und phantastischer Imagination, der Erzähler wird zunächst einmal präsentiert als ein Hörender, der Mühe hat, das Geraunte zu vernehmen, zu verstehen und festzuhalten, obwohl er bisweilen selbst auch der Produzent des Murmelns ist. Die (gewiß an Fällen wie dem Prototyp Beethoven orientierte) Fast-Taubheit des Erzähler-Schreibers gewinnt der Musikmetaphorik noch einmal eine tragische Qualität ab:

»A tâcher de saisir ce murmure entre deux hoquets il s'était d'abord aiguisé l'ouïe tant que jeunesse durait puis la courbe dépassée la perdrait progressivement pour aboutir peu avant l'époque dite à la surdité compacte, aux grésillements internes, aux vertiges et aux céphalées mais sa volonté aidant, tel un musicien de bazar, reconstituait une manière de passacaille«. (35f.)

Das Bild der »hoquets«, die Hören und Sprache fast verschlagen und außerdem als verzerrte Reduktionsformen des Schluchzens verstanden werden können, kehrt häufig wieder, ferner andere Indikatoren undeutlicher auditiver Wahrnehmung: »murmures, formules divinatoires, rabâchage«, (47), »une phrase murmurée, on entendait mal« (74), »ce murmure entrecoupé de silences et de hoquets« (99, 111), »faire taire le murmure« (125), die als Metaphern bruchstückhafter Erinnerung, Perzeption oder Imagination gemeint sind: Der ständig wiederholte Satz »Que faire de ces bribes« (z.B. S. 45, 83) zeigt nachdrücklich die Problematik des mit Sprach- und Lebensinhalten befaßten Subjekts an, das sich wie in der Musik in seiner »quête d'on ne savait quoi« (77) von verschiedenen Punkten aus immer wieder demselben Motiv zu nähern zwingt (»tourner, retourner, revenir«, 49, 91 und passim).

Das ›dunkle‹ Motiv des Erzählten, der Tod, kehrt in verschiedenen Variationen wieder. Bei der ersten Fassung könnte es sich um einen Kriminalfall handeln: Der ›maître‹, Eigentümer einer – ebenfalls variierend als üppig oder armselig beschriebenen – Besitzung, überwacht von einem seiner Leute, wird tot auf einem Düngerhaufen gefunden, nachdem man ihn kurz zuvor noch am Tisch sitzen sehen konnte. In einer anderen Version handelt es sich bei dem grausig wirkenden Fund um eine Vogelscheuche oder um ein totes Tier; aus dem Kriminalroman wird dann eine Art Pastourelle, die jedoch ins Phantastische umschlägt, wenn man abwechelnd dem ›maître‹ oder der Ziegenhirtin allerlei geheime Kräfte bis hin zu schwarzer Magie nachsagt. Die entworfene Landschaft, oberflächlich von klischeehafter Friedlichkeit, weist Sprünge auf. Die blutigen Besonderheiten des Toten der ersten Version gehen in Vogelscheuche und Tierkadaver über; es bilden sich so gefährliche oder harmlosere Spielarten desselben Grundstoffes aus. Motive wie der am Tisch sitzende ›maître‹ mit Buch oder Schreibzeug (»le maître alchimiste des riens qui le faisaient survivre«, 47f., 59, gewiß auch eine grotesk eingefärbte Huldigung an Mallarmé) knüpfen an die Pingetsche Grundmotivik schreibender Suche an, wie sie in seinem Gesamtwerk immer wieder vorkommt. Auch sonst läßt sich Intertextualität mit dem eigenen Schaffen feststellen: So entspringt aus den strengeren »bribes« des Anfangs am Schluß eine (diesmal eher ambivalente) imaginäre zärtliche Beziehung zwischen dem Erzähler und einem kleinen ›crétin‹, der an eine vergleichbare Figur aus *Quelqu'un* erinnert. Die zu nichts führende und immer gleichzeitig an Ausbeutung angrenzende Fürsorge für den Zurückgebliebenen ersetzt andere denkbare Formen von Liebe, die niemals möglich werden (»sans calendrier ni passion«, 108). Auch die problematische und später aufgelöste Teilhaberschaft in *Passacaille* – der Name des Teilhabers wechselt ständig, seine Identität ist ohne Belang – erinnert an die Beziehung zwischen dem Erzähler und seinem Pensionsmitinhaber in *Quelqu'un*, diese wieder an die Gemeinsamkeit ›de ces messieurs‹ in *L'inquisitoire*. Stets handelt es sich um seltsame Partnerschaften statt ›normaler‹ Freundschafts- oder Liebesbeziehungen: Letztere finden in dieser zerfallenden Welt nicht statt.

Die verschiedenen Versionen des ›Leichenfunds‹ sind auf Erzähler und Erzählperspektiven angewiesen. Da immer wieder festgestellt wird, wie schwierig es sei, aus diesen armseligen Fetzen etwas der Wiedergabe Würdiges herauszuholen, könnte man an eine anonyme, zwar mit ihrem Unvermögen kämpfende, dennoch gewissermaßen auktoriale Instanz denken, die sich daran macht, einen Grundstoff in verschiedenen Gattungen auszuprobieren. Es ist jedoch nicht leicht, die ›Autobiographie‹ am Schluß des Romans mit dieser Hypothese in Einklang zu bringen. Wäre sie die Geschichte einer der erzählten Figuren, nämlich die des ›maître‹, die, wie es an einer Stelle heißt, als fertiges Manuskript aus einer der imaginierten Wunden herausgezogen wurde, so müßte man diesen gleichzeitig als Berichterstatter über seinen Tod zu Beginn des Romans ansetzen. Eine solche der üblichen narrativen Logik ins Gesicht schlagende Vermutung könnte sich stützen auf die Häufigkeit des Konditionals, das immer wieder die als gegenwärtig oder vergangen ausgewiesenen ›Fakten‹ mit der Aura der Irrealität, der bloßen epischen Annahme, versieht. Dennoch hat es mit dem Tod des Herrn, über seine Eigenschaft als Zentrum verschiedener narrativer Hypothesen hinaus, seine besondere Bewandtnis. Pinget deutet ihn als ständig drohende Leerstelle zwischen Sprache und Schriftsteller. Sobald sich eine Erzähllücke auftut, fällt der Tod ein: »Fantasmes de la nuit et d'hier et de demain, la mort au moindre défaut de la pensée comme en telle scène d'intérieur une fenêtre ouverte sur le désert, le vide dont on se gare par des occupations domestiques, inéluctables« (33, vgl. auch 128). Der Tod ist somit nicht nur das drohende und von daher unentrinnbar immer wieder vorgestellte Ende der Existenz, sondern bereits deren eigentliche Qualität im Augenblick ihrer Wahrnehmung. Wieder ist an das Pascalsche ›divertissement‹, die praktizierte und letztlich wohl lebensnotwendige Abkehr von der Todesgewißheit durch Verrichtungen aller Art, zu erinnern. Dieses ›divertissement‹ ist jetzt, ob hypothetisch, konstatierend, schmerzlich oder komisch eingefärbt, die Versprachlichung des undeutlich Gehörten. Sie muß mit immer wieder angemahnter »prudence« vorgenommen werden (»mais là encore que de prudence, que d'attention, éléments épars, tout aborder par la tangente«, 125). Daß sich der Tod dennoch nicht ausklammern läßt, wird doppelt bewiesen: durch seine inhaltliche Dominanz in den ›récits‹, auch wenn diese tapfer ins Groteske und Phantastische – mit Hekatomben von Leichen – umgemünzt werden, ebenso wie durch sein drohendes Einbrechen in das sprachliche Gewebe, wo immer dessen Festigkeit nachläßt.

Wer aber ist derjenige, der hört, und wer spricht das Gehörte? Ist der in der dritten Person evozierte ›maître‹ identisch mit dem Sprecher des Ganzen? Dies ist nur denkbar, wenn der ›maître‹, dessen konstantes Attribut, das Lesen und Schreiben am Tisch, ihn für die Erzähltätigkeit freilich prädisponiert, auch wenn er nicht ohne Selbstironie als »cette caricature« diffamiert wird (52), als Projektion einer übergeordneten und nicht näher definierten Instanz zu verstehen ist, die ihn und seine Geschichten hervorbringt, in Bewegung hält, korrigiert, parodiert und annuliert, eins ist mit ihm und ihn gleichzeitig doch über- und unterspült. Sie ist ein Amalgam aus Sehnsucht und Verzweiflung, und wenn man sie denn unbedingt katalogisieren will, mag man sie (mit Jacqueline Piatier) jenes Unterbewußtsein nennen, das immer wieder störend in die darüber gelagerten Ordnungsstrukturen (sprachlicher, gattungstypologischer Art) eingreift (»le rêve refondait tout, bouleversait l'ordre«, 77). Doch darf man nicht verkennen, daß auch das dann letztlich immer noch eine narrative Strategie ist, mit der die Problematik des schriftstellerischen Tuns, seine gegen den »ennui qui suintait de notre existence« (104) angehende Lust und seine Ohnmacht zugleich, in ein Bild gefaßt werden soll. Denn sofern es zur Sprache wird, ist das Unterbewußtsein nach oben gekehrt, nicht mehr verdrängt, nicht mehr unterhalb der im Denken thematisierten Grenze, es ist dann vielmehr alle Figuren, ›maître‹ wie Ziegenhirtin und Wächter, alle Spiegelungen, alles noch so Amorphe umfassendes Bewußtsein: »Je soussigné dans la pièce froide, ciguë, pendule détraquée (...) jouet de cette farce qu'on nomme conscience, personne, je soussigné, minuit en plein jour, chavirant d'ennui, vieille chouette, pie ou corbeau...« (138).

Mit der Metapher vom undeutlichen Hören der gesamten Erzählung mag der Schriftsteller aber auch anknüpfen an die unendliche Zahl von Geschichten, die die Welt und ihre Bewohner sich selbst und einander permanent erzählen (wie es ›zwischen Fantoine und Agapa‹ beispielsweise in *Le Libera* geschieht), etwa im Sinne des Befundes, den Michel Foucault, einer der frühen Bewunderer des Nouveau Roman, als kollektive Ausgangslage alles individuellen Erzählens darstellt. Das fortgesetzte Erzählbemühen gilt dabei dem nur noch beißend ironisch angemerkten Verlangen nach vereinheitlichender, ›totalisierender‹ Metamorphose durch Sprache:

»Que nous n'ayons pas encore trouvé une phrase, depuis le temps, pour nous en passer de la nature, une phrase qui retienne tout ensemble, on la dirait le matin l'estomac plein jusqu'au soir où devant le coucher du soleil on la redirait la bouche pâteuse, plus besoin de sommeil ni de plaisir, phrase nourrissante, apaisante, la panacée, en désherbant le pré, en lavant le Z des autres, alimentaire, potable, éclairante, jusqu'au jour...
Et ce jour-là dans le paysage sans perspective apparaîtrait l'idiot en séraphin (...)«. (117)

Insofern *Passacaille* das Spiel mit Varianten und Hypothesen deutlich akzentuiert und dadurch eine sinnstiftende Einheit permanent unterläuft, leitet es über zu der Phase, die man auch bei Pinget als Nouveau Nouveau Roman bezeichnen könnte. In dieser Phase verrätselt sich die entworfene Welt zunehmend; der Autor verfährt mit seinen Materialien mikrostruktureller und hermetischer. Immer wieder ist von Auflösung und Zerstörung die Rede; es ist, als habe zwischen Fantoine und Agapa ein Orkan gewütet, von dem die Landschaft verwüstet und die Manuskripte der Erzähler durcheinandergewirbelt worden seien. Die Erzählung *Fable* (1971), die aus dem gleichen Nährboden erwächst wie Pingets poetologisches Theater, verarbeitet düster und widersprüchlich Narziß-, Ödipus- und Todesmotiv. Obwohl das erzählte Universum von *Cette voix* (1975) Wiedererkennbares enthält, zum Beispiel Handlungsspuren von *Passacaille* (einen unklaren Todesfall), Figuren des Pingettheaters (Mortin, diesmal gleich in mehrfacher Ausführung) und barsche Anweisungen wie in *L'inquisitoire*, ist es schwer zugänglich, nicht nur wegen der überwiegend im Telegrammstil gehaltenen Sprache, sondern vor allem wegen der ständig wechselnden und nicht mehr klar zu bestimmenden Erzählperspektiven und Erzählzeiten. Einer der dominanten Erzählorte ist jedenfalls ein Friedhof im Zeichen einer »Toussaint merdeuse à souhait« (9, 11 und passim); Gedenken an Gewesenes, das aus unvollständigen Texten entziffert wird, bestimmt die niederdrückend dunkle Atmosphäre von Zerfall und Ausweglosigkeit: »Vieilles formules vieux papiers vieilles saletés vieilles chimères tout se défait« (52). Die ironisch beschriebene Undurchschaubarkeit fataler Ereignisse kann sowohl metaphysisch wie auch poetologisch – als Metapher des ungewissen Erzählerstandpunktes – verstanden werden: »Action réglée par un manitou invisible« (66). Der für Pinget charakteristische Gestus narrativer Unsicherheit und Hypothesenhaftigkeit ist eine Konstante seines gesamten Schaffens und schlägt sich noch in L'ennemi (1987) in der auffälligen Vielzahl der die Reden durchziehenden Fragen nieder (»Il a dit telle ou telle chose mais où mais quand?« 12). Auch auf der Ebene des Inhalts gibt es in diesem Roman Anspielungen auf frühere Phasen des eigenen Werkes; schon der Anfang ist in dieser Hinsicht aufschlußreich: »Mais le maître est toujours là. Et la maison dans le même paysage. Même lumière, même ambiance équivoque. Mêmes rumeurs indistinctes.« (7)

Auf dem bereits mehrfach zitierten Kolloquium von Cerisy versichert Pinget, ihm gehe es in erster Linie um einen bestimmten Ton, weshalb bei ihm Stimmen (vgl. Titel wie »Passacaille« oder »Cette voix«) mindestens so wichtig seien wie Blicke, die ›école du regard‹ also nicht das für ihn passende Etikett sei. Die Geschichten, die von diesen Stimmen erzählt würden, seien belanglos. Mit dem für ihn typischen paradoxen Humor erklärt er jedoch wenig später, vielleicht aber gehe es ihm in Wahrheit gerade um nichts anderes als um eben diese Geschichten (Ricardou, van Rossum-Guyon, éds., 1972, t. 2, S. 311ff.).

3.6 Claude Ollier oder der Agentenzyklus des Nouveau Roman

Unter den Nouveaux Romanciers ist Claude Ollier in Deutschland sicher nicht einer der bekanntesten. Dabei ist sein Werk nicht nur sehr umfangreich; es ist auch, mindestens in seinen Anfängen, relativ gut ›lesbar‹, da es nicht auf eine inhaltliche Motivation verzichtet. Diese kommt zwar dem Wesen des neuen Romantyps entgegen und dürfte daher wie bei den Romanciers-Kollegen im Augenblick der ersten Publikation weitgehend als Vorwand verstanden worden sein; sie hat jedoch durchaus in sich Bestand und kann gerade in der Rückschau wieder neu geschätzt werden, insofern sie eigentlich bei aller scheinbar verspielten Experimentierfreudigkeit immer auch ernsthafte kulturkritische Absichten verfolgt und den europäischen Eroberertypus mit ebenso großer Sorgfalt wie Sorge unter die Lupe nimmt.

Aus dem reichen Gesamtwerk Olliers kann uns hier im wesentlichen ›nur‹ das Herzstück beschäftigen, ein achtbändiger Romanzyklus, dessen Gesamttitel *Le jeu d'enfant* (1958-1975) die Literatur, dies ganz im Sinne eines wesentlichen Postulats des Nouveau Roman, der Logik des ›Spiels‹, des Imaginären, unterwirft und gleichzeitig ironisch auf die Schwierigkeiten des neuen Erzählens und poetischer Anstrengungen überhaupt verweist.

Im ersten Roman, *La mise en scène* (1958), beschreibt Ollier die Tagesabläufe des französischen Straßenbauingenieurs Lassalle, der in einem arabischen Staat eine Straße zu einem Bergwerk planen soll. Die Fremdartigkeit der dargestellten Welt verbindet sich in diesem Roman auf scheinbar natürliche und notwendige Weise mit einer neutral deskriptiven, distanzierten Schreibweise, in der die verschiedenen Expeditionen des Ingenieurs, die Entwürfe, Korrekturen und Fehlschläge seines Projekts, genau festgehalten werden.

De facto handelt es sich bei der Sprache Olliers jedoch um einen äußerst reflektierten Stil, der sich sowohl von üblichen Heroisierungen und Sentimentalismen bei der Beschreibung kolonialer Unternehmungen und Milieus als von direkter engagierter Polemik oder Satire verabschiedet. Gerade diese nur registrierende Zurückhaltung ist der überzeugende neue Zugriff, der die wahren Relationen zwischen Einheimischen und ›Kolonialherren‹ zutage treten läßt. Lassalle ist gewiß alles andere als eine herrschsüchtige Siegernatur. Dennoch ist ihm die Anspruchshaltung des besserwisserischen europäischen Fachmannes selbstverständlich. Die für Lassalle ebenso fremdartige wie grandiose Landschaft ist ihren Bewohnern jedoch bis in die kleinsten Strukturen mit ihren Problemen und Gefahren so vertraut, daß schon einem Kind auf den ersten Blick das Abwegige in der ursprünglichen Planung des Neuankömmlings auffällt. Da der Ingenieur der Landessprache nicht mächtig ist, entstehen zahlreiche Situationen, in denen es bei Vermutungen, Hypothesen, widersprüchlichen Interpretationen bleibt. Entwürfe im Konditional, antwortlos bleibende Fragen durchbrechen dann immer wieder die deskriptiven Passagen. Im Unterschied etwa zu Robbe-Grillet, der mit Eigennamen meist sparsam umgeht, strotzt es bei Ollier von Personen- und Ortsnamen, die in ihrer unvertrauten Exotik für den Protagonisten (und für den Leser) ebenso sehr mühsam anzueignende Orientierungspunkte wie Elemente eines groß angelegten Verwirrspiels darstellen, mit dem sich die koloniale Welt in der unausgesprochenen Ironie der Faktizität dem unwillkommenen Zugriff des Europäers entzieht. Als isolierter, freundlich abschätzig geduldeter

Beobachter spürt Lassalle immer wieder seine Hilflosigkeit und Inkompetenz, die jedoch, ganz im Sinne des neuen epischen Verfahrens, nicht als innere Struktur, sondern als Bündel äußerer Merkmale thematisiert wird:

»Ses hôtes discutent avec animation. Dans ce concert de syllabes abruptes, de chuintements et d'aspirations, il repère parfois un nom de lieu – Asguine, Zegda, Imi n'Oucchène – ou même un nom propre... On parle sûrement de lui en ce moment, mais de quel nom le désigne-t-on? Le choix est assez riche: l'Ingénieur, le Chrétien, l'Etranger, le Nouveau ...«. (295)

Die Erzählinhalte von *La mise en scène* werden im Präsens wiedergegeben. Dies ist hier nicht nur ein griffiger Gestus der Modernität, sondern Ausdruck des vom Erzähler und vom (in der dritten Person auftretenden) Perspektiveträger Lassalle als nicht durchschaubar präsentierten Geschehens. Die Bewegung des Ganzen fügt sich zu einem Kreis, der nur oberflächlich Geschlossenheit simuliert. Der umfangreiche Teil II enthält die Expeditionen des Ingenieurs, die schließlich zur Markierung der Straßentrasse führen. Teil I und Teil III zeigen jeweils den – zeitlich rahmenden – Aufenthalt beim Posten der französischen Armee, die Lassalle auch den arabischen Dolmetscher stellt.

Die Fremdheit der Welt, die keinen authentischen Zugriff duldet, manifestiert sich bereits in den wiederholten Erschöpfungsanfällen, den immer wieder auftretenden Migräne- und Übelkeitssymptomen. Eingefaßt in eine für den Fremden nur mit Mühe zugängliche Geographie, scheinen die Menschen dieser Welt ein heuchlerisches Doppelspiel zu treiben, eine ›Inszenierung‹, mit der die ahnungslosen oder (im Falle der Armee) sich strategisch so stellenden Europäer hinters Licht geführt werden sollen. Dem Verbrechen an einer jungen Frau (Eifersuchtsdrama?), für das nur die landesübliche harmlose Sühne zu zahlen ist, scheint in der angedeuteten Vorfabel die vertuschte Ermordung des Europäers Lessing zu entsprechen, mit dem sich die ›Bestrafte‹ eingelassen hatte. Die Ähnlichkeit der Toten (Jamila) mit einer lebenden Verwandten (Yamina), die Fast-Identität ihrer Namen, die geschickte Regie des französischsprechenden Sergeanten, der das Bindeglied zu allen Beteiligten darstellt, schaffen eine Verwirrung, aus der Lassalle nicht herausfindet, um seinen Verdacht zu beweisen, so wie er schließlich auch die Kartenspuren seiner Trasse nicht erhalten kann. Aber vielleicht ist das Ganze auch nur die »mise en scène«, die Lassalle selbst aus den widersprüchlichen Zeit- und Ortsangaben im Zusammenhang mit dem rätselhaften Tod des Geologen Lessing (der nicht nur im Namen so manche Ähnlichkeit mit Lassalle aufweist) und dem bizarren Verhalten des möglichen Täters Idder konstruiert, um in ein verwirrendes Puzzle so etwas wie Kohärenz zu bringen und die ›Landkarte‹ – Karten fungieren immer wieder als ›mise en abyme‹ – für den Erlebenden transparent zu machen.

Die Geometrie der Außen- und Innenorte, mit denen Lassalle zu tun hat und für die Ollier einen glanzvollen Fächer variierender deskriptiver Stilmittel aufbietet, gerät immer wieder in eine schwindelerregende Bewegung, in der Körper und Geist des Betroffenen sich in Wellenbewegungen ebenso aufzulösen drohen wie die nur in Hypothesen zusammengehaltenen und zum kriminalistischen ›Text‹ gefügten Elemente verstörender Grenzüberschreitungen. Die ›bornes‹, die der Ingenieur unter so vielen Mühen als ›repères‹ aufgepflanzt hat, sind eine ironische Anti-Metapher zu einer Bedeutungswelt, in der es in Wahrheit gerade an Orientierung mangelt: Die identitätsgefährdende Ähnlichkeit der Eigennamen ist nur eine der von Ollier genutzten Möglichkeiten, dieses Verstehensrisiko zum Ausdruck zu bringen. Das Schlußbild des Romans präsentiert einen hypersensibel auf seine Ortsumgebung reagierenden Lassalle im Gastzimmer der Armee. Diese Beschreibung wäre ohne Abstriche auch auf die nachempfundene Todesstunde des ›verunglückten‹ Lessing anwendbar, in dessen Identität Lassalle ohnehin bereits vorher mehrfach übergeglitten war. Am Ende wird damit alle dem Anschein nach erfolgreiche ›Eroberung‹ der Fremde in der suggestiv mehrdeutigen Tiefenstruktur des Textes definitiv als hinfällig entlarvt.

Le maintien de l'ordre

Auch der zweite Roman Claude Olliers, *Le maintien de l'ordre* (1961), spielt im kolonialen Raum. Während die Landschaft in *La mise en scène* Südmarokko evoziert, ist die nicht direkt benannte Szenerie des Geschehens jetzt jenes (Ollier persönlich vertraute) Casablanca, dem schon aus der Filmgeschichte das Klischee dubioser Machenschaften anhaftet. Im Unterschied zum ersten Roman wird jetzt nicht mehr in der dritten, sondern in der ersten Person erzählt. Es dauert jedoch eine ganze Weile, bis das Ich aus dem Rahmen der wieder mit grandioser Meisterschaft entworfenen Kulisse auftaucht. Als Verwalter im arabischen Teil der Stadt tätig, ist der Protagonist ständig den Blicken von Perez und Marinetti ausgesetzt, Polizisten, die – vielleicht – als Erpresser im arabischen Raum entlarvt wurden – ein als ›mise en abyme‹ angelegter Zeitungsbericht mit ihrem Foto liegt dem Protagonisten vor – und nun – vielleicht – Rache nehmen wollen. Die Situation des Beobachteten und Überwachten ist gleichzeitig die eines Beobachters, der seine Umgebung immer wieder zum Rahmen für die feindlichen Verfolger stilisiert. So wird auch hier permanent alles ›in Szene gesetzt‹, abwechselnd aus der Perspektive des potentiellen Opfers und des potentiellen Täterduos. Wo der Blickwinkel sich mit dem sichtbaren Vorhandensein der wenigen Figuren, der Mietskasernen, der Sportplätze, der Altstadt, des Meereshorizontes, nicht begnügen kann, erarbeitet er aus diesen Versatzstücken ein imaginäres Theater, das sich in Fragen und Hypothesen konstituiert. Wie in *La mise en scène* sind Wiederholungen auch hier die Regel, und auch hier sind sie sowohl ein Zeichen stilistischer Modernität als auch ein motivierter Ausdruck ›tatsächlicher‹ Abläufe. Tag für Tag beobachten Perez und Marinetti den Protagonisten, und immer wieder reagiert er durch peinlich genaue Observierung von Innen- und Außenräumen auf die ihrerseits nur durch Linien, Formen, Oberflächen und Bewegungen markierte Bedrohung. In diese deskriptiven Passagen brechen jedoch mehrfach Erinnerungen an kürzlich aufgetretene Ereignisse ein, die mit ähnlichen Mitteln wiedergegeben werden und aus der nahen Vergangenheit eine Motivation der gegenwärtigen Konstellation herauslesen lassen. Erst gegen Schluß offenbart sich der wahre Zusammenhang von Ursache und Wirkung: Der Protagonist wird von denen verfolgt, die er zuvor als Folterknechte entlarvt und denunziert hat.

Wie in *La mise en scène* fungieren Landkarten und Stadtpläne auch jetzt als ›mise en abyme‹. Hatte sich im ersten Roman der Protagonist mit zahlreichen ›blancs‹ auseinanderzusetzen und abzufinden – sein (letztlich gescheitertes) Abenteuer bestand gerade darin, die Leerstellen auszufüllen –, so schieben sich jetzt die Farbtupfer in den Vordergrund, mit denen der Stadtkommandant die Schießereien und Attentate, von denen die Stadt heimgesucht wird, auf dem Plan kategorisiert. Im Zeichen von Rebellionen und Repressionen gerät die Geographie der Straßen und Gassen in Bewegung; die kompliziert anarchisch angelegten Araberviertel sind mehrfach lesbar: als (einstige) totale Offenheit ebenso gut wie als (heutige antikoloniale) strikte Verweigerung. Olliers Deskriptionskunst läßt die Gefährlichkeit der Stadt niemals in jene Phantastik der Perzeptionsverwirrungen umschlagen, die das potentielle Opfer eines Kriminalromans (à la Boileau-Narcejac) an den Tag legen würde. Die Intensität der Bedrohung erwächst im Gegenteil allein aus der zur Perfektion getriebenen Genauigkeit räumlicher Beobachtung, durch die das beobachtende Ich, der Träger der Optik, mehr und mehr getilgt, zur bloßen Linse für den miterlebenden Leser gemacht wird. Strenger und geschlossener als *La mise en scène* atmet

Le maintien de l'ordre etwas von jener im klassischen Detektivroman genutzten Atmosphäre des ›local clos‹, zu der die einst so lebendige Stadt mehr und mehr zu erstarren scheint.

L'été indien

Der dritte Roman, *L'été indien* (1963), spielt in New York. Der Protagonist Morel verbringt dort auftragsgemäß einige Tage, um Vorbereitungen für ein Filmprojekt zu treffen. Das Unternehmen endet jedoch mit einem Flugzeugabsturz; Morel bleibt verschollen. Unter »été indien« mit dem doppeldeutigen und als Textgenerator immer wieder vorkommenden Adjektiv sind die letzten schönen Sommertage zu verstehen. Sie versetzen Morels Phantasie in schwindelerregende Bewegung. Die Spuren der Realität: New York, der Archäologe J. J. (an dessen halbvergessenem Nachnamen Morel alle Konsonanten des Alphabets durchprobiert, um schließlich – in der scherzhaften Nachfolge Becketts – Murdle und Wurdle zu privilegieren), Fotografien und Dokumentationen, widersprüchliche Erinnerungen an den Auftraggeber Moritz, verwandeln sich in Filmszenarien mit wechselnder Tendenz: melodramatische Liebesgeschichte, Agententhriller oder Historienepos mit Schlachtengetümmel, in die Morel sich selbst als Akteur verstrickt sieht, die er aber gleichzeitig auch kritisch begutachtet und auf ihre ästhetische Qualität hin überprüft.

Wenn sich die fotografierten Einzelheiten nicht zum Ganzen fügen wollen, scheint der Nouveau Roman wieder sich selbst ironisch zu thematisieren: »(...) chaque fragment tour à tour retenant l'attention au détriment de l'ensemble (que l'on sait exister, puisque J. J. le filme, mais que l'afflux ininterrompu des détails empêche de reconstituer), chaque élément s'imposant outre mesure par une prolifération envahissante de motifs secondaires (...)« (67f.). Der Stadtkulisse überlagern sich die reichen Landschaftsvariationen des alten und des neuen Mexiko, deren Vielfalt und Genauigkeit wieder die einzigartige Meisterschaft des Raumerfinders und -erzählers Ollier bezeugen. Mit dem Einbruch des Winters wird aus der flirrenden Kreativität ein Absturz ins – immer noch schöne – Nichts: »Fleurs rouges charriées par les méandres du fleuve, pivotant lentement sur elles-mêmes. Sans fin. Sous nul regard. A vau-l'eau.« (214) Der Schluß mündet ein in die Phantasmen des Anfangs: »On imaginerait un monde chaotique, des terres bourbeuses, morcelées, la jungle, l'eau des fleuves charriant des bêtes mortes, charriant des souches, des palmes, des fleurs rouges, l'eau s'infiltrant, montant sous les racines, l'eau stagnante (...)« (7). Reste realistischer Chronologie werden auf diese Weise durch die sprachlichen Strukturen des Textes sabotiert. Seine Virtuosität im Entwerfen von Räumen wendet Ollier hier einerseits auf die moderne Metropole der Vereinigten Staaten an, andererseits auf (ein vorgestelltes oder erinnertes) Mexiko mit den Spuren untergegangener Indianerkulturen. Im Motiv der zur Auflösung hinneigenden Zivilisationen ergeben sich ebenso unübersehbare wie beängstigende Parallelen. Nicht zufällig ist das Wort »chaotique« einer der auffällig häufig wiederkehrenden Generatoren des Textes (z. B. 7, 134, 149, 213).

L'échec de Nolan und der Schluß des Zyklus Le jeu d'enfant

In *L'échec de Nolan* (1967) begibt sich Ollier auf eine Metaebene, insofern er die Geschichte seiner früheren Protagonisten von einer erhöhten Warte aus noch einmal durchnimmt. Ein vierfacher Bericht, den verschiedenen Himmelsrichtungen zugeordnet, sucht dem Geheimnis des unklaren Flugzeugabsturzes, dem der verschollene Geheimagent Nolan vielleicht zum Opfer fiel, auf die Spur zu kommen. Zu diesem Zwecke werden Diskussionen, unter anderem mit dem einzigen Überlebenden der Katastrophe, geführt, in denen sich herausstellt, daß Nolan unter wechselnden Pseudonymen bereits Protagonist früherer Geschichten war (*L'été indien* kannte ihn eben noch unter dem Namen Morel). So wird deutlich auf die mysteriösen Frauenfiguren in *La mise en scène* und auf das Bewacherduo in *Le maintien de l'ordre* angespielt. Die Parallelisierungen erfolgen aber nicht nur durch inhaltliche Bezugnahme auf frühere Romane, sondern auch durch auffällige stilistische Analogien zwischen Beschreibungen in alten und neuen Textteilen. Der dritte Bericht etwa, der den schlafenden Untersuchungsleiter darstellt, schließt fast genau so wie *La mise en scène* mit dem in die Nacht starrenden Lassalle (der vielleicht auch der sterbende Lessing sein könnte), so daß eine verborgene Identität allen entworfenen Agenten insofern gemeinsam ist, als sie sämtlich Akteure ambivalenter Narration sind, auf der Suche nach dem Geheimnis, das jetzt einer mysteriösen Sekte zugeordnet wird. Gleichzeitig schafft der nun zunächst ins äußerste Nordeuropa verlegte Rahmen ein Klima germanischer Mythologie, in der sich das diskutierte Flugzeug mit dem Rauschen entwirklichter Flügel (»irrélles«, 61) verbindet, das refrainartig mehrfach evoziert wird: »Seulement incluses dans la page blanche, intégrées au texte. Créées et récitées dans la légende« (61). Das erörterte Schicksal des Agenten Nolan wird dabei immer stärker verbunden mit der Analyse sei-

ner Berichte; die den Text konstituierenden ›rapports‹, deren erstes
Beispiel das Verhör des ›Zeugen‹ Jorgensen liefert, beziehen sich auf
die ›rapports‹ des Agenten Nolan, die in mehrfacher Hinsicht den
Prä-Text für ihre den neuen Text ausmachende Interpretation abgeben. Inhaltlich reichen die Verweise auf frühere Ebenen bis zu Moti-
ven des ersten Romans, doch wächst sich die Lektüre der Berichte
mehr und mehr zu einer Stilanalyse aus, in der schließlich die »neu-
tralité«, die »fameuse réserve« (193) des Geheimnisträgers diesem
zum Vorwurf gemacht wird: Der Nouveau Roman reflektiert hier
ironisch und spielerisch über sich selbst in seiner Eigenschaft als
›verunglückte‹ Agentengeschichte, die sich als Textsorte in die nordi-
sche Idylle des Ganzen einfügt. In dieser Idylle profilieren sich die
Textpersonen Vater, Mutter, Tochter Jorgensen und anonymer Untersuchungsleiter sämtlich als Leser (und damit als auf einer Metaebene angesiedelte Betrachter von Figuren und Räumen in Prä-Tex-
ten verschiedener Gattungen: »poème eddique, courrier du coeur,
récit moderne d'aventures, déclarations verbales enregistrées«, 71),
die gleichzeitig Griegklängen lauschen: Das Bild des Nordens wird
vom Autor absichtlich klischeehaft gehalten.

Zur Metastruktur des Romanes gehört es, daß der Text die Illusion der außertextuellen Realität seiner Inhalte, den ›effet de réel‹,
durch verfahrenstechnische Reflexionen durchbricht: »Bien entendu,
les pages qui précèdent ne constituent qu'une relation abrégée des
faits: toute cette mise en train a exigé un certain temps, les progrès
de l'entretien ne furent pas si rapides...« (128). Zwar arbeitet Ollier
auch weiterhin mit dem für ihn typischen Stilprinzip detaillierter
Raumdeskription, doch lassen die verschiedenen Zeitebenen und
das Jonglieren mit Text- und Sprachtypologien nicht mehr jene verläßliche Solidität des spatialen Rahmens zu, die der Leser bisher,
insbesondere von den beiden ersten Romanen her, gewohnt war.
Die Lektüre wird schwieriger und komplexer; die Stilmuster variieren stark; sogar das graphische Bild der Seite ändert sich und weist
gelegentlich Leerstellen (123, 173, 228f.) auf, wie sie seit den 60er
Jahren in zeitgenössischer Lyrik (oder beispielsweise auch im lyrischen Roman Le Clézios) gang und gäbe sind: Mehr und mehr offenbaren sich die scheinbaren Agentengeschichten Claude Olliers als
Abenteuer der Sprache. In der Rückschau auf die verdeckten Tätig-
keiten des Agenten Nolan, seine Gefährdung und seinen Untergang,
gilt das Lob der Zeugen und Gefährten früherer Missionen dem
Mann der Tat und der Feder, der die Bewegungen im Raum und
auf dem Papier einander zunehmend anzupassen weiß: Das ›Vermes-
sen‹ der Wirklichkeit ist körperliche und geistige Erfahrung zugleich; die Sprache des Raumes wird mehr und mehr identisch mit

dem Raum der Sprache; das gelebt zu haben, macht hinter allen
wechselnden Identitäten und Namen des Agenten Nolan seine eigentliche, letztlich vielleicht wohl poetologisch zu verstehende Existenz aus:

»Alliance de la pérégrination pédestre et d'une écriture soumise à une stricte
observance grammaticale: partant dès l'aube, arpentant tout le jour, ren-
trant à la nuit tombée, et cependant notant, consignant, relisant, rédigeant
encore, polissant transitions et gradations, recomposant, fignolant...«.
(146f.)

Mit dem vierten Roman ist der Zyklus an einem Wendepunkt ange-
langt. Nolans Suche und die Suche nach Nolan sind abgeschlossen;
gefunden wurde nicht der Verschollene, wohl aber sein ›Werk‹, sein
›Wesen‹. In der Schlußsequenz, der Besteigung des Berggipfels
durch den ›enquêteur‹, kündigt sich eine ›quête‹ an, die sich ober-
halb der Landkarte fortsetzen wird: Die spiralförmige Bewegung des
Zyklus öffnet sich in kosmische Höhen. Neue Protagonisten brechen auf und erschließen jetzt nicht mehr nur höchst divergierende
Räume der Erde, sondern in *La vie sur Epsilon* (1972) (5. Roman,
Ort mit dem 5. Buchstaben des griechischen Alphabets benannt) als
Raumfahrer den Kosmos. Daß die üppige Gegenwartslandschaft trivialer Raumschiffromane und -filme Ollier zu deren ironisch-philo-
sophischer Verarbeitung inspiriert hat, liegt auf der Hand. Für die
spezifische Verbindung von Kosmologie und Poetologie dürfte jedoch insbesondere eine der tiefsinnig- skurrilen *Ficciones* (1941) von
Jorge Luis Borges, die sich in kafkaesker Phantastik mit der Bibliothek von Babel auseinandersetzt, als Anregung gedient haben. Auch
manche der Agentenmotive (einschließlich des Namens Nolan)
stammen von Borges. In *La vie sur Epsilon* folgt nun auf Lassalle,
Morel und Nolan in alphabetischer Reihung der Namen O. mit den
Begleitern Perros, Quilby und Rossen. In Analogie zum Flugzeugabsturz der ersten Zyklushälfte (3. Roman) steht in der 2. Hälfte an
entsprechender Stelle (Vorfabel des 6. Romans, *Enigma*, 1973) eine
Raumschiffkatastrophe, die O. zwar auf dem Planten Iota überlebt,
die ihn aber das Gedächtnis kostet. *Enigma* besteht aus den Teilen
Iota und *Ezzala*, die völlig verschiedenartige Räume darstellen, aber
durch die Handlungsführung miteinander verknüpft sind. Auf Iota
befaßt sich eine der »inductives« (31), der neuartigen (weiblichen)
Computer, mit O. und verhilft ihm durch einfühlsame Analysen
zur Erinnerung. Zur Erholung wird O. auf die Erde, nach Ezzala im
Sudan, geschickt, einem Gebiet, das sich dem »pouvoir central«
(155) der Planetenherrschaft, der »Capitale« (156 und passim), an-
geschlossen hat. Hier schenkt ihm eine Liebesbegegnung (Reminis-

zenzen an *La mise en scène* sind nicht zu überhören) endgültige Heilung und veranlaßt ihn, entgegen den Absichten der Zentrale, der man ihn als verschollen meldet, auf Dauer in Ezzala zu bleiben. Der Roman arbeitet stark mit lyrischen Verfahren: Wiederholungen, Analogien, Klang- und Zahlensymbolik (ständige Thematisierung zum Beispiel der Zahl 6, die daran erinnert, daß es sich hier um den 6. Roman des Zyklus handelt). Das schon von Anfang an bekannte Motiv des analogen Duos erscheint auch hier: Der Fall O. wird verhandelt auf Iota von (dem Computer) Naima und dessen Gebieter El Mokhtar, in Ezzala vom Würdenträger El Akbar und der gehorsamen Nejma. Textualisierungsformen der künstlichen Intelligenz oder ehrfurchtgebietender heiliger Bücher durchziehen immer wieder den Handlungsablauf, über den sich als höchste Ebene ein durch eine Serie von Regieanweisungen präsent gemachter mysteriöser Film schiebt, der den Leser an Olliers frühere Tätigkeit als Filmkritiker erinnert (»Un ›travelling‹ latéral raccorde les deux scènes sans changement de plan«, 162). Verschiedenste semiotische Systeme werden so an Produktion und Auflösung des titelgebenden Geheimnisses beteiligt. »Enigma«, die Bezeichnung des thematisierten Rätsels, ist gleichzeitig der Name eines Chiffriergeräts des Zweiten Weltkriegs, einer Maschine also, die hier möglicherweise als Metonymie für hochintelligente Automaten mit neuartiger Verschlüsselungsprogrammatik evoziert werden soll. Der Roman verweist insofern gleichzeitig auf die Zugehörigkeit der Handlung zur Agentenwelt wie auf die Komplexität der von Handlungsfiguren und vom Leser zu entziffernden Sprachebenen.

Auch der nächste Roman des Zyklus befaßt sich vor allem mit dem Thema Sprache. Dem Wesen des Wortes geht der Sohn des Astronauten in *Our ou vingt ans après* (1974) in der Stadt Ur in Mesopotamien nach, wo er den Standort des Turms von Babel und damit die Mysterien von Sprache und Sprachverwirrung erkunden will. Er vergeht sich jedoch an einer Frau, die sich durch Diebstahl der gesuchten Schrifttafeln rächt. Im letzten Roman, *Fuzzy Sets* (1975), in dem typographische Experimente bis hin zu Kalligrammen der Textaussparung zunehmen, sucht O. junior in sieben Räumen des Raumschiffs mit dem sprechenden Namen Octopus nach dem Diebesgut, das jedoch von der Mannschaft konfisziert wurde. Der Begriff Fuzzy Sets entstammt der Informatik und wurde 1965 von Lotfi A. Zadeh zur Bezeichnung unscharfer Mengen eingeführt. »Grundsätzlich dienen Fuzzy-Mengen der Zuordnung und Auswertung exakter Werte bezüglich nicht exakt definierter Konzepte. Vor allem kann man hiermit ungenaues Wissen und Vermutungen beschreiben« (*Duden Informatik*, 1993, S. 269). Unscharfe Mengen bilden das Fundament der sogenannten Fuzzy-Logik. Da sich auch die klassische Logik nur als ein Spezialfall der Fuzzy-Logik erweist und da das menschliche Denken im übrigen ohnehin eher unscharf ist, kann man den Titel als programmatischen Ausdruck der bei Ollier durchgehenden Kritik am illusionären Menschenbild des imperialistischen Europäers, dessen Selbstverständnis im Verlauf des Zyklus entmythologisiert wird, verstehen, ebenso gut aber auch diese Unschärfe sozusagen als das letzte Wort der Existenz, mit deren Beschaffenheit man sich wohl oder übel abzufinden hat, aufgewertet sehen. Entsprechungen dieses Abschlußbandes zum vierten Roman, dem ›Fazit‹ der ersten Hälfte, mit seiner Analyse und versuchten Auflösung der früheren Geheimnisse, sind evident: Die Durchwanderung von sieben Räumen wendet sich zurück auf die bis dahin vorliegende siebenteilige Fiktion, die der achte Teil insofern abschließen kann, als die Tafeln sich im achten Raum finden und das Raumschiff humorigerweise zur Erde, zur Ile-de-France, der Heimat des Autors, zurückkehren darf. Daß die Astronauten Namen berühmter historischer (Gagarin) oder fiktiver Reisender (Nemo, Sindbad) tragen, ist eine ›mise en abyme‹ sämtlicher Durchwanderungen, aus denen die Protagonisten, ob sie nun Nolan oder O. (senior bzw. junior) heißen, jedoch keineswegs als strahlende Helden hervorgehen.

Die in den ersten Romanen noch diskreter und verdeckter präsente Poetologie wird jetzt explizit gemacht und wirft damit auch auf alles Vorhergehende noch einmal ein neues Licht: Olliers ›Abenteuerromane‹ erweisen sich wahrhaftig als Abenteuer der Sprache. Wurden die Eigennamen der vier ersten Romane des Zyklus deutschem Geistesleben (Moritz, Lessing, Lassalle) oder anderen Erzählern (Borges z. B.) entlehnt, so ist die Intitiale O. (die freilich auch an Claude Simons Orion denken läßt) ausreichend motiviert als Kürzel für den Schriftsteller Ollier: In ihm hat die poetologische Allegorisierung ihren eigentlichen Träger. Zwar mag es durchaus als folgerichtig erscheinen, den vergeblichen Anstrengungen kolonialer Eroberung die Mühen des dichterischen ›Kinderspiels‹ unter der Chiffre unerforschter Planeten folgen zu lassen und damit im nachhinein auch die frühere Bildwelt stärker zu allegorisieren, dennoch ist man versucht zu bedauern, daß der Autor, dessen geheimnisvoller ›Realismus‹ des tatsächlich existierenden Fremden gerade den Reiz der ersten Romane ausmachte, es später vorzog, in die der Science-Fiction entlehnten Metawelten kultureller Reflexion abzudriften. Denn gerade auch ein kurzer Blick auf Werke, die nach dem Romanzyklus entstanden sind, bestätigt Olliers einfühlsame Souveränität bei der konkreten Darstellung fremder, insbesondere arabischer

Welten (aber auch Australiens im leicht phantastischen, Prousts Erinnerungsphilosophie abgewandelt aufgreifenden ›déjà-vu‹-Erlebnis *Outback ou l'Arrière-monde*, 1995), ihrer Geschichte, ihrer Gegenwart. *Marrakch Medine* zum Beispiel (1979), aus intimer eigener Ortskenntnis erwachsen, ist ein ebenso behutsamer wie farbiger, freilich auch keineswegs unkritischer Preisgesang auf eine Wirklichkeit, in der Christentum und Islam, europäische und arabische Sprachen miteinander in Berührung kommen, ohne für einander ihre Geheimnisse aufzugeben (»écoute l'Islam en tous nœuds de contradiction dans cette ville«, 56). Schweigen, Lauschen, bisweilen auch Belauern, reziproke Malaisen kolonialer Vergangenheit, von denen die Stille auch der Verweigerung durchtränkt ist, werden immer wieder thematisiert in einem Text, der sich passagenlang liest wie ein Prosagedicht und die wechselseitige Durchdringung von andersartigen Sprachen und Räumen, die Ollier auch in seinen Romanen stets meisterlich zu erfassen versteht, mit den Mitteln seiner eigenen stilistischen Virtuosität und dem erkenntnisreichen Staunen eines neuen Montesquieu nachzuzeichnen sucht: »La découverte d'une altérité radicale, sidérante, effrénée, dégageait en retour nos traits de singularité propres, renvoyait aux points noirs du non-dit d'Europe« (70).

Wie schon in *La mise en scène* und den späteren Teilen des Zyklus gehören auch jetzt nicht nur Betrachten und Beschreiben, sondern ebenso das Durchwandern der darzustellenden Welt zu den Aufgaben des Dichters; die Anstrengung der Füße hat poetologischen Rang, ist geradezu »une nouvelle ›fonction‹ du conte« (96).

In dieser Verräumlichung von Zeit und Sprache ist der Autor der Sprachphilosophie Derridas nahe (Ollier veröffentlicht seine poetologischen Reflexionen *Pulsion* 1973 in einem Derrida gewidmeten Sonderband der Zeitschrift *L'Arc*), die Texte als Gewebe von Spuren liest, in denen Zeichen fortwährend auf andere Zeichen verweisen, ohne daß eine eindeutige Orientierung möglich würde. Daß Olliers Lassalle gleich zu Beginn des großen Zyklus eine Trasse in die weiße Karte einzeichnen soll, also seine geschriebene »trace« in den Raum zu projizieren sucht, ist in diesem Zusammenhang programmatisch für das Gesamtwerk und bezeugt die – auch erkenntnistheoretische – Modernität seines Ansatzes. Sie bestätigt sich in *Fuzzy sets*, das die Grenzziehung zwischen Text und Realität, Leserwelt und Fiktion schon im Titelbegriff problematisiert und durch Ausdrücke wie »marge du texte« (103) direkt auf Derridas *Marges. De la philosophie* (1972) verweist. Gerade Derrida hat auch immer wieder die Unmöglichkeit der scharfen Abgrenzung von Literatur und anderer Denktätigkeit, von poetischer und nicht-poetischer Sprache thematisiert und seine Positionen mit Vorliebe als dekonstruierende Kommentare zu prä-existierenden Texten entwickelt, dies in einer Form von Intertextualität, wie sie für Ollier, insbesondere für die letzten Teile des *Jeu d'enfant*, gleichfalls typisch ist (vgl. Pfeiffer, 1991).

Intertexualität mit dem eigenen Werk, aber auch erneut mit Borges sowie mit Malerei und Film (Rivette z. B.), poetologische Betrachtungen, schließlich auch autobiographische Kriegserinnerungen sind Gegenstände der beiden Sammlungen von Kurztexten *Navettes* (1967), deren Titel geradezu als Metapher für das Hin und Her der Intertextualität zu lesen ist, und *Nébules* (1981). Die Sammlung *Nébules* enthält so erstaunliche neue Gattungsbezeichnungen wie ›fabules‹ und ›notules‹: Auch die Klassifizierung der Teile seines großen Zyklus steht im Zeichen eines solchen literarhistorischen Mißtrauens; Ollier greift dort ungern auf die abgegriffene Bezeichnung ›Roman‹ zurück und zieht den durch die Tradition weniger belasteten allgemeineren Terminus ›Fiktion‹ vor (vermutlich wieder in Anlehnung an den Sammlungstitel von Borges). In seinem aufschlußreichen Beitrag zum Kolloquium von Cerisy formt er das Jakobsonsche Kommunikationsschema entsprechend um und plaziert die ›fonction fictionnelle‹ an die Stelle, die Jakobson mit Bezug auf die Lyrik der ›fonction poétique‹ angewiesen hatte. Ollier definiert in diesem Zusammenhang die Fiktion, die den Gattungsbegriff Roman ersetzen soll, folgendermaßen: »J'entends par fiction un système narratif provisoirement clos, dans lequel la narration elle-même fait intrigue et dispose le sens« (Ricardou, van Rossum-Guyon, éds., 1972, t. 2, S. 203). Damit wird sowohl die erzählende Produktion des Geheimnisses als auch die grundsätzliche Offenheit des Einzelwerkes für den Zyklus unterstrichen. Die zentrale Kategorie des »itinéraire« beschreibt gleichermaßen die Durchwanderungen in einer Geschichte wie auch die übergreifende Intertextualität zwischen Zyklusteilen (ebd., S. 208).

3.7 Jean Ricardou oder der Sprung vom geschriebenen Abenteuer zum Abenteuer des Schreibens

La prise de Constantinople

Jean Ricardou hat sich nicht nur als einer der besten Kenner des Nouveau Roman profiliert, er ist nicht nur ein prominenter Wegbegleiter und Theoretiker dieser Strömung, sondern hat auch selbst als Romancier an ihrer Praxis teilgenommen. Die bekannteste seiner

Romanfiktionen ist sein zweiter Roman, *La prise de Constantinople*
(1965), dessen Titel auf die Epoche der Kreuzzüge anspielt. Daß alles andere als Historienaufbereitung betrieben wird, zeigt bereits ein
zweiter Titel auf der Rückseite des Buches an: *La prose de Constantinople*. Die minimale Änderung des ursprünglichen Titels, die an
Verfahren des großen Modells Raymond Roussel (1963) erinnert,
geht mit einer radikalen Sinnänderung einher, die gleichzeitig *in
nuce* das ästhetische Programm Ricardous enthält. Das im Titel genannte konkrete Motiv, das man zunächst als Auslöser für die Ima-
ginationstätigkeit ansehen könnte, ist in Wahrheit nicht die Initial-
zündung des Textes, sondern schon erstes Ergebnis eines virtuosen
Sprachspiels, in dem die Wörter als Generatoren für vielfältige Assoziationen, semantische Felderweiterungen und – verschiebungen tätig werden und die Sprache sich somit nicht durch ihre darstellende,
sondern durch ihre produzierende Funktion charakterisiert. Bis zu
einem gewissen Grad ist dies auch bei den übrigen Nouveaux Romanciers, insbesondere in der zweiten Phase ihres Schaffens, der
Fall. Während sie jedoch im allgemeinen dahin tendieren, mit solchen Strategien die Tätigkeit des Schriftstellers zu spiegeln, der als
›Spielleiter‹ immer wieder in Bildern anwesend ist, scheint sich die
Sprache bei Ricardou nicht mehr um solche Abhängigkeiten zu
kümmern, sondern selbsttätig, unabhängig und frei, auf Abenteuer
auszugehen. Die »prise«, die Eroberung, geschieht durch die »prose«, das sprachliche Wirken, die ›écriture de l'aventure‹ wird zur
›aventure de l'écriture‹, um eine vielzitierte Formel des Kritikers Ricardou aufzugreifen. Mit dieser Haltung zeigt sich Ricardou als Ver-
bindungsglied zwischen dem Nouveau Roman und der Gruppe *Tel
Quel* um Philippe Sollers. Das Transformationsspiel mit »prise« und
»prose« ist für Ricardou – in einer nicht unproblematischen Deutung von Buchstabengraphie – auch Grundlage und Manifestation
der erotischen Ebene des Textes:

»Qu'elle (= la fiction) se développe notamment (...) dans cette direction
qu'on appelle érotique ne sera guère pour surprendre ceux qui n'ont pas été
sans noter que les deux lettres étroitement associées en l'élaboration du titre
étaient le I ou lettre phallique, le O ou lettre vulvaire.« (Ricardou, van
Rossum-Guyon, éds., 1972, t. 2, S. 392)

Die schon den Nouveaux Romanciers, allen voran Robbe-Grillet, eigene kalkulierende Algebra der Textkomposition wird bei Ricardou
potenziert und auch auf der Ebene der Mikrostrukturen bis zum
Äußersten getrieben. Das Lesevergnügen resultiert nicht in erster Linie aus inhaltbezogener Spannung, sondern aus den Überraschun-
gen, die die Wörter in freiem Spiel ihrer Möglichkeiten zu bieten

vermögen. Daß es ein intellektuelles Vergnügen ist, bei dem weniger das Herz als vielmehr der Kopf auf seine Kosten kommt, braucht wohl nicht ausdrücklich betont zu werden. Die »prose de Constantinople« bedeutet nicht nur – in Anlehnung an ähnliche Titel des Mittelalters – das Lied, das Epos über Konstantinopel, sondern auch und gerade einen Gesang in ›byzantinischer‹ und damit virtuos verschränkter Manier. In seinem Kolloquiumsbeitrag führt Ricardou eine Vielzahl von Textgeneratoren auf: Dominant sind Spiele mit Zahlen, wobei, ähnlich wie in Robbe-Grillets *Voyeur*, Materialität und Menge der Zahl acht eine wichtige Rolle spielen. Durch Einbeziehung bereits der Informationen des Buchdeckels geschieht diese Privilegierung: Acht Buchstaben umfaßt der Name Ricardou, vier der Vorname Jean. Der Name des Chronisten der Kreuzzüge, Villehardouin, weist eine gemeinsame Menge von fünf Buchstaben in Folge mit dem Namen des Autors auf. So ›ergibt sich‹ Ricardou zufolge (natürlich nicht mit mathematischer, sondern spielerischer Notwendigkeit) sowohl die Wahl des Kreuzzugsmotivs als auch die des vierten Kreuzzugs, zusätzlich motiviert durch die Endung des Begriffes »Editions (de Minuit)«, deren Lautähnlichkeit mit Zion auf der Hand liegt und nach jenem Jerusalem verweist, zu dem die Kreuzzüge eigentlich hinführen sollten, Der vierte hält jedoch ›michemin‹ (Privilegierung von »mi« in »minuit«) inne und macht statt Jerusalem Konstantinopel zum Ziel der Eroberung. Ricardou zeigt, wie der Anfang des Wortes »Editions« einige der Eigennamen des Textes (Ed, Edith) auf den Plan ruft, wie »Minuit« Nacht assoziiert, eine Assoziation, die zusätzlich motiviert ist durch den Stern als Verlagszeichen auf der Vorder- und Rückseite des Bucheinbandes: Dem Kreuzzug entspricht so als Analogon der Krieg der Sterne, der eine der erzählten Welten abgibt. Acht Buchstaben enthält auch der Name Isabelle, aus dem per Anagramm oder Fast-Anagramm eine Reihe der anderen Namen abgeleitet sind.

Die Auswahl der Themen und Motive (soweit derartige Begriffe überhaupt noch anwendbar sind), ist also linguistisch begründet, und zwar mehrfach (per ›surdétermination‹, wie Ricardou sagt), wobei neben dem bewußten Kalkül gewiß auch unbewußte Selektionsprinzipien wirksam werden (vgl. Ricardou, van Rossum-Guyon, éds., 1972, t. 2, S. 379ff.). Die Bedeutung solcher Faktoren für die tatsächliche Entstehung eines Kunstwerkes wird vom Autor jedoch wohl deswegen heruntergespielt, weil er sie in seiner Programmatik überprüfbarer Werkgenese nicht unterbringen könnte.

Die auf dem Prinzip der »similitude« basierende Textkombinatorik (ebd., S. 391), »le domaine roussellien généralisé« (ebd., S. 392), ist charakteristisch für jene Phase des Nouveau Roman, die man als

Nouveau Nouveau Roman zu bezeichnen pflegt; neben dem Paradebeispiel Ricardou sind hier, weniger einseitig linguistisch, aber doch
ebenfalls stark mikrostrukturell generierend vorgehend, die bereits
vorgestellten späteren Robbe-Grillet-Romane zu nennen (seit *La
maison de rendez-vous*, 1965, und vor allem *Projet pour une révolution à New York*, 1970). Daß die Bezeichnung Nouveau Nouveau
Roman nicht unproblematisch ist, wird sich in den achtziger und
neunziger Jahren zeigen, wenn ein neuer Nouveau Roman entsteht,
den man dann eigentlich nur noch umschreibend klassifizieren
kann.

Die – im Falle der *Prise de Constantinople* sogar recht zahlreichen
– Figuren haben selbstverständlich keinerlei soziale oder charakterologische Konsistenz. Ricardou selbst spricht vielmehr von einer
›Konstellation‹ (ein Begriff, der sich wieder vom Verlagslogo herlei-
tet), in der Isa, Isabelle und die Prinzessin Belle des Märchens einander entsprechen beziehungsweise ineinander übergleiten und
schließlich auch in anderen Gestalten, männlichen ebenso wie weiblichen, auf Grund des durch Buchstabenumstellung gewonnenen
Etiketts wiederkehren, auch wenn es sich um andere Ebenen, andere
Geschichten handelt. Und nicht nur menschliche Figuren, sondern
auch Monster oder Insekten, allen voran die wichtigen ›abeilles‹,
schließlich auch Orte, Bel Asile zum Beispiel oder Silab Lee, die Ve-
nusstadt (nebenbei Anagramm von ›les syllabes‹ und damit wieder
Ausweis für die linguistische Herkunft), entstehen aus demselben
Laut- und Zeichenmaterial des Ursprungs. Alles ist ständig in Bewegung, hat keinen festen Status, wobei es sich nicht eigentlich um hi-
storische, handlungsrelevante oder charakterologische Wandlungen, sondern letztlich, das kann nicht genug betont werden, um
linguistische Metamorphosen handelt, wie sie Ricardou immer wieder an Raymond Roussel bewundert, unter dessen Werken vor allem
La vue (1904) sowohl Ricardou als auch Robbe-Grillet nachhaltig
beeinflußt hat.

Ein zweites dem evidenten Zeichen unterlegtes, verborgenes oder
eingeschriebenes Zeichen war freilich schon dem Mittelalter nicht
unbekannt, wie sich etwa an der poetischen Praxis Villons nachweisen läßt. Auch die Surrealisten, allen voran Benjamin Péret, Marcel
Duchamp und Robert Desnos, pflegten bekanntlich Sprach-, insbesondere Homonymiespiele (vgl. Coenen-Mennemeier, 1987), die jedoch in den Augen der Nouveaux Romanciers mit ihrer Lust an
mehrdeutigen Bezeichnungen als zu harmlos, zu wenig destruktiv
und damit nicht eigentlich innovatorisch erscheinen.

Die im Prinzip quasi unendliche Zahl der abgeleiteten Analogien
bricht bei Ricardou die Linearität des Textes, eine der Selbstver-

ständlichkeiten traditioneller ›realistischer‹ Literatur, weitestgehend auf. Dazu trägt im Falle dieses ›Romans‹ auch noch der völlige Verzicht auf die Paginierung des Buches bei (was nebenbei ein wünschenswertes Zitieren zu einem echten philologischen Problem macht). Das (angeblich) von Materialien des Bucheinbandes abgeleitete Kreuzzugsthema erscheint auf verschiedenen ineinander verwobenen Ebenen: als Buch im Buch, als Gemäldebeschreibung (Delacroix), als Kinderspiel und Aufführungsinhalt, sogar als Motiv auf dem Kleid einer Mitspielerin, wo es bei Bedarf durch das ebenfalls wiederholt in Erscheinung tretende Motiv des ›Kriegs der Sterne‹ abgelöst werden kann, das wiederum von Märchenelementen durchsetzt ist. Wenn die Bewegungen der Figuren mit Bienentänzen verglichen werden, so kommen solche Analogien durch die oben bereits beschriebenen Anagramme und phonetischen Ähnlichkeiten der Eigen- und Objektnamen zustande und beginnen erst dann ihr semantisches Eigenleben zu führen. In den Reigen der ›personnages‹, die ebensogut Erwachsene wie imaginäre Kinder sind, reiht sich auch ein ›je‹ ein, das keinen ontologisch übergeordneten Rang erhält.

Die Texterstellungsverfahren, von denen der Kritiker Ricardou mit Bezug auf seine Fiktion spricht, werden zum großen Teil auch im Roman selbst thematisiert, wobei die Beziehungen zwischen den Teilen und dem Ganzen sich so darstellen:

»Les différentes étapes, peut-être concentriques, de cette aventure dans le temps comme dans l'espace, se jouent parfois au niveau du millimètre, du minutieux. Et, plutôt que par une juxtaposition linéaire, chaque épisode s'insère dans l'économie de l'ensemble en le mimant, en l'invoquant notamment au niveau du moindre détail par divers jeux de consonance entre les formes et les nombres, les couleurs et les déplacements, les gestes et les émotions; par les paradoxales vertus de la composition et d'une prose byzantines – étoiles sémantiques, paronymes, relais rythmiques, distorsions imperceptibles de la syntaxe, réitérations textuelles, aberrations cycliques... – le rendant toujours en quelque manière présent«. (ohne Paginierung)

In *Les lieux-dits* (1969) herrscht das gleiche Prinzip der Hervorbringung von Fiktion durch sprachliche Einfälle, denen bestimmte Zahlenmuster zugrunde liegen. Wieder wird die Zahl 8 (in ihrer liegenden Form ist sie, ganz nebenbei, das Zeichen für ›unendlich‹: grundsätzlich spricht also nichts dagegen, das Spiel ad infinitum weiterzutreiben) privilegiert: Acht Ortsnamen weisen je acht Buchstaben auf und fungieren als Titel für acht Kapitel, linguistische Generatoren sind den erfundenen Räumen und Figuren unterlegt.

Die ›Wirklichkeit‹ seiner Textwelt sieht Ricardou weder als schlichte Außenwelt noch als bloße Phantasmen an, sondern als

Zentrum jener Explosionen und Transformationen, die seine »prose« mit beiden vornimmt. Es ist ebenso faszinierend wie anstrengend, oft genug auch frustrierend, dem Autor auf seinen Entdeckungsreisen zu folgen. Wer genügend Geduld aufbringen kann, sieht sich belohnt sicher nicht mit existentiell relevanten Einsichten in ein neues Welt- oder Menschenbild, wohl aber mit neuen Erkenntnissen zu bestimmten Formen von Genese zeitgenössischer Literatur: Ricardou öffnet eine Werkstatt, die es in sich hat.

4. Nouveau Roman und Theater

4.1 Nathalie Sarrautes aufgeregte Konversation

Längst hat sich auch das Theater der Nouveaux Romanciers durchgesetzt, obwohl es zunächst auf dasselbe Befremden stieß wie der Nouveau Roman. Die neuartige Bühnenkunst, im wesentlichen aus kurzen ›Konversationsstücken‹ bestehend, vermag auf Grund der weniger elitären Kommunikationssituation, wie sie die Aufführung im Unterschied zum Buch darstellt, in besonders glücklichen Augenblicken auch Publikumsschichten zu erreichen, die sich dem Nouveau Roman vermutlich nicht ohne weiteres zuwenden würden. Dieser günstige Umstand schafft jenen Autoren des Nouveau Roman, die sich auch mit den Anforderungen des Theaters auseinandersetzen, die Möglichkeit, ihre unorthodoxen Themen und vor allem ihre spezifischen Verfahren aus der relativen Isolation des individuellen Lesens in eine größere Öffentlichkeit hineinzutragen und so in ein allgemeineres Bewußtsein zu heben. Dies ist eine Chance, aber auch eine Gefahr, denn auf der Bühne muß zwangsläufig in Figurensprache überführt werden, was möglicherweise so ursprünglich nicht gedacht, was eigentlich unsagbar war.

In diesem Dilemma befindet sich als Bühnenautorin vor allem Nathalie Sarraute (vgl. Floeck, 1989, Neuschäfer, 1989), deren ursprünglich als Hörspiele konzipierten Stücke sich inzwischen wiederholt als vielbeachtete Theaterereignisse offenbart haben. Auch in ihren kleinen Dramen geht es Nathalie Sarraute um Tropismen, vorbewußte seelische Regungen, die durch die Präsenz anderer ausgelöst werden und ihrem Wesen nach nicht sprachlicher Natur sind. Während die Erzählerin Sarraute in ihren Romanen für die Figuren sprechen, ihnen ihre auktorialen Bilder in die sprachlose Seele legen kann, ist sie im Theater, will sie sich nicht schwerfälliger Off-Tricks bedienen, auf die Zungenfertigkeit ihrer ›personnages‹ angewiesen. Dennoch hat sich die zentrale Intention der Autorin nicht geändert. Es geht ihr auf der Bühne nicht um die Nachahmung ›echter‹ Dialoge, sondern um eine Verbindung aus sparsamen Elementen (sozial) akzeptabler Rede mit (sozial) inakzeptablen und eigentlich unhörbaren, üppigen und ausufernden inneren Reaktionen, von denen die Sprecher so sehr gebeutelt werden, daß sie sich in eine Art Hysterie hineinzureden scheinen. De facto handelt es sich aber nicht um die Nachahmung hysterischer, sozial auffälliger Individuen, sondern um die von der Autorin über den Kopf der Sprecher hinweg inszenierte Außenprojektion ihrer inneren Zustände, für die sie nun gewissermaßen wider Willen zu Sprachrohren gemacht werden. Wenngleich diese Verbindung aus ›realen‹ und ›irrealen‹ Redeteilen auch gewiß nicht von allen Zuschauern verstanden wird, wenngleich der Erfolg der Sarrautestücke weitgehend auf einem Mißverständnis beruhen mag, kann sich doch niemand der ebenso komischen wie beängstigenden Dramatik dessen entziehen, was sich da ›aus nichts‹ plötzlich entwickelt und aufbläht. In dem Abstand, der zwischen den nichtigen Anlässen und den ›phantastisch‹ übertriebenen Reaktionen klafft, läßt sich auch für den ungeübten Zuschauer die verstörende Standortlosigkeit des einzelnen im Geflecht intersubjektiver Relationen erahnen.

Die Anlässe in den Einaktern Nathalie Sarrautes reichen von der bloßen Präsenz des anderen bis zu bestimmten sprachlichen oder paralinguistischen Manifestationen, die vielfältig deutbar sind. In *Le silence* (1967) beispielsweise löst eine Figur nur durch ihr Schweigen innere Unruhe bis hin zur Katastrophenstimmung in den anderen aus: »Jean-Pierre-la-terreur. C'est comme ça que je vais vous appeler. Le redoutable bandit. Regardez-le. Mais ma parole, il nous menace! Revolver au poing!« (*Théâtre*, S. 132). Während die anderen Figuren nur durch F l (bis 4) und H l (bis 2) als männliche und weibliche Gesprächsteilnehmer gekennzeichnet sind, erhält der schweigende Jean-Pierre, um den alle Mutmaßungen kreisen, als einziger einen Eigennamen, den alle immer wieder mit geradezu verzweifelter Hartnäckigkeit aufgreifen. Das Schweigen während einer Konversation wird als Distanz, Arroganz, Ablehnung, Kritik, Vorwurf ausgelegt, freilich nur in vorbewußten, im Theater aber paradoxerweise dennoch ausgesprochenen, Zonen der Psyche. Die Deutungshypothesen setzen jene Mechanismen der Beschwichtigung, Entschuldigung, Schmeichelei, Rechtfertigung, schließlich ohnmächtiger Hilflosigkeit in Gang (»les émanations, les débordements, les suffocations et les appels au secours«, *Théâtre*, S. 133), die dem Sarrautekenner aus den Romanen – hier vergleichbar etwa mit dem Kinderlachen in *Vous les entendez?* – geläufig sind.

Liest man die inneren Überreaktionen fälschlicherweise nicht als auktoriale Vergrößerungen und Verbalisierungen vorbewußter Empfindungen, so erscheinen die Figuren mit ihren psychischen Verrenkungen wie groteske Geisteskranke. Begriffe aus dem Bereich der ›folie‹ kommen denn auch im Sarraute-Theater – ebenso wie in ihren Romanen – immer wieder vor, sind jedoch nicht als authentische charakterologische Deskription gemeint, sondern als vermittelnde Anknüpfung von etwas gänzlich Neuem und Unbekanntem an die konventionellere Vorstellungswelt des Lesers oder Zuschauers. Zu diesen vermittelnden Strategien gehört im Theater zusätzlich häufig das Lachen der Personen, die ihre Ängste, Abgrenzungen und Stigmatisierungen selbst nicht ernst zu nehmen scheinen.

Das Stück *Elle est là* (1978) thematisiert die Beeinträchtigung des Denkens durch den vermuteten Vorbehalt im Kopf des anderen. In diesem Falle wird die Vorbehaltsfunktion realisiert durch eine weibliche Mitarbeiterin der übrigen – männlichen – Figuren. Das Titelpronomen ist doppeldeutig. Es bezieht sich auf die als Stein des Anstoßes fungierende angenommene Idee im Kopf der Frau, ebenso und mehr aber noch auf die bloße Präsenz ihrer Trägerin und ist insofern gleichsam eine Kurzformel für die zentrale Motivation aller Tropismen. Ganz besonders fühlt sich der Leser erinnert an Inhalte und Verfahren des zwei Jahre früher erschienenen Romans »*disent les imbéciles*«, in dem Tropismenträger ihre »idée« (109 und passim) fortwährend vor feindlichen Angriffen zu schützen suchen. Die Theatersituation stellt dabei nicht in erster Linie verschiedene Tropismenabläufe nebeneinander, sondern präsentiert einen Fächer von gegenseitiger Tropismenauslösung, -beeinflussung, -aufdeckung und -verfolgung. Immer wieder wird das immense Gefälle zwischen Anlaß und Reaktion thematisiert:

»Une petite chose, une toute petite chose sans importance vous conduit parfois ainsi là où l'on n'aurait jamais cru qu'on pourrait arriver... tout au fond de la solitude... dans les caves, les casemates, les cachots, les tortures, quand les fusils sont épaulés, quand le canon du revolver appuie sur la nuque, quand la corde s'enroule, quand la hache va tomber...« (*Théâtre*, S. 36f.)

An *Les Fruits d'Or* und *Vous les entendez?* läßt das Stück *C'est beau* (1975) denken. Wie in *Les Fruits d'Or* fungieren ästhetische Urteile als Auslöser von Gruppenbildungen: ›Lui‹ und ›elle‹ werden von ›le fils‹ separat oder gemeinsam daran gehindert, ihr »c'est beau« unbefangen zu vertreten. Wie in *Vous les entendez?* sind auch jetzt die Macht- und Ohnmachtsstrukturen mit dem Motiv des Generationenkonflikts verbunden, das als soziale Chiffre für generellere Sensibilitätsunterschiede herhalten muß. Das Urteil des Mannes über den Sohn ist vernichtend und, indem es die eigene Unsicherheit verrät, entlarvend zugleich: »Il est là, tel qu'il est. Fermé. A triple tour. Obtus. (...) Joli produit. Bravo. On en arrive quand il est là à ne pas pouvoir dire »C'est beau« ...(...) On a peur...« (*Théâtre*, S. 48)

In *Isma ou Ce qui s'appelle rien* (1973) wird das Personenarsenal zum Teil (wie in *C'est beau*) mit Pronomina benannt (›lui‹, ›elle‹), zum Teil (wie in *Elle est là*) mit den Buchstaben H l (bis 3) für die männlichen, F l (bis 3) für die weiblichen Figuren. Die relativ große Anzahl von (acht) ›personnages‹ erlaubt entsprechend viele Kategorien von Reaktionen. Es gibt die Gleichgültigen, die Pseudo-Gleichgültigen, die Schockierten, die Pseudo-Schockierten. Gegenstand des »cancan«, der »médisance«, des »dénigrement« (67) sind sowohl die (abwesenden) Dubuit als auch die Art und Weise, wie über sie gesprochen wird. Es geht dabei um »échange de lieux communs« (71, 73) und deren mehr oder minder ironische Kritik (»l'échange de lieux communs – c'est sans mélange, c'est pur.. Rien par en dessous«, 73), hinter der sich das Wissen um die auch und gerade unterhalb der Clichés einsetzende Tropismentätigkeit verbirgt. Aber die ›Gesunden‹, die ›Normalen‹, versuchen immer wieder, sich der Tropismensuche zu entziehen, indem sie denjenigen, die in das eigentlich Vorbewußte abzutauchen beginnen und die übrigen mitziehen wollen, ihre ›Abnormität‹ zum Vorwurf machen und sie als krank abstempeln wollen: »Mais c'est chez vous une idée fixe. C'est une obsession. Ça se soigne, vous savez.« (73) Diese Auseinandersetzungen und die dadurch entstehenden Gruppierungen, die im Prinzip den Strategien der Romane gleichen, gipfeln hier in den Kommentaren zur Aussprache der Endung ›isme‹ (in ›romantisme‹ etc.), von den Dubuit angeblich als »isma« ins Blasierte transponiert, die von ›elle‹ und ›lui‹ als den Anführern der Tropismenentdecker zum wahren und einzigen Stein des Anstoßes stilisiert und für die übrigen Gesprächsteilnehmer ausgestellt werden, um sie mit in die Tiefe zu ziehen:

ELLE: Écoutez: romantis*ma*. Capitalis*ma*. Syndicalis*ma*... *ma*... *ma*...ça claque... il fait claquer ses lèvres...
LUI: Il savoure ça... mm, c'est bon. Is*ma*.
ELLE: Ça glisse... comme le bord d'une herbe coupante...
LUI: Is*ma*. Is*ma*...
ELLE: Ça vous coupe... ça s'enfonce...
LUI: Et par là... mais comment ne le sentez-vous pas?...
ELLE: Essayez, je vous en supplie, dites-le comme ça, en appuyant... is*ma*... is*ma*... vous sentez?« (97)

Auch in diesem Stück werden die Empfindlichkeiten letztlich an einem ästhetischen Phänomen festgemacht, an einer fast unmerklichen Aussprachevariante (ähnlich thematisiert schon in *Entre la vie et la mort)*, also an einem bestimmten linguistischen Materialisierungsaspekt, den Sarraute durch ihre sensiblen ›Narren‹ bis zu moralisch-charakterologischer Relevanz auflädt und damit als typisches Herzstück ihrer Tropismenbildung freilegt. Am Schluß freilich zerplatzt, wie in allen derartigen ›drames minuscules‹ und eben auch in diesen Theaterversionen, der solchermaßen aufgeblähte Ballon: »Non... Ce n'est rien... C'est vraiment... Non... C'est vraiment ce qui s'appelle rien.« (97)

Der Titel von *Pour un oui ou pour un non* (1982) thematisiert explizit die Geringfügigkeit der Anlässe und die durch sie hervorgerufenen (scheinbaren) Überreaktionen. Drei männliche und eine weibliche Figur (H.1, H.2, H.3, F) sind diesmal am Tropismenballett beteiligt. Ein abwiegelndes »rien« (7), äquivalent in etwa dem banalisierenden »rien«, das sich häufig am Schluß der Dramenbewegung findet, steht hier am Anfang, als H.1 nach den Gründen für die ungewohnte Reserviertheit von H.2 fragt. Es stellt sich nach einigen Ausflüchten und wiederholten beschwichtigenden »rien« (9, 10, 11) heraus, daß H.1 auf eine Erfolgsmeldung von H.2 mit der Klischeeformulierung »C'est bien ... ça ...« (12) reagiert hat, die in den Ohren des anderen wohl mindestens wie Interesselosigkeit geklungen haben muß und ihn bei den ›Normalen‹ anfragen ließ, ob die Beziehungen zu H.1 abzubrechen seien. Die Verneinung der Frage läßt ihn über seine eigene Empfindlichkeit nachdenken:

»H.2: On a su qu'il m'est arrivé de rompre pour de bon avec des gens très proches ... pour des raisons que personne n'a pu comprendre ... J'avais été condamné ... sur leur demande ... par contumace ... Je n'en savais rien ... J'ai appris que j'avais un casier judiciaire où j'étais désigné comme »Celui qui rompt pour un oui ou pour un non«. Ça m'a donné à réfléchir ...«. (16)

Dennoch ist diese Antwort nicht dazu angetan, die Tropismenbewegung ihrer ›Abnormität‹ wegen zu stoppen; vielmehr wird das den Titel des Stückes liefernde charakterologische Etikett »celui qui rompt pour un oui ou pour un non« mit seinem abqualifizierenden Beigeschmack (vergleichbar in etwa dem ›écorché vif‹ der Sarrauteschen Romanwelt, übrigens erscheint mindestens »écorché« auch hier, 30) zum Ausgangspunkt für neue Skrupel und Empfindlichkeiten, an denen H.1 und H.2 gemeinsam teilhaben. Ein ›couple‹ (H.3, F) wird als Schiedsrichter bei der Bewertung der unklaren Tropismenlage herangezogen. Damit beruhigt sich die Situation jedoch nur vorübergehend und scheinbar, denn das bald wieder entfliehende Paar hält an der Normalität fest und läßt damit die vorgetragenen Skrupel im Endeffekt erst recht als abwegig erscheinen, was wiederum nur neue ›Überreaktionen‹ auf den Plan ruft. Sie gipfeln im gegenseitigen Vorwurf der ›folie‹: »H.2: Tu es dingue. – H.1: Non. Pas plus dingue que toi(...)« (41). In einem Wettstreit, der in seiner Intensität die Ehr- und Generositätsrivalitäten der klassischen Tragödie auf der Ebene der vorbewußten psychischen Empfindlichkeitsdramaturgie spiegelt und dadurch für den Zuschauer notwendig ins Licht der Groteske taucht, stecken die Gegner ihre Lager und ihre Zuständigkeiten ab: »C'est un combat sans merci. Une lutte à mort. Oui, pour la survie. Il n'y a pas le choix. C'est toi ou moi.« (48)

Unter allen kleinen Sarraute-Dramen nimmt *Le mensonge* (1967) in gewisser Hinsicht eine Sonderstellung ein. In deutlichem Kontrast zu den übrigen Stücken erhalten hier alle neun Figuren Vornamen. ›Thema‹ ist die »poussée de la vérité« (*Théâtre*, S. 105f.). Die Gesprächsteilnehmer werden aufgefordert, in einem ›psychodrame‹ mit gestellten und verteilten Rollen diesem Thema gerecht zu werden. Alle sollen sich dabei der Distanz zu ihrer Rolle bewußt bleiben und die inszenierte Aktion spielend analysieren und zerlegen. In das Spiel greift jedoch immer wieder die ›echte‹ Auseinandersetzung um Wahrheit und Lüge ein. Dieses Einbrechen der Authentizität, des ›Lebens‹, in die theatralische Situation erinnert, wieder freilich unter dem Vorbehalt des Unterschieds zwischen den unters Mikroskop gelegten ›drames minuscules« und den großen Fragen von Leben und Tod, an die dramaturgischen Grundsituationen der Pirandello-Bühne. Wer lügt, auch im Spiel, wird angegriffen, verteidigt sich, fühlt sich eingekreist, redet sich – umsonst – aufs Spiel heraus, wird deswegen attackiert etc. Es entsteht so eine nüancierte Hierarchie auf der Skala ›authentisch – inauthentisch‹; ein fester Grund ist jedoch, wie immer bei den Sarrauteschen ›Hysterien‹, nicht auszumachen. Es ist allerdings nicht so sehr das bewußt inszenierte Spiel im Spiel (»Oh! ce sera amusant. Ce sera comme un psychodrame«, *Théâtre*, S. 108), das diesem Stück seine Sonderrolle gibt, sondern die Fixierung der Tropismen auf eine mögliche Lüge im Zusammenhang mit Resistance und Kollaboration: eine heikle und delikate Angelegenheit, relativ ›massiv‹ für Sarraute-Verhältnisse, die es dem Leser und Zuschauer, ja sogar den Spielern noch schwerer macht als sonst, sich mit der wiederholten Versicherung ›je jouais‹ zufriedenzugeben und zu arrangieren. So ist es denn auch nicht überraschend, daß die letzte Erklärung, es handle sich bei allem ja immer nur um Spiel, durch die Regieanweisung »ton hypocrite« (*Théâtre*, S. 124) eingeleitet wird. Gewiß stimmt es auch hier wieder, daß das – naturgemäß denkbar vage gehaltene – Kollaborationsmotiv nur als Vorwand für Tropismenentwicklungen dient, dennoch hat es nicht denselben gesellschaftlichen Beliebigkeitsgrad wie andere als psychische Katalysatoren dienende Realitätsfaktoren. Kein Zufall vielleicht auch, daß die Uraufführung von *Le mensonge* 1967 stattfand: Es sind genau die endsechziger Jahre, die, insbesondere mit jungen (und indirekt betroffenen) Erzählern wie Patrick Modiano (der das Kollaborationsmotiv übrigens seinerseits nur als grundsätzliche existentielle Metapher verstanden wissen will), das sakrosankte Thema Resistance zu entmythologisieren beginnen.

Insgesamt jedoch ist die Sarrautesche Bühne eine originelle Verlängerung der Typologien des Sarrauteschen Nouveau Roman: Vorbewußte psychische ›Überreaktionen‹ begleiten sozial harmlosere Verbalisierungen, die unterschwellig Bedrohliches mit sich führen und in möglichst anonym gehaltenen, charakterologisch austauschbaren Figuren Dramen mit auf- und abschwellender Intensität, mit Peripetien und ›Katastrophen‹ auslösen. Das Gefälle zwischen sozialer, bewußter einerseits und intimer, vorbewußter Ebene andererseits zeigt sich im Gebrauch gewaltsamer, kriminologisch-pathologischer Bilder für die zweite Ebene. Der entscheidende Unterschied zu den epischen Texten besteht ›nur‹ darin, daß auf der Bühne das Innere in der Personenrede nach außen projiziert werden muß: Es fällt noch schwerer als sonst, die Grenzen zwischen ›conversation‹ und ›sous-conversation‹ einwandfrei zu bestimmen. Den unvoreingenommenen Leser bzw. Theaterbesucher stört das nicht. Er freut sich an einer Komik, die zwar auch den Erzähltexten potentiell schon eigen war, jedoch dort durch die den psychischen Tumulten überlagerten Schichten gesellschaftlicher Gelassenheit gedämpft erschien. Die Romane stellten nicht so sehr das Groteske, sondern eher das verhaltene und verdrängte Leiden als Wesen der Tropismen in den Vordergrund. Jetzt hingegen wird der komische Aspekt unverhältnismäßig aufdringlich freigesetzt.

Sarrautes Bühnentriumphe verdanken sich also wahrscheinlich einem Mißverständnis und mögen dennoch ihr Teil dazu beitragen, die Psychologie des Vorbewußten mindestens ahnungsweise nachvollziehbar zu machen, im Lachen etwas von der bedrohlichen Qual und der Dramatik unterhalb des ›rien‹, ›presque rien‹ sozialer Kommunikationsstrukturen und ihrer betonten Gefahrlosigkeit mitschwingen zu lassen und damit dem angestrebten neuen, im weitesten Sinne aufklärerischen, Realismus zu dienen. Wie in den Romanen bedarf es dazu keiner Mimesis vollständiger Handlungen im herkömmlichen Sinne; auf unspektakuläre Weise ist auch dieses Theater, darin der Dramatik des Absurden vergleichbar, anti-aristotelisch, ohne jedoch inkohärent oder sonstwie formal bilderstürmend zu sein.

4.2 Robert Pingets poetologische Entwürfe

Der Verzicht auf besondere formale Mutwilligkeit gilt auch für die kleinen Stücke von Robert Pinget. Inhaltlich jedoch sind Pingets Kammerspiele – wie manche seiner Romane – im Unterschied zu Sarrautes psychologischem Theater des Vorbewußten meist poetologischer Natur. Oft erinnern sie, mehr noch als die erzählenden Texte, an Samuel Beckett (der Pingets Hörspiel *La manivelle*, 1960, unter dem Titel *The old tune* ins Englische übersetzt hat). Dies gilt zum Beispiel für *L'hypothèse* (1987, UA 1964). Der Titel wird durch einen Begriff ausgedrückt, der auch sonst bei Pinget häufig vorkommt und mangelnde Gewißheit ebenso aussagt wie den Versuch, durch Mutmaßungen einem ungesicherten Geheimnis dennoch auf die Spur zu kommen. Die Hypothesen, die hier von einer Figur namens Mortin geäußert werden, beziehen sich auf einen Autor und seinen Text, der an einem Tisch befestigt gewesen sei, dem Arbeitsplatz des Schriftstellers; beide seien nun jedoch verschwunden. Die Ausgangssituation erinnert deutlich an Pingets Roman *Passacaille*. Ist das Manuskript im Brunnen gelandet? Ironische Anspielungen auf den Narzißmythos nähren diese Vermutung. War das Manuskript vielleicht bereits die Kopie eines Originals, waren die Freunde des Schriftstellers vielleicht auch nur ihre eigenen Doppelgänger? Das Motiv der Identitätsverwirrung und -suche potenziert sich, wenn plötzlich auch für Mortin zusätzlich ein Double auf der Bildfläche erscheint. Die Unsicherheit wird durch den wiederholten textinternen Gebrauch des Titelbegriffs »hypothèse«, durch die symptomatische Verwendung des Konditionals und die Einführung divergierender möglicher Biographien des verschollenen Schriftstellers verstärkt. Die Viten erarbeiten mit ein und demselben Grundmaterial, einer emotional aufgeladenen Vater-Tochter-Konstellation, schaurige Tragödien oder rührende Genreszenen (auch diese typologischen Variationen erinnern an *Passacaille* und garantieren hier wie dort für komische Wirkung). Den Biographien folgt die ›wirkliche‹ Erklärung von der Niedergeschlagenheit des Schriftstellers, seinem Daseinsekel, die ihn zur Vernichtung seines Manuskriptes bewogen, so wie nun auch Mortin das seine vernichtet, während diverse ›images de Mortin‹, die an Baudrillards soziologische Theorien vom Ersatz der Wirklichkeit durch Abbilder erinnern, stammelnd weitere existentielle Deutungen vorschlagen. Am Schluß bleibt ein fast nackter (der wahre?) Mortin übrig, der es bedauert, die Gelegenheiten zum Schweigen nicht genutzt zu haben. Teile seiner langen Rede erinnern an Luckys Monolog in Becketts *En attendant Godot*, während der Schluß des Stückes eher *La dernière bande* desselben Autors evoziert.

Mortin, dessen Name den Tod in sich birgt, ist mehrfach Alter ego seines Autors, so zum Beispiel in dem Vier-Personen-Stück *Paralchimie* (1973), das Mortin als »vieillard d'allure inquiétante et ridicule« in der für ihn typischen Grundposition vorführt: »Au lever du rideau il est installé à sa table« (11). Wie es der Titel bereits andeutet, sucht Mortin wie die Alchimisten nach der »vérité idéale« (11), wobei er die (dramatische) Sprache als sein im Laufe des Stückes zu transformierendes Rohmaterial ansieht: in ernster, ironischer oder parodistischer Form abgewandeltes Zentralmotiv der narrativen und dramatischen Entwürfe Pingets. Indem Pinget die erhabenen Aufschwünge Mortins durch die ›trivialen‹ Figuren der Nichte, des Dieners und des Klempners aufgreifen, transformieren, ergänzen oder ironisieren läßt, wenn eine ordinäre Bouillon magische Wirkung haben soll und das hoch Symbolische banalisiert und entmythologisiert wird, kritisiert der Autor den Anspruch der ›alchimie du verbe‹ à la Rimbaud, ohne jedoch auch diese destruktive Verarbeitung der hohen (symbolistischen) Tradition als der Weisheit letzten Schluß stehen zu lassen. Es handelt sich um einen dialektischen Prozeß der Auseinandersetzung mit den Möglichkeiten und Grenzen der Literatur, in diesem Zusammenhang insbesondere des Theaters, dessen Figurenarsenal Mortins Ausspruch »Destins sans relief peut-être mais destins tout de même« (93) nicht nur ironisch gewidmet ist.

Poetologie als Verzweiflung und Groteske, als Sehnsucht nach Einsamkeit und als deren Fluch, schweißen in dem Stück *Identité* (1971) Mortin, den Doktor als seinen ständig präsenten Hausfreund, die Haushälterin Noémi und provisorisch, zum Zwecke der Erfindung von Biographien, auch noch Mortins häßliche Nichte zusammen zu einer Gruppe mit austauschbaren Gliedern, in denen als feste Größe wieder nur die Situation des Schriftstellers am Schreibtisch (seiner Qualen) Bestand hat. Daß hier die Lebensentwürfe Mortins, die doch eigentlich gerade ihm Konturen verleihen sollen, in parodistischer Nachahmung auch von den anderen übernommen und ausgedrückt werden können, rechtfertigt ironisch den Titel dieser Tragikomödie (deren Ähnlichkeit mit *Passacaille* ebenfalls auf der Hand liegt).

Mit der Einfügung der ›wahren‹ Lebensgeschichten, die im Lichte des ›cabotinage‹ wieder relativiert werden, ist aber auch Pirandello nicht fern, den vor allem *Abel et Bela* (1971) dem Leser und Zuschauer modernen Theaters ins Gedächtnis rufen. Abel und Bela, deren Namen anagrammatisch aufeinander bezogen sind, was bereits die weitgehende Austauschbarkeit und charakterologische Identitätslosigkeit der beiden andeutet, sind zwei Schauspieler, die ein

Theaterstück planen. Während ihrer Unterredungen über das Theater zeigen sie sich abwechselnd stärker als Metaphysiker und Theoretiker oder aber als Pragmatiker und Positivisten. Entworfen wird eine Salonsituation in gehobener Gesellschaft, in deren Rahmen verschiedenste höchst dramatische Situationen, von Sadismen bis ›infanticide‹ und ›génocide‹ durchprobiert und, sozusagen als Strukturprinzip, immer wieder Orgien (›partouses‹) vorgeschlagen werden. Die Erfinder sind jedoch über ihre eigenen Geschichten enttäuscht und gehen zahlreiche Schwächen und Verbesserungsmöglichkeiten durch, wobei sie trotz oder wegen Kenntnis des einschlägigen Jargons immer mehr in die Groteske abgleiten:

ABEL. – (...) L'accent est mis sur l'essence du théâtre, la tentation des possibles, l'indifférenciation de tout langage, la vanité, la liberté...
BELA. – L'égalité...
ABEL. – Pimenté par le tohu-bohu et la partouse. (103f.)

Unzufrieden suchen sie in ihrer wahren oder imaginären Kindheit nach brauchbaren Anregungen (»du poignant, du vécu«, 109) – vergleichbar den Schriftstellerbiographien in *L'hypothèse* –, verrennen sich ins Melodramatische, stoßen vor bis zum bei Pinget allgegenwärtigen Todesthema, richten sich auf an Shakespeare, suchen nach Transposition, Mythos und angemessenem Stil (besonders nach eleganten Konjunktivformen). Jeder scheinbare Höhenflug wird vom Autor sogleich wieder unbarmherzig in die Niederungen des Lächerlichen, der Parodie, zurückgeholt. Das kleine Stück, eine witzige Auseinandersetzung um das Theater und seine Versatzstücke, endet mit einem echten ›coup de théâtre‹, einem ins groteske Boulevardgenre abgewandelten Pirandello-Effekt: Die im Laufe des Stückes so oft evozierten und verworfenen ›couples‹ und ihre ›partouses‹ nehmen zum ungläubigen Staunen ihrer Schöpfer Bühnenrealität an. Eine entsprechende Regieanweisung hat das letzte Wort und huldigt somit der Macht noch der armseligsten Theaterwirklichkeit (oder ist auch das nur ironisch gemeint?): Hypothesen haben, scheint es, in der Literatur ihren eigenen ontologischen Status, eine Erkenntnis, die für das gesamte Theater des Nouveau Roman gültig ist.

Pingets Bühnenhumor ist fragil und permanent gefährdet. Unvermittelt kann die Komödie in die Tragödie umschlagen. So findet sich die einseitige Vater-Sohn-Beziehung des Romans *Le fiston* wieder in *Lettre morte* (1959), einem düsteren Zweiakter, dessen Spieleinlagen die um ihr versöhnliches Ende gebrachte modernisierte Parabel vom Verlorenen Sohn kaum aufzuheitern vermögen. Der Tod steht auf dem Sprung im Stück *Architruc* (1973, UA 1964), in dem der königliche Protagonist sich den Lebensüberdruß durch die Rollenspiele seines Ministers Baga vertreiben zu lassen sucht: »Je suis triste Baga. Tout ce qu'on fait est triste, cette chambre est triste, la vie« (138). Anspielungen auf bereits bekannte Landschaften der Pinget-Welt (Fantoine, le Chanchèze) verbinden sich mit Phantasien, wie sie sich ähnlich schon bei Ionesco (*Le roi se meurt*, 1962) und später bei Arrabal (*L'architecte et l'empereur d'Assyrie*, 1967) finden. Die latente Todesobsession Pingets, wie sie etwa den Roman *Passacaille* durchzieht, überlagert immer wieder alles Spiel und allen Witz. Man kann also Pingets Theater insgesamt vielleicht als poetologische Dramatik mit der Absicht des ›divertissement‹ im Pascalschen Sinne, der Ablenkung vom allgegenwärtigen Todesbewußtsein, bezeichnen und dabei den Rollen und ihren diversen Verkleidungen, auch den Sprachspielen, Ironisierungen und Parodien sublimer Theatralik, den Status der Projektion des faszinierten und suchenden Schriftstellerbewußtseins (oder auch seines durch den Autor zutage geförderten Unterbewußten) zusprechen.

4.3 Marguerite Duras' Ellipsen für große Gefühle

Wenngleich es nicht ganz konsequent ist, hat es sich eingebürgert, auch die Dramenproduktion der Marguerite Duras für das Theater des Nouveau Roman zu vereinnahmen (vgl. Rykner, 1988). Es ist insofern nicht folgerichtig, als Duras, wie bereits eingangs dargelegt, es immer abgelehnt hat, sich der Gruppe der Nouveaux Romanciers anzuschließen. Verständlich ist die Annektierung von der Sache her ungeachtet aller Unterschiede trotzdem. Auch Marguerite Duras verzichtet in ihrem reichen und originellen Theater auf Mimesis, auf eine Handlung im traditionellen Sinne und auf kohärente Charaktere. Auch ihre Dramen, gelegentlich übrigens durchaus abendfüllende Werke, haben den Status seltsamer ›Konversationsstücke‹ und wirken kammerspielartig. Im Gegensatz jedoch zu Nathalie Sarraute, deren Figuren unnatürlich gesprächig sind, weil Vorbewußtes durch die Autorin nach außen gewendet, gesagt werden muß, sind die ›personnages‹ bei Marguerite Duras mit wenigen Ausnahmen gerade durch die Sparsamkeit ihrer sprachlichen Mittel charakterisiert. Duras geht es ja eben nicht um ›drames minuscules‹, sondern um große Gefühle und Vorgänge: Liebe, Abschied, Tod. Über sie originell zu reden, heißt einen neuen Stil entwickeln. Wird bei Sarraute das ganz Winzige ›unendlich‹ vergrößert, erscheint bei Duras das Übergroße ›unendlich‹ verknappt (vgl. Coenen-Mennemeier, 1991). Ellipsen, Andeutungen, wenige Wörter, die mit lyrisch suggestivem Bedeutungspotential überfrachtet werden, sind das Markenzeichen der Autorin. Gelegentlich zieht die Literatur sogar Vergleiche mit Mallarmé, dessen ›page blanche‹ in der Dramaturgie der Marguerite Duras unterschwellig stets gegenwärtig ist. Duras hat durch ihre Technik des Weglassens und der Sinnverstärkung des übrigbleibenden Dialogmaterials eine eigenwillige Möglichkeit der Modernisierung romantischer Sehnsuchtsmotive gefunden, ob es sich dabei um das ›malheur adultère‹ handelt wie in *Suzanna Andler* (1968), das Wiedersehen von inzwischen getrennten Eheleuten wie in *La musica* (1965) und *La musica deuxième* (1985), eine Geschwisterliebe im Klima des Inzests wie in *Agatha* (1981) oder den Freitod einer jungen Liebenden nach der Geburt ihres Kindes wie in *Savannah Bay* (1983), einem Stück gleichzeitig über die Dramatik der Liebe und die ebenso mühsame wie sublime Trauerarbeit des Gedächtnisses. Nicht nur die absolute stilistische Neuartigkeit im Umgang mit der Welt der Gefühle macht die Zuordnung des dramatischen Duras-Werkes zum Theater der Nouveaux Romanciers verständlich; vergleichbar ist auch der Status der Unsicherheit der evozierten Welt: Feststellungen werden als Fragen präsentiert, ein häufig vorkommendes ›peut-être‹ oder das typische Konditional rufen Hypothesen auf den Plan, die nicht verifizierbar sind. Eine wichtige Rolle spielt dabei der dramatische Zweittext. Wegen der Verknappung des Figurendialogs erscheint manche deutende Fixierung nur in den Regieanweisungen: auch dies ein – wenn auch anders als bei Sarraute gelagertes – Problem für die Inszenierung eines solchen Theaters, das dem Prinzip der Abwesenheit des Eigentlichen auf vielfältige Weise huldigt und kompensatorisch dagegen das Verbalisierte ins quasi Mythologische auflädt, was sich beispielsweise beim beschwörend prätentiösen Gebrauch von (vorwiegend weiblichen) Eigennamen geradezu als Tick der Autorin verfestigt. Es ist ein Theater jener Strömungen, die unterhalb des gesellschaftlich ›Relevanten‹ fließen: dies gewiß einer der Gründe für die Privilegierung der Feminität und zudem über alle trennenden Abgründe hinweg eine Verbindung zu Sarraute. Allerdings spielt wie in Duras' Romanen (zum Beispiel in *Détruire dit-elle*) das große Thema des Antisemitismus und der Judenverfolgung eine bedeutsame Rolle, so in den drei *Aurélia-Steiner*-Stücken. Doch handelt es sich auch dabei selbstverständlich nicht um historisch-politische Analyse, sondern um die Evokation äußerster seelischer Verletzungen in der Aura der aufgezwungenen Einsamkeit und Abwesenheit.

Insgesamt läßt sich das Theater der Nouveaux Romanciers als ein bisweilen schwieriges, sprachlich suggestives, immer handlungsarmes

›Konversationstheater‹ charakterisieren, das jenseits der Dramaturgie des Absurden eine nicht-aristotelische Bühnenpraxis erprobt und insofern neue Möglichkeiten auch für andere Dramatiker eröffnet. Ein handlungsloses Gesprächstheater, unter dessen geradezu trivialer Oberflächlichkeit Bedrohliches spürbar wird, probiert zum Beispiel Danièle Sallenave mit ihren *Conversations conjugales* (1987). Der generell einsetzenden Tendenz, die Grenzen zwischen anspruchsvoller Bühnenkunst und dem ›nur‹ unterhaltsamen Boulevard durchlässig zu machen, huldigt manches Stück der Nouveaux Romanciers ebenso, wie dies exemplarisch und auf seine unnachahmliche Weise der Sprachvirtuose Bernard-Marie Koltès, der ausdrücklich für Stars der leichten Theatermuse schrieb, zu tun suchte. Spätestens auf der Bühne verläßt der Nouveau Roman somit den Elfenbeinturm, in den mancher ihn gern eingesperrt sehen möchte.

5. Nouveau Roman und Nouveau Cinéma

Eine Erzählprosa, der man auch die Bezeichnung ›école du regard‹ gegeben hat, konnte dem Medium Film nicht mit Gleichgültigkeit begegnen. Zu einladend war es, die neue Kunst der Oberflächenhaftigkeit, wie sie insbesondere Robbe-Grillet praktizierte, auch im Kino zu erproben, die Sprachwelt des Raumes und der Distanzen mit derjenigen der Bilder experimentell zu verbinden.

5.1 Alain Robbe-Grillet

In der Tat ist es insbesondere das Verdienst Robbe-Grillets, den Namen der Nouveaux Romanciers auch mit dem Universum des Films verknüpft zu haben. Es ist jedoch nur recht und billig, daran zu erinnern, daß Robbe-Grillet bei seinem Eintritt in diese andersartige mediale Landschaft bereits eine Situation vorfand, die sich ganz erheblich von der unterschied, die sich ihm im Raum der narrativen Kunst bot, als er seine *Gommes* verfaßte. Im Kino hatte die Revolution bereits stattgefunden. Godard, Truffaut, Chabrol, Rivette, Rohmer kamen von der Kritik an jener Tradition, die sie als ›Kino der Qualität‹ ironisch abqualifizierten, zu einer authentischeren, spontanen, weniger theatralischen Filmsprache, die sich als ›Nouvelle Vague‹ von ihren – zweifellos oft ungerecht diskriminierten – Vorgängern abhob (vgl. Frodon, 1995). Spektakuläre Handlungen, kohärente Helden, die Psychologie der großen Gefühle waren bereits in diesem neuen Kino verpönt, als der Nouveau Roman sich seiner anzunehmen begann. Dennoch findet Robbe-Grillet eigene und originelle Ansatzpunkte, die mit der Verfilmung seines Buches *L'année dernière à Marienbad* (1961) durch Alain Resnais ihre Premiere haben.

Der im Titel genannte Ort evoziert nicht nur den melancholisch rückwärtsgewandten und in dieser Hinsicht durch die Zeitangabe aufgegriffenen und potenzierten Charme eines berühmten Bades, sondern weckt auch kulturelle Assoziationen (Goethes *Marienbader Elegien*). Der Film, der durch die Ästhetik seiner Bilder besticht, führt vor allem den Verzicht auf zeitliche Orientierungsmöglichkeiten in die Filmgeschichte ein. Es ist unmöglich zu unterscheiden, was Traum, was Erinnerung, was ›Gegenwart‹ ist, da die Temporalität der inneren Vorstellungsbilder, ähnlich wie beispielsweise in *La jalousie*, derartigen Kategorisierungen nicht unterliegt. Es ist Sache der Figuren (und damit auch der Zuschauer), ob Orte als Stätten gemeinsamer Vergangenheit, Gärten der Hoffnung oder stille Friedhofsalleen des Todes interpretiert werden: Die räumlichen Materialien lassen beides zu. Ein Spiel (mit Streichhölzern) spiegelt textintern die Handlungskombinatorik. Faszinierend ist auch jetzt – wie immer bei Robbe-Grillet – die Privilegierung objektaler Oberflächen, die zwar hier in barocker Üppigkeit, dennoch weiterhin hierarchisch nebengeordnet, also nicht als Mittel charakterologischer Definition instrumentalisiert erscheinen. Die Atmosphäre der neuen Bildmagie mit ihrer gleichsam hypnotischen Wirkung auf den Filmbesucher beschreibt Robbe-Grillet im Buch *L'année dernière à Marienbad* folgendermaßen:

»A l'intérieur de ce monde clos, étouffant, hommes et choses semblent également victimes de quelque enchantement, comme dans ces rêves où l'on se sent guidé par une ordonnance fatale, dont il serait aussi vain de prétendre modifier le plus petit détail que de chercher à s'enfuir.« (13)

Robbe-Grillets eigene Filmproduktion, in der er sich nicht mehr Resnais', jenes kongenialen und bis heute durch sein filmisches Gesamtwerk Aufsehen erregenden Regisseurs bedient, sondern selbst die Fäden zieht, profiliert sich u.a. mit *L'immortelle* (1963) und *Glissements progressifs du plaisir* (1974). Die zu den Filmen geschriebenen Textbücher tragen den Untertitel ›ciné-roman‹ und greifen damit einen eher verschwommenen Begriff der Filmgeschichte auf, den der Autor jedoch mit neuem Inhalt füllt. Der ›ciné-roman‹ ist ursprünglich eine zur Verfilmung vorgesehene literarische Vorlage; der heute um sich greifenden nachträglichen Bucherzählung des Filminhalts sollte eigentlich die Bezeichnung ›roman-cinéma‹ vorbehalten bleiben (zu Herkunft, Definition und Verwendung der Begriffe vgl. Albersmeier, 1992, S. 106ff.). Keine der beiden Formen verbirgt sich hinter Robbe-Grillets Gattungsbenennung. Robbe-Grillet versteht unter ›ciné-roman‹ eher eine Art Partitur zum Film. In den ›notes préliminaires‹ zu seinem Buch *L'immortelle* gibt der Autor Hinweise zur Begriffsbestimmung:

»(...) le texte qui suit correspond aux solutions effectivement adoptées. Le livre peut ainsi se concevoir, pour le lecteur, comme une précision apportée au spectacle lui-même, une analyse détaillée d'un ensemble audio-visuel trop complexe et trop rapide pour être aisément étudié lors de la projection. Mais, pour celui qui n'a pas assisté au spectacle, le ciné-roman peut aussi se lire comme se lit une partition de musique; la communication doit alors passer par l'intelligence du lecteur, alors que l'œuvre s'adresse d'abord à sa sensibilité immédiate que rien ne peut vraiment remplacer.« (8)

Robbe-Grillet unterstreicht an der gleichen Stelle die Ähnlichkeit zwischen dem ›leeren‹ Blick des Nouveau Roman und dem ›Helden‹ des neuen Films, die beide ungewohnte Varianten des ›Erzählers‹ sind, des »narrateur qui ne ›raconte‹ rien, mais par les yeux de qui tout est vu, par les oreilles de qui tout est entendu, ou par l'esprit de qui tout est imaginé. Et c'est là ce qui lui donne, lorsqu'il est présent sur l'écran, cet aspect à la fois vide et gauche, qui n'est pas celui d'un ›héros‹ de cinéma.« (9)

L'immortelle situiert in türkischem Dekor eine geheimnisvolle Dreiecksgeschichte, der die weibliche Figur L (Anfangsbuchstabe wechselnder Eigennamen) und der ihr begegnende und ihrem Schicksal nachgehende N zum Opfer fallen; die exakte Rolle des (Ehe-)Mannes M bleibt unklar; präsent ist nur seine Bedrohlichkeit. L's Lachen überdauert am Schluß ihren Tod. Auch diese Filmgeschichte verzichtet auf Linearität und Handlungslogik; die Bilderfolge entfaltet sich in assoziativem Spiel, in Variationen weniger Grundmotive, über deren ›Realitätsstatus‹ der Zuschauer absichtlich im Unklaren gelassen wird.

Der ›ciné-roman‹ zum Film *Glissements progressifs du plaisir* beginnt mit einer Synopse, die kurz den Inhalt wiedergibt: Ein minderjähriges Mädchen wird des Mordes an seiner Freundin verdächtigt und in einem von Nonnen geführten Gefängnis festgehalten. Den Phantasmen der schönen Unschuldig-Schuldigen erliegen männliche und weibliche Vertreter der Justiz bis zum fatalen Ende. Auf die knapp den anekdotischen Kern des Werkes wiedergebende Synopse folgt die »continuité dialoguée«, die als unmittelbare Vorbereitung auf die Filmarbeit anzusehen ist und für alle Beteiligten die Funktion des traditionellen Skripts übernimmt. Dieser zweite Teil ist eine detaillierte Beschreibung der Filmsequenzen in ihrem geplanten Ablauf und enthält den gesamten Text der Figurendialoge bziehungsweise der Erzählerstimmen. Der dritte Teil, der erst nach Fertigstellung des Films fixiert werden kann, ist dennoch alles andere als ein ›roman-cinéma‹. Er beschreibt präzise sämtliche tatsächlich realisierten Einstellungen mit Figurenkonstellation und -plazierung sowie dem exakten Ort der Redeelemente und kommt so dem Wesen der ›Partitur‹ am ehesten nahe.

Am Ende seiner Einführung in das dreiteilige Buch zum Film betont der Autor, daß die spektakulären erotischen oder brutalen Elemente von *Glissements progressifs du plaisir* weder die eigentliche ›Botschaft‹ noch auch das Wesen der angestrebten Ästhetik bilden. Diese kann vielmehr nur aus der Strukturierung der verwendeten

Elemente herausgelesen werden, bei der das Prinzip der Analogie, des Identitätstausches, auf verschiedenen Ebenen eine entscheidende Rolle spielt, so daß es, möchte man hinzufügen, geradezu dem Jakobsonschen poetologischen Äquivalenzprinzip nahekommt und die Filmarbeit insofern einem Gedicht annähert. Dennoch ist auch das Stereotyp der ewig jungen und schönen Frau, das auf Michelets *La sorcière* zurückgeht, nicht ohne Belang. Robbe-Grillet deutet es als Bild der Freiheit. Der provokativ gesellschaftliche Unordnung schaffenden Nacktheit der Protagonistin entspricht ihre ebenfalls Unordnung schaffende Erzählweise. »Sie spielt das Spiel nicht mit, zu dem der Richter sie veranlassen will, welches das Spiel der Polizei ganz allgemein ist: ordnen, alle Dinge ins Kästchen packen, um ein klares, eindeutiges System zu bekommen, an das man nicht rühren darf« (Robbe-Grillet in *Lendemains* 5, 1976, S. 23; Vortragswiedergabe in deutscher Übersetzung).

Bei den knappen Hinweisen auf die künstlerischen Intentionen seines Films beruft sich Robbe-Grillet auf Kategorien, die für Sprache, nicht für Bilder, entwickelt wurden, und erweitert diesen terminologischen Apparat damit ganz nebenbei für die Bedürfnisse einer notwendigen umfassenderen Zeichentheorie:

»Selon l'irremplaçable opposition saussurienne entre langue et parole, disons que les scènes de comédie, le goût du sang, les belles esclaves, la morsure des vampires, etc., ne représentent pas la parole de ce film, mais seulement sa langue. C'est la parole d'une société qui a été découpée en morceaux afin de la faire rétrograder à l'état de langue. Et c'est cette langue seconde qui va servir de réservoir à matériaux pour produire une parole nouvelle, une structure non réconciliée, ma propre parole.« (*Glissements*, S. 14)

Derartige Feststellungen gelten gleichermaßen für Robbe-Grillets Erzähltexte in der Phase des Nouveau Nouveau Roman.

Deutliche Gemeinsamkeiten zwischen den späten Romanen und den Filmen sieht denn auch Morrissette. Die Techniken beider Gattungen ordnet er auf Grund ihres spezifischen Eklektizismus der Postmoderne zu, wobei uns jedoch weniger diese modische Kategorisierung als vielmehr die Beschreibung der auf Generatoren basierenden Verfahren interessiert:

»Robbe-Grillet's constructional practices in his latest novels and films provide the most striking if not convincing demonstrations of postmodern fictional generators in operation. Basically, his theory ist this: to choose popular, ›ignoble‹, even worn-out fictional situations and ›themes‹ from pornographic novels, detective stories, exotic action films, and Epinal engravings of sadoerotic tortures, and to structure these by means of generative metaphors, formal interrelationships, correspondences, and *mises en abyme*, subjecting this narrative field to topological manipulations such as reversal, infolding, turning inside out, and the like, to produce a radically new kind of novel and film.« (Morrissette, 1985, S. 9)

Zu Filmen, deren Realisierung keine ausführlichen Textbücher (*L'homme qui ment*, 1967; *Trans-Europ-Express*, 1967) oder nur serielle Anweisungen (*L'Eden et après*, 1969) zugrunde lagen, existieren keine ›Partituren‹, weil ihre Erstellung eigenständige literarische Schöpfungen erfordert hätte und damit wohl als zu aufwendig empfunden wurde. Der serielle Experimentalfilm *L'Eden et après* greift viele der aus dem Universum des Autors bekannten Motive auf und überträgt dabei der weiblichen Protagonistin wie so oft die Funktion anarchischer Störung und Verstörung von Ordnungen. Diesem dem Abenteuer des Lebens verschriebenen Prinzip müssen sich nicht nur die Ablaufebene der ›histoire‹, sondern letztendlich auch die des nur dem Anschein nach als besonders streng kalkulierten ›discours‹ beugen (vgl. Nerlich, 1989, S. 331- 379, der damit ein weiteres Mal seine übergreifende These vom Anteil des ›hasard‹ an aller bedeutenden ästhetischen Produktion sowie übrigens auch deren angemessenem Verstehen – wider jeden totalitären Strukturalismus – bestätigt sieht).

5.2 Marguerite Duras

Auch Marguerite Duras fühlt sich nicht nur in der Literatur und auf der Bühne, sondern außerdem im Medium Kino heimisch. Wie in ihren Romanen und Theaterstücken sucht sie hier ebenfalls nach unverbrauchter, weitgehend elliptischer Sprache, um ihre suggestiv verknappten großen Gefühlswelten in Bilder umzusetzen. Was Mireille Calle-Gruber als das Leitmotiv des Duras-Werkes ansieht: »l'impossibilité du dire, le dire et ne pas dire, le dire l'indicible« (1992, S. 19), prägt auch die Filme, mit denen Duras ausdrücklich nur Zuschauer erreichen will, die sich dem neuen Sehen – im Gegensatz zum Wiedersehen des Gewohnten – zu öffnen bereit sind. Wie Robbe-Grillet liefert auch Duras zunächst die Vorlage für einen großen Resnais-Film (*Hiroshima mon amour*, 1959). Seit 1966 ist sie selbst als Filmemacherin tätig und lehnt ihre Filme zum Teil an ihre epischen oder dramatischen Texte an. *India song* (1975), *La Femme du Gange* (1976) und *Son nom de Venise dans Calcutta désert* (1976) gehen auf die Welt um Annemarie Stretter, Protagonistin des *Vice-consul* (1965), zurück. Auch die meisten ihrer übrigen erzählenden Texte werden von ihr in den 70er Jahren verfilmt. In fast leeren

Räumen bewegen sich Inkarnationen von Einsamkeit, die große Frauenrollen für Delphine Seyrig, Jeanne Moreau und Madeleine Renaud hergeben, wobei diese Stars mit Vorliebe gegen ihr Image besetzt werden (so in *Nathalie Granger*, 1972). Duras bevorzugt Filme mit einer geringen Zahl von Einstellungen und fehlenden Übergängen. In entschiedener Ablehnung der realistischen Tradition auch dieser jungen Kunstform werden Bild und Ton häufig voneinander abgekoppelt; Stimmen bekannter Schauspieler erscheinen durch Synchronisation verfremdet. *Le camion* (1977) erprobt die Möglichkeiten des Konditionals, der Hypothesenhaftigkeit im Kino, in einem sich selbst entwerfenden Film, begleitet von Erzählern (Gérard Depardieu und Marguerite Duras), durch die sich die Bilder eigentlich erst selbst simultan in Szene setzen: Realisierung einer Idealvorstellung, die Duras mit dem großen und von ihr rückhaltlos bewunderten Neuerer Godard teilt. Auch an Jean-Marie Straub und Rivette wird man erinnert. Mit eher kommerziellen Verfilmungen wie der – weitgehend autobiographischen – Liebesgeschichte *L'amant* (1984) hat die ursprüngliche Duras-Welt nicht mehr viel zu tun; in diesem Falle freilich ist auch bereits der Roman, trotz oder wegen seiner außerordentlichen Popularität, kaum mehr mit den innovatorischen Maßstäben des Nouveau Roman zu messen.

5.3 Die ›Nouvelle Nouvelle Vague‹

Will man den Beitrag des Nouveau Roman zum Film richtig einschätzen, so darf man nicht nur das Kino der Nouveaux Romanciers selbst berücksichtigen. Die Strenge und äußere Spannungslosigkeit, die seit den 60er Jahren eine der Möglichkeiten ist, sich im Film auszudrücken, hat auf viele Regisseure und Arbeiten übergegriffen. Genannt sei nur – als ein kleines Beispiel unter vielen denkbaren – der französische Regisseur André Téchiné mit seiner Vorliebe für statische, ungeschwätzige und verhaltene Beziehungsgeschichten, in denen stille Räume eine prominente Rolle spielen. Téchiné, der wie viele Regisseure von den *Cahiers du Cinéma* herkommt und Assistent bei Rivette war, ist mit Jean Eustache und Jacques Doillon Vertreter der zweiten Generation eines neuen Films, den man wohl auch als ›nouvelle Nouvelle Vague‹ bezeichnet. Er inszeniert ein nicht mehr vorgegebenes, durch den Nouveau Roman aufs äußerste problematisiertes Verhältnis zwischen Figur und Handlung mittels der bewußten Nutzung der – zum Leben zu erweckenden – distanzierten Kühle des Filmstars (Catherine Deneuve in *Hôtel des*

Amériques, 1981, *Le Lieu du crime*, 1986, *Ma saison préférée*, 1993).
Und wenn die zu früh verstorbene Delphine Seyrig, deren Schönheit und Kunst *L'année dernière à Marienbad* getragen hatten, auch
die Hauptrolle in einem der wichtigsten Frauenfilme spielt, in
Chantal Akermans *Jeanne Dielman, 23, quai du Commerce, 1080
Bruxelles* (1975), so ist auch das vielleicht mehr als ein Zufall: Die
intensive, fast ganz ohne Rede auskommende präzise beobachtende
Repetivität dieser tristen und tragischen Frauengeschichte mit ihrer
ebenso künstlichen wie realistischen Monotonie wäre möglicherweise nicht zu denken ohne die vorausgegangenen Kameraentdeckun-
gen der ganz andersartigen, im Unterschied zu Akerman an politi-
scher Kritik (im weitesten Sinne) nicht interessierten neuen Ästhetik.

Was sich freilich hierbei direkt dem Nouveau Cinéma verdankt,
was bereits durch die Errungenschaften der Nouvelle Vague zur
Selbstverständlichkeit geworden war, läßt sich im nachhinein wohl
nicht mehr eindeutig differenzieren. Fest steht jedenfalls, daß die
(zunächst nur narrative) Ästhetik des Labyrinths (temporaler, spatia-
ler, mentaler Natur) spätestens seit *L'année dernière à Marienbad*
auch im Filmschaffen – nicht nur Frankreichs – Heimatrecht erhalten und dieses Medium damit um eine wichtige Dimension erweitert hat.

6. Nouveau Roman, Kritik und ›nouvelle critique‹

6.1 Presse und Kolloquien der frühen Jahre

Die Werke der Nouveaux Romanciers haben eine Flut von kritischen Würdigungen, Analysen, literarhistorischen Überblicken sowie Detailinterpretationen einzelner Texte nach sich gezogen. Es kann hier nicht darum gehen, einen Forschungsbericht zu geben: Allein die Auflistung der Literatur würde bereits Bände füllen. Da der neue Romantyp als besonders ungewöhnlich empfunden wurde, schieden sich die Geister zunächst an ihm mit besonderer Schärfe. Die Meinungen in Literaturzeitschriften und Tagespresse sind zwischen Beifall und kritischer Distanz geteilt. *Arts* und *Le Figaro littéraire* stehen dem Nouveau Roman durchweg ablehnend gegenüber. *Le Monde* dagegen sucht sowohl der humanistischen Tradition, für die sich Pierre-Henri Simon engagiert, als auch der experimentellen Literatur gerecht zu werden. Die gewichtige *Nouvelle Revue Française* versucht eine ähnliche Gratwanderung: Während sie einerseits der literarischen Tradition, und zwar nicht nur ihren bedeutendsten Vertretern, viel Raum gibt, nimmt sie andererseits Butor vehement gegen Pierre-Henri Simon in Schutz, läßt Claude Ollier und sogar Ricardou zu Wort kommen und bezeichnet durch den Mund Dominique Aurys schon 1960 Nathalie Sarraute als eine der größten Schriftstellerinnen der Gegenwart.

Neben Buchrezensionen sowie Aufsätzen in Zeitungen und Zeitschriften geben Literaturforen zu einzelnen Nouveaux Romanciers oder zur grundsätzlichen Standortbestimmung des zeitgenössischen Romans – wie in dem programmatisch betitelten Tagungsbericht *Positions et Oppositions sur le Roman contemporain* (Mansuy, éd., 1971) – einen lebendigen Eindruck von den atmosphärischen Spannungen zwischen Traditionalisten und Neuerern, unter denen Ricardou immer wieder durch ebenso scharfsinnige wie apodiktische Verurteilungen des Althergebrachten auffällt. Auf der anderen Seite profiliert sich zum Beispiel Denis Saint-Jacques (auf einem Kolloquium zum Werk Claude Simons) durch eine als Fiktion getarnte, jedoch in ihrer kritischen Intention nur allzu durchsichtige ironische Relativierung des neuen Erzählens (Ricardou, éd., 1974, S. 223-237).

Intensität und Gegensätzlichkeit der Diskussion um den Nouveau Roman können hier nur an einigen charakteristischen Beispielen vermittelt werden. Als besonders wichtiges Phänomen im Streit der Meinungen über die neue Avantgarde ist die Herausbildung oder mindestens Profilierung einer Strömung innerhalb der Literaturkritik anzusehen, die gemeinhin als ›nouvelle critique‹ bezeichnet wird und innerhalb ihrer Textgattung und ihres Aufgabenfeldes eine dem Nouveau Roman vergleichbare progressive Position einnimmt. Auch sie, die sich für die neue Erzählkunst einsetzt, wird wie diese angefeindet und dadurch gezwungen, ihren eigenen Ansatz transparent zu machen. Dabei ergibt sich eine erstaunliche Analogie zwischen der Standortbestimmung, wie sie die Nouveaux Romanciers für ihr Romanwerk vornehmen, und der Reflexion der ›neuen Kritiker‹ über ihr Tun. Der gemeinsame Nenner ist die Kritik am Wahrscheinlichkeitsbegriff und damit am traditionellen Realismus, dessen Epigonen und lautstarke Verteidiger sich nach Ansicht ihrer Gegner nicht klar machen, daß sie bestimmte historisch bedingte ästhetische Positionen ungeprüft als zeitlos gültige Faktoren ansehen. ›Verstöße‹ gegen diesen traditionellen Katalog – der erzählbaren Geschichte, der kohärenten Psychologie, der nachvollziehbaren Temporalität des Geschehens, kurz, alles dessen, was sich vereinfachend unter dem Begriff ›Mimesis‹ zusammenfassen läßt – ahnden sie mit Empörung und ›Ausschluß‹.

6.2 Roland Barthes – Pierre de Boisdeffre

Für die Gruppe der Gegner des Nouveau Roman seien hier stellvertretend Raymond Picard und Pierre de Boisdeffre genannt, für seine Verteidiger Roland Barthes. Dem letztgenannten geht es bei der Literaturdiskussion nicht um zu bewahrende und daher moralisch besetzte Inhalte, bei der Literaturkritik nicht um so vage, unhinterfragt übernommene Kategorien wie Objektivität, Geschmack, Klarheit, die in der französischen Literaturgeschichte fest verwurzelt sind, sondern um ein kritisches Sprachbewußtsein. Literatur ist für ihn vor allem unter diesem Gesichtspunkt zu betrachten: Sie ist von Natur aus subversiv, indem sie die Sprache der Kommunikation torpediert und an die Stelle banaler, herkömmlicher Semantik eine offene Pluralität der Bedeutungen setzt, eine »langue plurielle« (*Critique et vérité*, 1966, S. 53). Die Privilegierung des sprachlichen Ansatzes, die einer an der Linguistik orientierten Analysemethode das Wort redet und nur darin Chancen für eine halbwegs seriöse ›science de la littérature‹ sieht, trifft im Nouveau Roman auf einen für sie denkbar geeigneten Gegenstand. Andererseits werden die Bemühungen der Romanciers durch die Arbeiten der ›nouvelle critique‹ bestätigt, gefördert und zu verstärktem Bewußtsein für die sprachliche Materialität ihrer Fiktionen inspiriert. Nouveau Roman und ›nouvelle critique‹ gehen somit mehr und mehr parallele Wege oder beeinflussen sich sogar unmittelbar gegenseitig. Beide Tendenzen interessieren sich mehr für die »organisation interne« eines Werkes als für seine »inscription historique« (Tzvetan Todorov, *Critique de la critique*, S. 160); beide schaffen sich ihre eigene – meist schwierige – Sprache.

Einig sind sich sämtliche Vertreter des Nouveau Roman und der ›nouvelle critique‹ in der Distanz gegenüber dem Begriff des Engagement. Barthes unterscheidet zwischen ›intransitivem‹ Umgang mit Sprache, wie sie den ›écrivain‹ kennzeichnet, und ›transitivem‹ Schreiben, mit dem sich der ›écrivant‹ begnügt, der mit seinen Schriften nur die vorgegebene Aktion begleitet, nicht aber selbst schreibend die eigentliche Aktion darstellt. (Sartres Unterscheidung von Poesie und Prosa in *Qu'est-ce que la littérature?* wird damit hinfällig.) Der Vorwurf des Formalismus, den traditionell argumentierende Kritiker dem Nouveau Roman machen, wird von Roland Barthes durchaus folgerichtig in eine Laudatio umgewandelt. So schreibt er bereits 1955 über Robbe-Grillet (mit Bezug auf *Le voyeur*):

»Naturellement, la tentative de Robbe-Grillet procède d'un formalisme radical. Mais (...) si l'on juge les recherches formelles nocives, c'est écrire, non chercher, qu'il faut interdire«. (*Essais critiques*, S. 69)

Die destruktive Kraft, mit der durch den Nouveau Roman gerade die Absage an das Hergebrachte und damit auch die Verstörung der traditionellen Lesererwartung vorgenommen wird, weist derartigen Experimenten eine Position notwendiger, wenngleich (oder weil) nahezu suizidärer Kühnheit an, die nicht nur innerhalb der literarischen Serie zu werten ist, sondern auch als eine ›formal‹ vermittelte Gesellschaftskritik verstanden werden muß: einzige Möglichkeit, wie der ›écrivain‹ auf authentische Weise seinem nunmehr neu definierten Engagement (»*engagement manqué*, comme un regard moiséen sur la Terre Promise du réel«, *Essais critiques*, S. 150) gerecht werden kann »dans ce vertige rare où la littérature veut se détruire sans le pouvoir, et se saisir dans un même mouvement, détruisante et détruite« (ebd., S. 69).

Die herausragende Stellung Robbe-Grillets und damit des Nouveau Roman unterstreicht auch Michel Foucault bei seiner Standortbestimmung des Erzählens. Sein zuerst 1963 in der Zeitschrift *Critique* erschienener Aufsatz »Distance, aspect, origine« wird 1968 in die in unserem Zusammenhang insgesamt wichtige *Théorie d'ensemble* der Gruppe *Tel Quel* um Philippe Sollers aufgenommen. Foucault vertritt dort die Ansicht, Literatur als Rhetorik und als ›bibliothèque‹, also als Traditionsfülle, sei mit Robbe-Grillet und seinem kritischen Blick, der als Voraussetzung nur noch ›le langage‹ gelten lasse, hinfällig geworden; nur so seien auch die mehr und mehr der ›écriture‹ (nicht den Inhalten) verpflichteten Sollers-Romane möglich geworden. Barthes und Foucault betonen somit die eminente Wegbereiterfunktion des Nouveau Roman (vergleichbar geradezu, könnte man sagen, dem innovatorischen ›tabula-rasa‹-Bewußtsein eines Descartes in der Philosophie). Als einer der ersten weist Roland Barthes (in seinem Aufsatz *Littérature objective*, 1954) Robbe-Grillet seinen Platz in der Geschichte der modernen Avantgarden an: »Sa tentative vaut en importance celle du surréalisme devant la rationalité, ou du théâtre d'avant-garde (Beckett, Ionesco, Adamov) devant le mouvement scénique bourgeois«. (*Essais critiques*, S. 39)

Am anderen Ende der Wertungsskala richtet Boisdeffre mit besonderer Schärfe über den Nouveau Roman. Seine Schrift *La cafetière est sur la table ou contre le »Nouveau Roman«* (1967) ist, wie schon aus dem Untertitel hervorgeht, weniger eine kritische Würdigung als vielmehr ein Pamphlet, das insofern seinen eigenen Gattungsgesetzen folgt und so überzogen ist, wie man es von dieser Textsorte erwarten darf. Der Satz »La cafetière est sur la table« ist ein Zitat aus Robbe-Grillets *Instantanés* (9). Dem Wortführer der neuen Erzählweise wird dabei keineswegs das grundsätzliche literarische Talent abgesprochen, wohl aber die spezifische Kreativität des Romanciers, der eine Welt zu schaffen habe. Wenngleich Boisdeffre das Erscheinen der *Gommes* noch mit einem gewissen kritischen Interesse begrüßt hatte, stellt er nun, ein Jahrzehnt später fest, daß der Nouveau Roman keine wirkliche Revolution sei, da er keine entsprechende gesellschaftliche Wandlung zum Ausdruck bringe:

»Il n'*exprime* rien: ni une expérience originale, ni une grande découverte formelle, ni l'invention de nouveaux thèmes. Au contraire, il traduit un manque, un refus, une obsession. Ce n'est pas une entreprise révolutionnaire: c'est le sous-produit d'une *crise*. Crise du Roman. Crise de la Littérature. Crise de l'Homme«. (15)

Für Boisdeffre hat ein Roman »personnages« zu enthalten und »en profondeur« (25) zu erhellen. Genau das aber lehnt Robbe-Grillet ab; insofern ist er nach Boisdeffre kein Romanschriftsteller; weder an Individuen noch an Gesellschaft als Ganzem sei er interessiert. Daß dieser Vorkämpfer eines blutleeren Antiromans sich nun als

Gesetzgeber des Romanschaffens aufspielen darf, verdankt er Roland Barthes, dem »Iago de cet Othello« (68), der sich durch eine Art Staatsstreich des »palais de cet empire imaginaire« bemächtigt habe, als dessen »roi fainéant« (77) Boisdeffre Robbe-Grillet abqualifiziert. Als Garanten seiner eigenen Angriffe auf Barthes zieht Boisdeffre Raymond Picard heran, der sich 1965 die Frage gestellt hatte, ob es sich bei der ›nouvelle critique‹ nicht wohl eher um eine ›nouvelle imposture‹ handeln könnte, eine böswillige Unterstellung, die von Robert Emmet Jones (der allerdings den Begriff ›nouvelle critique‹ sehr weit faßt und neben Barthes' Strukturalismus auch existentialistische, thematische und psychoanalytische Analysemethoden berücksichtigt) energisch zurückgewiesen wird:

»Non, M. Picard, la Nouvelle Critique est loin d'être une nouvelle imposture. Elle est bien plus explosive, plus provocante, plus pénétrante, souvent même plus solide qu'une grande partie de la critique académique traditionnelle, qui, sans le savoir, marche solennellement vers son crépuscule et la nuit de l'oubli«. (1968, S. 359)

Die bei Boisdeffre zitierten Formeln, mit denen der Nouveau Roman gern definiert wird (»écriture sans alibi, sans épaisseur et sans profondeur... Promotion du visuel! Assassinat de l'objet et de l'espace classiques! Naissance du roman futur: le roman en surface!« 79), bezeichnet der Autor als modischen Jargon, als »boniments de foire« (79), mit denen auf bequeme Weise der Anschein der Fortschrittlichkeit erzielt werden könne. Besonders kritisch beurteilt Boisdeffre – neben den *Instantanés*, aus denen er im Titel seiner Schrift ironisch zitiert –, den Roman *La jalousie*, in dem der Mensch endgültig zur Beute der Dinge werde, während sich vorher ›regard‹ und Objekte mindestens noch in einiger Spannung gegenübergestanden hätten. Genau das, was Robbe-Grillet ja gerade als das Neuartige anstrebt, prangert Boisdeffre verärgert an:

»(...) le narrateur pourrait être avantageusement remplacé par une cellule photo-électrique; analysée comme un phénomène physique, décomposée en éléments scientifiquement mesurables, en minutes, centimètres, angles et lumières, la passion se désincarne«. (9l)

Gelten läßt der Kritiker zwar den Filmemacher Robbe-Grillet, der mit seinen Bildern durchaus die Emotivität des Zuschauers zu erreichen vermag, dem Romancier jedoch ruft er zu:

»Brûlez vos livres, Robbe-Grillet! Délivrez-nous de cette moisissure qui, d'année en année, s'étend sur nos Lettres. Ne semez plus à tous les vents ces champignons hallucinatoires qui ne combattent pas l'insomnie, mais qui la répandent. Epargnez votre temps et le nôtre«. (150f.)

161

Wenngleich sich die Verärgerung über den Nouveau Roman bei Boisdeffre an Robbe-Grillet als ihrem Wortführer festmacht, ist die Verurteilung doch genereller gemeint, was zum Beispiel an einem bösen Seitenhieb auf Pinget deutlich wird. Letztlich geht es natürlich um die Kritik an einem ›inhumanen‹ Weltbild, weshalb auch ein Jahrhundertautor wie Samuel Beckett bei Boisdeffre wenig Gnade findet. Von der Basis einer vergleichbaren humanistischen Weltanschauung und Literaturkonzeption aus übt auch Jean-Bertrand Barrère Kritik am Nouveau Roman und vor allem an Robbe-Grillet, dem er die durch keine echten Neuerungen kompensierte Verarmung der erzählten Welt zum Vorwurf macht (1964).

Während die einen Neues einfordern, beklagen die anderen den Verlust des Alten. An Nietzsches ›Gott ist tot‹ fühlt sich Marthe Robert erinnert durch die Arroganz, mit der die Nouveaux Romanciers der literarischen Tradition den Rücken kehren, anstatt weiterführend aus ihr zu schöpfen (1977, S. 157ff.). Dieser Vorwurf mag allenfalls auf manche überzogene Attitüde der Anfänge zutreffen, der Sache selbst wird er keineswegs gerecht: Von den *Gommes* bis zur *Bataille de Pharsale* und zum *Jeu d'enfant* durchzieht den Nouveau Roman ein Strom lebhaften intertextuellen Spiels mit Mythen, Ahnen und Modellen; das ist im übrigen längst vielfach nachgewiesen worden.

Inzwischen haben sich die Wogen der Entrüstung, freilich auch die der Begeisterung, geglättet. Schon 1963 führte Bruce Morrissette mit seiner Interpretationssammlung *Les romans de Robbe-Grillet* eine Sichtweise ein, die sich nicht in erster Linie auf die objektale Oberfläche und die damit verbundene Sprache konzentrierte, sondern die (entgegen dem Anschein doch noch) zugrundeliegenden Geschichten und psychologischen Motivationen der Figuren aufdeckte. Die berühmt gewordenen Analysen haben den Vorteil, daß sie auch ein bis dahin widerspenstiges Publikum für die neue Erzählwelt gewinnen können; der Nachteil besteht jedoch in der Gefahr, das provozierend Andersartige mit Akribie auf Gewohntes zu reduzieren, in dem Bilderstürmer den Humanisten zu entdecken und damit den verunsicherten Leser zu beruhigen. Lucien Goldmann zieht in *Pour une sociologie du roman* (1964), in dem er sich unter dem Titel *Nouveau roman et réalité* auch mit der neuen Literatur beschäftigt, den Prinzipien seiner Methode entsprechend Parallelen zwischen immanenten Werkstrategien und den Strukturen der zeitgenössischen Gesellschaft. In Robbe-Grillets Romanen sieht er die ›réification‹ der sozialen Gegenwart, die Verdinglichung des Humanen, besonders deutlich gespiegelt, wobei auch dieser grundsätzlich leicht nachvollziehbare Ansatz den literarischen Gegenstand auf einen einzigen seiner Aspekte reduziert, der zudem eine gesellschaftskritische Färbung annimmt, die er bei Robbe-Grillet genau nicht haben soll. Gerade diesen Verzicht auf die gesellschaftliche Einbettung machen marxistische Kritiker (Edouard Lop, André Sauvage, aber auch Georg Lukács) den Nouveaux Romanciers zum Vorwurf, die sie als Epigonen (nicht, was legitim wäre, als Erben) von Joyce, Kafka und Proust bezeichnen und damit herunterspielen.

Alles andere als unmittelbar soziologisch ist der Ansatz von Ricardou, zum Beispiel in *Le Nouveau Roman*, 1973. Nach Ricardou besteht das – für die traditionelle Kritik verstörende – Wesen des Nouveau Roman in der »contestation du récit« (31), die sich der verschiedensten Techniken, von Wiederholungen aller Art über die exzessive Beschreibung, den textinternen Variantenfächer und die ›mise en abyme‹ bis zur ablaufsuspendierenden Digression, bedienen kann. Mit der ihm eigenen Lust am aussagekräftigen Wortspiel schlägt Ricardou dabei Textklassifikationen vor, die in griffiger Formulierung gleichzeitig das Verfahren und seine Zersetzungstendenz benennen (so heißt ein Erzählen auf der Basis von »mise en abyme« »récit abymé«, 47ff., von Generatoren »récit dégénéré«, 75ff., von Variantenspielen »récit avarié«, 90ff.). Ricardou betont immer wieder den Produktionscharakter des neuen im Gegensatz zum Darstellungscharakter des herkömmlichen Erzählens. Von hier aus erfaßt er auch den Unterschied zwischen dem Nouveau Roman und den Arbeiten der *Tel Quel*-Gruppe: Ersterer ist durch »auto-représentation«, letztere sind durch »anti-représentation« gekennzeichnet (1971, S. 265). Ricardous in mehreren anspruchsvollen Bänden entwickelte Poetik wird den Techniken des Nouveau Roman sicher in hohem Maße gerecht, befleißigt sich jedoch einer geradezu asketischen und letztlich unbefriedigenden Zurückhaltung bei deren philosophischer Deutung.

Wie immer man den gesamten nun schon historischen Streit um Strukturen, Sinn und Funktion der neuen Erzählliteratur auch beurteilen mag: Der Nouveau Roman hat inzwischen längst seinen unstreitigen Stellenwert als ›Klassiker‹ der jüngeren Moderne erhalten; ihn als »épiphénomène passager, fabriqué de toutes pièces par des esprits ingénieux, amateurs d'abstractions et de graphismes algébriques, à l'usage d'un public d'initiés en nombre restreint« (Gusdorf, 1986, S. 3) abzutun, ist keinesfalls gerechtfertigt und legt den Verdacht nahe, der Verfasser einer solchen Beurteilung schließe sich der ihrerseits modischen Absage an einen in der Tat zeitweilig zur Mode entarteten Trend an und habe dabei die Qualität der Texte selbst aus den Augen verloren.

6.3 Stationen einer Wirkungsgeschichte

Die anfänglich so lautstarke Auseinandersetzung um den Nouveau Roman ist nicht nur ein Kuriosum, sondern bereits ein Indiz für die Relevanz des umstrittenen Phänomens: Seither hat keine literarische Erscheinung mehr so engagiert zu polarisieren, eine so lebhafte Diskussion, an der sich vor allem auch die verschiedensten Aspekte des zeitgleichen Strukturalismus beteiligten, auszulösen vermocht. Inzwischen sind mit mehr Gelassenheit nahezu alle denkbaren formalen und ›inhaltlichen‹ Aspekte der neuen Strömung diskutiert worden. Neben Barthes, Foucault, Ricardou haben sich zahlreiche prominente Kritiker von Michel Leiris bis Claude Mauriac für die ›alittérature‹ eingesetzt. Obgleich als Vertreter der engagierten Literatur *par excellence* eher dem entgegengesetzten Lager angehörend, konnte sogar Sartre an Nathalie Sarraute und ihrer Darstellung des Stoffes, aus dem die Existenz gemacht ist, und Butor, von dem er sich eine zukunftsweisende Literatur der Mitmenschlichkeit erhoffte, nicht vorübergehen.

Die Grenzen Frankreichs überschreitend, wurde bald eine Beziehung zu dem zweiten großen zeitgenössischen epischen Ereignis hergestellt, zum lateinamerikanischen Roman (Pollmann, 1968, de Toro, 1986). In den Vereinigten Staaten, in denen Robbe-Grillet lange persönlich im universitären Bereich präsent war, künden Tom Bishop und viele andere seit Jahrzehnten das Lob dieser Strömung (vgl. *Angélique ou l'enchantement*, 28ff.). Im deutschsprachigen Raum kommt Gerda Zeltner-Neukomm das Verdienst zu, das »Wagnis« (1960) des neuen Romans mit der ihr eigenen Neugier schon begrüßt zu haben, als die Gegner noch, nostalgisch mäkelnd, zurückblickten (z. B. Krause, 1962). Einflußreiche Geschmacksrichter unter deutschen Kritikern und Schriftstellern äußern sich unterschiedlich zu diesem ungewohnten Literaturtyp (vgl. Neumann in: Blüher, 1992, S. 101-138). Marcel Reich-Ranicki beispielsweise war und ist kein Freund des Nouveau Roman, obwohl der von ihm hochgelobte Amerikaner Paul Auster mit seinen kafkaesken Identitätsspielereien dem Robbe-Grillet der *Gommes* so fremd gar nicht ist.

In seiner nicht nur historischen Bedeutung kann der Rang des neuartigen Erzählansatzes von keinem Kenner der literarischen Entwicklung in der zweiten Hälfte unseres Jahrhunderts mehr bestritten werden. In Frankreich gibt es neben aller Rückbesinnung auf bewährte Erzähltraditionen sogar zaghafte Ansätze zu einem neuen Nouveau Roman (vgl. S. 78f.).

Doch auch außerhalb Frankreichs zeigen sich zeitgenössische Erzähler beeinflußt vom Nouveau Roman. Enge Verwandtschaft mit seinen französischen Kollegen weist insbesondere der Kanadier Hubert Aquin auf (*Prochain épisode*, 1965), den manche direkt der neuen Strömung zurechnen.

Im deutschsprachigen Raum sei stellvertretend Peter Handke genannt, dessen Fiktionen der 60er und 70er Jahre mit unermüdlicher Geduld und Intensität bei der Beschreibung nahezu ereignisloser Wirklichkeiten zu verweilen verstanden und insofern die Linearität herkömmlicher handlungsbezogener Erzählhaltung immer wieder konsequent aufbrachen. Sicher ist der Romancier Handke, den man inzwischen gern mit dem Etikett der ›Neuen Innerlichkeit‹ versieht, in späteren Werken weitaus versponnener als seine französischen Kollegen, sicher neigt er zur feierlichen Transposition des Banalen ins Erhabene, doch lehnt auch er wie die Nouveaux Romanciers weiterhin ein gesellschaftsbezogenes Erzählen in der Nachfolge Balzacs ab, und mit dem Nouveau Roman teilt er das Flaubert-Ideal, einen Roman über nichts zu schreiben, ein Werk also, in dem das Schreiben selbst und nicht dessen Gegenstand die entscheidende Rolle spielen würde. Noch sein umstrittenes Prosawerk *Mein Jahr in der Niemandsbucht* (1994) kann ebenso wenig diese Tendenz (»eine Spannung aus nichts und wieder nichts«, 253) verleugnen wie die – bisher in der Heftigkeit der kritischen Diskussion wohl übersehen – Nähe zur ›nouvelle autobiographie‹, insbesondere zum Projekt Claude Olliers, der sich seinerseits für Handkes Desillusionskunst interessiert und in seinem kritischen Kulturverständnis außerdem Gemeinsamkeiten mit Thomas Bernhard und Botho Strauss entdeckt (*Lendemains* 65, 1992, S. 52).

7. Lesbarkeit, ›nouvelle autobiographie‹ und neuer Nouveau Roman

7.1 Rückkehr zur ›lisibilité‹

Der offizielle Literaturbetrieb der sechziger und siebziger Jahre steht in Frankreich weitgehend unter dem Diktat von Strukturalismus, Zeichentheorie und einer immer autarker werdenden Sprachwelt des späten Nouveau Roman und der Gruppe *Tel Quel* um Philippe Sollers. Für viele Kritiker und Literaturfreunde scheint der Zustand, in dem sich die Erzählkunst mehr und mehr vom Leser entfernt, nachgerade unerträglich zu werden. Symptomatisch für die Abkehr von den eigenen dogmatischen (linguistisch-strukturalistisch orientierten) Positionen ist Tzvetan Todorovs bekenntnishafte *Critique de la critique* (1984). Und sogar der zuvor so rigorose Ricardou relativiert die einzigartige und exemplarische Stellung des Nouveau Roman schon 1978 mit seinem Buch *Nouveaux problèmes du roman*, dessen Titel bereits eine programmatische Akzentverschiebung enthält und darauf verweist, daß der Nouveau Roman nicht länger ohne seinen komplexen literarhistorischen Kontext gewertet werden kann. Seiner Einleitung schickt Ricardou ein Motto von Joubert voraus: »Le papier est patient, mais le lecteur ne l'est pas« (9). Der Ruf nach Verständlichkeit, nach Lesbarkeit (›lisibilité‹) nimmt in der Tat in den 80er Jahren zu und führt zu einem deutlichen Klimawechsel.

Gewiß hatte es neben dem Nouveau Roman auch bereits seit etwa 1960 Innovationen gegeben, die leserfreundlicher waren und sich denn auch eines wachsenden Publikums sicher sein konnten. Stadt- und Naturmythologie bei Jean-Marie Gustave Le Clézio auf der einen, melancholisch-nostalgische ›Vergangenheitsbewältigung‹ bei Patrick Modiano auf der anderen Seite waren (und sind) zurecht beliebt. Und wenn beide Schriftsteller auch keineswegs als ›realistische‹ Erzähler gelten können und mit Abweichungen vom Üblichen in der Chronologiebehandlung oder im Stil durchaus Anforderungen an ihre Leserschaft stellen, wenngleich sie den Nouveau Roman zweifelsohne zur Kenntnis genommen haben, verprellen sie den Liebhaber gefälliger Literatur doch nicht durch übertriebene Dunkelheit; sie gehen mit ihren erfundenen Figuren freundschaftlich um und statten sie mit verständlichen ›Geschichten‹ aus. Auch die poetischen Erinnerungen von Angelo Rinaldi und Jean Rouaud, um nur einige zu nennen, die in ihrer Art behutsam auf den Spuren

Prousts wandeln, haben sicher sowohl von den Satzströmen Claude Simons als auch von der antipathetischen Grundhaltung der gesamten ›alittérature contemporaine‹ gelernt.

Doch neben dieser vorsichtig Tradition und Erneuerung abwägenden Erzählhaltung beginnt sich mehr und mehr ein epigonal realistisch-naturalistisches Drauflosfabulieren durchzusetzen, das so tut, als habe es die neue Schule der Ästhetik nicht gegeben oder als dürfe man sich durch sie seine Freiheit nicht einschränken lassen. Nicht alles, was in den 80er Jahren veröffentlicht wird und Erfolg hat – nicht nur beim breiten Publikum, sondern auch bei manchen (keineswegs allen) Kritikern und Literaturwissenschaftlern –, hält einer eingehenderen Qualitätsüberprüfung statt. Vieles ist von geradezu marktschreierischer, simplistischer Effekthascherei (z. B. die Erfolgsromane des umstrittenen Goncourt-Preisträgers Yann Queffélec) und steht damit in genauem Widerspruch zu dem, wofür der Nouveau Roman und mit ihm eben doch mancher interessierte und schließlich sogar begeisterte Leser die Anstrengungen einer radikal neuen Produktion und Rezeption auf sich genommen hatte.

Da anspruchsvolle Innovationen immer simultan von mehr oder minder unkritischer Übernahme eingeführter Traditionen begleitet werden, brauchte uns dieses Phänomen des Wiederauflebens der epigonalen ›realistischen‹ Literatur nicht weiter zu interessieren, wenn nicht auch die Nouveaux Romanciers selbst zum Teil ihre Positionen gründlich zu überdenken begännen. Symptomatisch hierfür ist das, was inzwischen bereits unter dem Etikett ›nouvelle autobiographie‹ zusammengefaßt wird.

Lange vor ihrer Entstehung, als der Blick auf das eigene Subjekt noch streng verpönt war, hatte sich Butor bereits in gattungstypologischer Hinsich als Dissident erwiesen mit der ironischen Autobiographie *Portrait de l'artiste en jeune singe. Capriccio* (1967). Der Titel huldigt James Joyce und seinem *Portrait of the Artist as a young man*. Doch sind die Erinnerungen nicht eigentlich subjektiv-privater Natur. Beschrieben wird ein ins Irreale entgleitender Studienaufenthalt in einem deutschen Schloß, in dem der Erzähler eine üppige Bibliothek vorfindet. Sie ermöglicht ihm poetologische Erfahrungen, die in Zeitreisen ein Bild des Schriftstellers als Alchimist, als »singe de Nature« (Klappentext von Butor), vermitteln und auf die spätere und entscheidende Phase der Begegnung mit Ägypten, von der beispielsweise *Passage de Milan* durchtränkt ist, vorbereiten.

Inzwischen haben sich auch Alain Robbe-Grillet, Nathalie Sarraute, also die bekanntesten Vertreter des Nouveau Roman, aber auch Marguerite Duras und Philippe Sollers, insofern selbst gewandelt gezeigt, als sie das, was vorher grundsätzliche Aussage zur Sprache und zum Menschen zu sein vorgab, nun auf seinen höchst subjektiven Anteil hin untersuchen und transparent machen. Am wenigsten überrascht das noch bei Marguerite Duras, deren ›maladie de la douleur‹ (so Julia Kristeva, die mit dieser interpretierenden Bezeichnung die Duras-Titel *La maladie de la mort*, 1982, und *La douleur*, 1985, kombiniert) schon vor dem autobiographischen Liebesroman *L'amant* (1984) immer wieder an Kindheits- und Familienerinnerungen angeknüpft hatte (z.b. in *Un barrage contre le Pacifique*, 1950), wenngleich die Werke ihrer originellsten Phase (*Le ravissement de Lol V. Stein*, 1964; *Le vice-consul*, 1965; *Détruire dit-elle*, 1969) diese Quellen gänzlich unter einer mit Sprachreduktion und quasi mythischer Figurenverfremdung arbeitenden neuartigen Suggestionsmagie verborgen hatten. Jetzt dagegen schreibt sie sich ihre Liebesmythologie auf den eigenen Körper und wird dabei – trotz aller beispielsweise von Robbe-Grillet gerühmten Metonymieverfahren – so deutlich, daß jeder verstehen kann, wovon die Rede ist (Literatur »pour midinettes«, wie Maurice Nadeau in *La Quinzaine littéraire* 532, S. 3, boshaft bemerkt).

7.2 Tropismen der Kindheit: Nathalie Sarraute

Nathalie Sarraute hatte schon in *L'ère du soupçon* darauf verwiesen – dies gewiß in der Nachfolge Prousts, mit dem sie sich dort ohnehin auseinandersetzt –, daß originelle Literatur aus den Wurzeln der Kindheit entsteht, insofern diese ihrer Natur nach die Zeit fehlender gesellschaftlicher Anpassung ist. So ist es letztlich nur konsequent, wenn sie mit *Enfance* (1983) nun auch tatsächlich die Erinnerungen an die eigene Kinderzeit schreibt. Ihrem Ansatz, ›conversation‹ und ›sous-conversation‹ parallel laufen zu lassen, die soziale Ebene durch die unausgesprochene und weitgehend unbewußte der Tropismen zu sabotieren, bleibt sie dabei auch jetzt treu, verteilt beide Strukturen jedoch ausdrücklich auf zwei Stimmen in der eigenen Brust. Die impulsivere Stimme gehorcht den Empfindungen, die rationalere sucht diese zu kontrollieren. Mit *Enfance* beglückte die Autorin insofern die Öffentlichkeit, als sie erstmalig einen Einblick in ihre persönliche Geschichte gestattete. Die Originalität von *Enfance* hält sich dennoch, gemessen am übrigen Werk Sarrautes, in Grenzen. Die dialogische Erzählweise findet sich auch in anderen Texten der Autorin (»*disent les imbéciles*«, 1976, *L'usage de la parole*, 1980, und *Tu ne t'aimes pas*, 1989). Überdies sind die als Auslöser funktionierenden Erlebnisse (Trennung von der Mutter, Wiederverheiratung des Vaters, kritische Distanz zur Stiefmutter, Kälte der leiblichen Mutter etc.) einerseits zu traditionell, andererseits denn doch zu makrostrukturell, als daß ein wirklich aufregendes Gefälle zwischen beiden Diskurstypen zustande käme. Eine Glorifizierung der Kindheit liegt Nathalie Sarraute fern (weshalb die Sekundärliteratur *Enfance* wohl auch als eine Art Anti-Proust liest), doch ist dergleichen seit Jules Renard, Jules Vallès und Hervé Bazin so neu nicht. Fest steht jedoch, daß es sich trotzdem eindeutig um eine bestimmte Spielart einer ›nouvelle autobiographie‹ handelt, insofern die ›petite parcelle de réalité‹, um die es auch sonst immer ging und die jetzt anhand der Reden innerhalb der eigenen Familie aufgedeckt wird, durchaus identisch bleibt mit Sarrautes früherem Nouveau Roman, insofern Tropismen weiterhin die (kindliche) Seele durchwuchern, sich dabei allerdings einer weniger üppigen Metaphorik bedienen und dadurch der überprüfbaren biographischen Nähe zur erinnerten Realität untergeordnet scheinen.

7.3 Romaneske Trilogie: Alain Robbe-Grillet

Komplexer als bei Sarraute erweist sich die Problematik der neuen Autobiographie am Werk von Alain Robbe-Grillet, der, so schien es anfänglich, mit der persönlichen Subjektivität absolut nichts im Sinne hatte. Das sieht nun, nach vorbereitenden Phasen seit *Souvenirs du triangle d'or* (1978) und *Djinn* (1981) mit der Trilogie *Le miroir qui revient* (1984), *Angélique ou l'enchantement* (1987) und *Les derniers jours de Corinthe* (1994) ganz anders aus. Protagonisten sind jetzt der Erzähler Robbe-Grillet selbst und der quasi mythische Henri de Corinthe, sein fiktives Alter ego und zugleich eine neuartige Leerstelle des Erzählens (vgl. Grüter, 1994). Der ›neue‹ Robbe-Grillet provoziert mit der (eigentlich gar nicht so überraschenden) Behauptung »Je n'ai jamais parlé d'autre chose que de moi« (*Le miroir qui revient*, 10; vgl. auch Contat, éd., 1991). Die meisten Elemente der autobiographischen Erzählwelt: das Meer, die unbekleidete Reiterin, der Name Angélique, die Sexualsymbolik, die bereits der Titel enthält und die immer wieder in Varianten (etwa als Spion in Form eines auf den Kopf gestellten Auges in der verschlossenen Tür zu mythischen Räumen) wiederkehrt, die in verschiedenen Metamorphosen gegenwärtige archetypische Figur des blutjungen Mädchens und die damit verbundenen Gewaltphantasien, sind bereits in *Souvenirs du triangle d'or* enthalten und stellen überdies einen evidenten Rückbezug beispielsweise zum *Voyeur* und zur Gustave-Moreau-Phantasie ›La chambre secrète‹ der *Instantanés* her. In den *Souvenirs du triangle d'or* gibt es bereits einen Ich-Erzähler und jene doppelte Erzählstruktur, wie sie für die Trilogie charakteristisch sein wird. Die drei sogenannten ›romanesques‹ – eine Gattungsbezeichnung, die das Autobiographische bereits wieder deutlich relativiert – bedeuten dann recht eigentlich das praktische Programm der ›nouvelle autobiographie‹, die insofern neu ist, als sich auf ganz spezifische Weise ›Dichtung und Wahrheit‹ in ihr miteinander verknüpfen (Robbe-Grillet selbst spricht auch von »mon entreprise auto-hétérobiographique«, *Les derniers jours de Corinthe*, S. 190).

Die Spiegelmetapher, in der Literatur vornehmlich phantastischer Ausprägung bis zum Überdruß strapaziert, bedeutet in der Freud weiterführenden Lacan-Theorie vom Spiegelstadium frühkindlicher Entwicklung die Auseinandersetzung mit verschiedenen Aspekten des – erblickten – Ichs, das sich als intersubjektive Relation entfaltet und in personalen oder dinglichen Faszinationsobjekten gleichsam objektiviert. Der Spiegel, der wiederkehrt, ist also neben der Legendeneinbettung zunächst einmal, vor aller gattungstypologischen Spekulation über die Rückkehr der (spiegelnden) Mimesis, als Anknüpfung an diese frühen Obsessionen zu verstehen. Deren subjektive Wurzeln werden nun nicht nur nicht länger verleugnet, sondern explizit offengelegt. Als archetypisch anzusehen ist in diesem Zusammenhang bereits jene Szene in der psychoanalytisch besonders aufschlußreichen *Topologie d'une cité fantôme* (1976), die einen kleinen Jungen neben einen Spiegel und eine weibliche Schaufensterpuppe stellt (174ff.) und aus dieser Schlüsselszene eine Fülle von Varianten entwickelt. Michel Foucaults philosophische Untersuchungen zu ausgrenzenden Diskursen, Ritualen und Institutionen, unter denen Irrenanstalt und Gefängnis einen prominenten Platz einnehmen, schlägt sich bildlich nieder in der repressiven Phantastik des zentralen Gebäudes der *Topologie*, dessen Korridore und Zellen immer wieder in den Blick gehoben werden. In einem Kapiteltitel wie »Rêveries de mineures séquestrées entre fenêtre et miroir« (7) treffen sich schließlich Philosophie und Psychoanalyse.

Trotz der evidenten Kindheitsprägung der Trilogie manifestiert sich diese dennoch als ein gattungstypologisches Zwitterwesen. Die Mischung aus Fiktion und ›Realität‹ ist nicht nur dadurch gegeben, daß vieles von dem, was als persönliche Erlebenswelt des Erzählers ausgegeben wird, einer strengen ›historischen‹ Überprüfung wohl kaum standhalten würde. Entscheidend ist vielmehr auf der Ebene der Figurenbehandlung vor allem der Stellenwert, der dem ins Mythische aufgegipfelten Henri de Corinthe (der Eigenname »Corinthe« war im Robbe-Grillet-Universum bereits seit den *Gommes* gegenwärtig) eingeräumt wird. Zwar ist (in der Psychoanalyse Lacans) auch die Erschaffung eines solchen anderen seit dem Spiegelstadium, in dem das Kind sich mit seiner erblickten Körperlichkeit auseinandersetzt und einen imaginären Idealentwurf von sich selbst produziert, ein realer Prozeß und insofern authentisch; derartige Objektivierungen aber in die (Erwachsenen-)Welt hinein zu entlassen, bleibt selbstverständlich den Inventionen der Literatur vorbehalten. Für die Gattungszugehörigkeit kann eine solche personale Objektivierung nicht ohne Konsequenzen sein.

In seinen berühmt gewordenen Anforderungen an den ›pacte autobiographique‹, also an die Strategien, denen ein Text gehorchen muß, um vom Leser als Autobiographie akzeptiert zu werden, führt Philippe Lejeune unter anderem die Identität von Autor und Erzähler sowie von Erzähler und Hauptfigur als entscheidende Merkmale auf. Das letztgenannte Kriterium wird aber durch das Volumen, das die imaginäre Figur Corinthe einnimmt, deren ›realer‹ Bezug zum Erzähler überdies absichtlich im Ungewissen gehalten wird, ad absurdum geführt: Das ›imaginaire‹ bleibt demnach ebenso wichtig wie die Erzählervita. Was nun diese angeht, so enthält sie jene zweifellos auch individuellen und persönlichen Phantasmen, die der Leser andererseits bereits aus verschiedenen Robbe-Grillet-Romanen kennt: die erotische Faszination des blutjungen Mädchens, die ästhetisch geglätteten Sadismen und ›Perversionen‹ eines Werdegangs, die sexuellen Gesellschaftsspiele. Dies alles ist so viel und so wenig bare Münze wie in den Fiktionen, ist nach außen projizierte und als Mimesis einer (in Wahrheit nicht) real existierenden Außenwelt auftretende symbolische Tätigkeit des Unterbewußtseins; auch insofern schon werden die Konturen der Autobiographie aufgeweicht. Andererseits ist vieles nicht so sehr (sei es authentische, sei es fingierte) Konfession einer aus der Kindheit erwachsenden Persönlichkeitsentwicklung als vielmehr Auseinandersetzung des Nouveau Romancier mit der von ihm und über ihn geführten literaturwissenschaftlichen Diskussion (vgl. die Ausführungen zu Roland Barthes in *Le miroir qui revient*, 37ff., 67ff.), in der dann auch unter anderem namentlich genannte deutsche Romanisten (z.B. Michael Nerlich) mit ihren Schwierigkeiten bei der Vermittlung des Nouveau Roman vorkommen (*Angélique ou l'enchantement*, S. 159). Robbe-Grillet führt hier auch noch einmal die wichtigsten Errungenschaften und die unverzichtbaren Eigenschaften des von ihm und seinen Freunden begründeten Romantyps auf, wobei er gleichzeitig Sartre – nicht ohne Sympathie – evoziert, Roussel ein witziges Denkmal setzt und mit anderen eher unfreundlich abrechnet (Simone de Beauvoir, Claude Simon, Marguerite Duras).

Die Erzählung tritt hier zugunsten essayistischer Ausführungen in den Hintergrund. Das autobiographische Projekt erlaubt sich damit auf der Ebene der Gattungstypologie jenen spielerischen Umgang mit Literatur, den Robbe-Grillet noch und sogar im Text des Projekts selbst gerade als charakteristisch für den Nouveau Roman postuliert. Also kann man nicht behaupten, daß der Autor mit der Anlehnung an eine scheinbar überholte Gattung die eroberten Positionen einfach nur aufgäbe und reumütig zur völlig subjektiven Psychologie des vorher mit dem Bannstrahl belegten Ichs zurükkehrte. In ihrer buntscheckigen Gesamtanlage entfernt sich die Trilogie vielmehr gerade von der literarischen Form, die sie zu sein vorgibt, insofern ist sie, mit dem Akzent auf dem Adjektiv, ›nouvelle autobiographie‹. Mireille Calle-Gruber unterstreicht den gewichtigen Anteil des Hörensagens (›oto-biographie‹), des Imaginären, wie ihn Robbe-Grillet explizit (in *Angélique ou l'enchantement*, S. 125) mit Berufung auf sein »être vidé de soi« für sein autobiographisches Projekt in Anspruch nimmt, und urteilt abschließend: »(...) le Nouveau Roman vient, avec l'irruption du romanesque, de donner à l'autobiographie sa forme post-moderne« (1989, S. 199).

Überraschenderweise finden sich gewisse Züge eines solchen autobiographischen Erzählens jedoch schon vorgeformt in dem 1949 entstandenen und erst 1978 mit geringfügigen Änderungen veröffentlichten Frühwerk *Un régicide*, dessen Titel anagrammatisch aus einer Grabinschrift (›Ci-gît Red‹) erwächst. *Un régicide* weist bereits eine charakteristische Doppelstruktur auf, in der sich eine Politfiktion um einen imaginären Königsmord verbindet mit ebenso realistischen wie visionären Meeresdeskriptionen. Die Ereignisse der einen Ebene werden dabei vielleicht von den Figuren (›Je‹, Boris) der je anderen geträumt, wodurch sich Querverbindungen und Überschneidungen ergeben. Das Motiv des Mädchens am Meer, das für die autobiographische Trilogie von zentraler Bedeutung sein wird, könnte man in Aimone (»mon amante au goût de sel«, 83) präfiguriert sehen, die der Erzähler ins Phantastisch-Mythologische überhöht. In den resignativen Schlußsequenzen beider im Zeichen von Krankheit und Nebel aufeinander zugleitenden Ebenen werden freilich sowohl die verheißene Ankunft der Sirenen als auch die ersehnte Änderung der defekten Gesellschaftsordnung als Märchen und Utopie abgetan. Trotz des wenig asketischen Stils, der Vergleiche und Metaphern nicht scheut, ist nicht zu übersehen, daß im Gesamtwerk Robbe-Grillets Konstanten sowohl des Nouveau Roman (negierte Mythen, überpräzise Deskriptionen) als auch der ›nouvelle autobiographie‹ (formal: 2 separate Geschichten, nämlich eine Ich-Erzählung und eine Fiktion in der 3. Person, durch zahlreiche Paral-

lelismen miteinander verbunden; inhaltlich: Meeres- und Jungfrau-
ensymbolik) schon von Anfang an angelegt sind. Auch *Djinn. Un
trou rouge entre les pavés disjoints* (1981) ist unter anderem in diesem Zusammenhang gattungstypologischer Hinführung zu sehen.
In der an gefilmte Science-Fiction-Parabeln wie *Die Frauen von
Stepford* (*The Stepford Wives*, USA 1975) erinnernden Rahmener-
zählung sorgt eine geheimnisvolle Organisation dafür, daß »assassinat« (144), Zeitsprünge und (über die Geschlechtergrenzen hinaus-
reichende) Identitätsverwirrungen niemals voll aufgeklärt werden.
Das Imaginäre und die sogenannte Realität durchdringen einander
permanent; der beliebte Diskurs von der totalen Autonomie der
Kunst wird damit ganz nebenbei von innen aufgelöst. Auf verschiedenen Zeitebenen umkreist der Text ein gleichbleibendes und über-
schaubares Figurenarsenal, unter dem als Faszinations- und Macht-
zentrum ein junges weibliches Wesen fungiert, das Elfe, Fee, Sirene
(»djinn« bedeutet in der Kultur des Islam einen guten oder auch einen bösen Geist) oder einfach nur die hübsche Amerikanerin Jean
sein könnte, deren phonetisch wiedergegebener Name sich ebenfalls
im Titel dieser Geschichte versteckt. Unter anderen Eigennamen
kehrt die ebenso irdische wie irreale Mädchengestalt, die mit un-
durchsichtigen Mächten und ganz gewiß mit dem Tod im Bunde
steht, in den autobiographischen Erzählungen wieder; aus ihr speist
sich vornehmlich das kreative Gedächtnis, das als solches immer
auch Erinnerung an die Zukunft ist (ganz im Sinne Lacans, der
Entwicklung nicht aus der Vergangenheit, sondern aus dem Futur II
versteht).
   Im Prolog des Romans wird die nachfolgend wiedergegebene Geschichte so charakterisiert, daß sich in – noch ein wenig verschwommenen – Umrissen die Poetik einer ›nouvelle autobiographie‹ ab-
zeichnet, in der erlebte ›reale‹ Welten und ›imaginäre‹ Parallelwelten
auf ebenso geheimnisvolle wie unlösbare Weise miteinander verknüpft wären und denselben Glaubwürdigkeitanspruch erheben
dürften:

»On peut (...) affirmer que des éléments nombreux et importants de ce texte
instable, lacunaire, ou comme fissuré, recoupent la réalité (la réalité connue
de tous) avec une insistance remarquable, troublante par conséquent. Et, si
d'autres composantes du récit s'en écartent délibérément, c'est toujours
d'une façon si suspecte que l'on ne peut s'empêcher d'y voir une volonté
systématique de la part du narrateur, comme si une cause secrète avait
présidé à ces changements et à ses inventions. Une telle cause, bien entendu, nous échappe, du moins à l'heure présente.« (7)

Mit seinem *Portrait du joueur* (1985) hat auch Philippe Sollers, der
die neue Romanform immer mehr zum wörtergenerierten sprachli-

chen Selbstverweis weiterentwickelt hatte, seine ›Autobiographie‹ vorgelegt, bei der schon der Titel ein Programm ist. Durch die Bezeichnung »portrait« wird das Merkmal des ›récit‹, das nach Lejeune als eines der wichtigsten Kriterien autobiographischer Literatur zu gelten hat, unterlaufen, und die Bezeichnung »joueur« sollte man wieder nicht nur charakterologisch-philosophisch verstehen, sondern durchaus auch auf Textverfahren bezogen: Der spielerische Umgang mit den inhaltlichen Materialien und den strukturellen Strategien ist ein entscheidender Zug der Weiterentwicklung des Nouveau Roman und hat sich, oft genug freilich verflacht, in der neueren Erzählwelt allgemein Heimatrecht verschafft (er ist freilich seit Diderot und seinem *Jacques le Fataliste et son maître* sowie seinem englischen Vorläufer *Tristram Shandy* von Laurence Sterne ganz so neu und ungewöhnlich ohnehin nicht mehr und war nur verdeckt worden durch die Realismustradition des 19. Jahrhunderts, die denn auch in jeder Hinsicht folgerichtig zum Stein des Anstoßes für die Nouveaux Romanciers wurde). In seiner Lebensphilosophie steht Sollers, der sich selbst als ›voltairiste‹ (sic) bezeichnet, sicher Robbe-Grillet näher als den übrigen Vertretern des Nouveau Roman (abgesehen natürlich von Ricardou, der auf Grund seiner Techniken ohnehin das Bindeglied zwischen Nouveau Roman und *Tel Quel* darstellt).

7.4 Kulturelle Bildstörung: Claude Ollier

Claude Olliers *Déconnection* (1988) ist nach *Mon double à Malacca* (1982) und *Une histoire illisible* (1986) der Abschluß eines dreibändigen »projet biographique« (Klappentext des zweiten Bandes). Aufspaltungen des Ich in verschiedene Rollen – auch bei Ollier ist der Einfluß Lacans spürbar – , (transformierte) Beziehungen zur Tochter, Erlebnisse in Marrakech und Casablanca prägen die ersten Bände. *Déconnection* schließlich weist die typische Struktur der neuen Autobiographien auf. Es erzählt in alternierenden Sequenzen zwei Geschichten, die ihre Entstehung dem überprüfbaren Lebenshintergrund des Autors verdanken, auch wenn dessen Name im Text nicht erscheint. Protagonist der ersten Geschichte ist der französische Student Martin, der als Zwangsarbeiter nach Bayern exiliert worden ist – von 1943 bis 1945 befindet sich Ollier in entsprechender Situation in Nürnberg (und trifft dort übrigens mit Robbe-Grillet zusammen) – und im Deutschland der Nationalsozialisten alles verfälscht sieht, was er bislang an kulturellen Vorstellungen und Sprachbildern in sich trug:

»Usurpation, contrefaçon, travestissement des vocables, affublés d'oripeaux, débauchés, dépravés, dévoiement du langage et de tout ce qu'il nomme, suggère, évoque, révèle, corruption du champ par contamination, déréglement de tout le jeu, de l'inconscient, du souvenir.« (97)

Die andere Geschichte, deren Ich-Erzähler, einem Mann in reiferen Jahren, in seinem französischen Provinzrefugium die Lust am Schreiben vergangen ist, antizipiert eine (gar nicht sonderlich fiktive) nahe Zukunft des Mangels und der Lethargie, die, ohne spektakuläre Katastrophen zu produzieren, ebenfalls eine – stille – Apokalypse bedeutet (eine Entsprechung wieder zum gesellschaftskritischen Ansatz Baudrillards, vgl. Pfeiffer, 1992): »Une mutation en quelque sorte, non pas seulement de l'économie, mais du savoir, de la mémoire, dans les esprits« (67). Zur überwiegend realistischen Darstellung dieser beiden analogen Welten und Zeitphasen bedient sich Ollier in erster Linie eines stark nominalen, elliptischen, gleichsam freiwillig um viele seiner früheren Möglichkeiten gekürzten Stils. Den Titelbegriff *Déconnection* (der eigentlich zum audiovisuellen Fachjargon gehört und Bildausfall bezeichnet) kann man inhaltlich und formal motiviert sehen: Er verweist auf die doppelte kulturelle Auflösung ebenso wie auf die Technik der beiden scheinbar unverbundenen Erzählstränge. Das Vokabular des Theaters, der Inszenierung, das Olliers Texte vom ersten Roman des Zyklus an begleitet hatte, findet sich auch hier. So wird die letzte Sequenz der Kriegserinnerungen, Martins Gang in die Freiheit, stilisiert wie eine Westernszene: Die Distanz zwischen dem Erlebten und dem Erlebnisträger, der gleichsam seinem eigenen Schicksal zusieht, ist ein Merkmal dieser entfremdenden und alle Orientierungsmöglichkeiten verlierenden Welt im Zeichen der »éclipse« (181 und passim): »Martin est descendu de la tour, a ouvert le portail en bas, est sorti sur la route et s'avance à pas lents, c'est une bonne scène, pense-t-il, il l'a vue plusieurs fois déjà, le type marche seul en plein soleil, on ne sait pas ce qui va se passer, suspens, gros plan, tout le monde attend.« (189)

7.5 Erwachen zum Schreiben: Claude Simon

Auch der Roman *L'acacia* (1989) von Claude Simon gehört in den Zusammenhang der neuen Autobiographie. Der Text, in vielem an bereits Bekanntes anknüpfend (Kriegsgeschehen, Vereinnahmung der Geschichten durch die Geschichte, Entgrenzungen ins Kosmisch-Mythische, Erotisierung der Existenzerfahrung, komplizierte und immer wieder aufgebrochene Syntaxströme mit prominenter Funktion immobilisierender Partizipien), führt diesmal die Suche nach der verlorenen Zeit bis zum Entschluß des Schreibens und ist insofern Proust, dem permanenten Modell Simons, besonders nahe. Es handelt sich jedoch gleichzeitig, wie freilich in verfremdeter Form eigentlich immer wieder bei Simon, um eine Familiengeschichte, in der neben der Evolution des Protagonisten zum Schriftsteller auch die Wandlungen der Eltern und ihre epische Vergrößerung durch den rückwärtsgewandten Spurensucher behandelt werden. Erzählt wird nicht in linear chronologischer Folge, sondern in analogisierender Gruppierung der Ereignisse um die traumatischen Einschnitte der beiden Weltkriege. Der erste Krieg tötet den Vater, zu Beginn des zweiten glaubt der zu dem Zeitpunkt 26jährige Protagonist, der bislang als begüterter Sohn, Student der kubistischen Malerei und Verfasser eines unvollendeten Romans eine sorgenfreie Existenz geführt hatte, sich ebenfalls am Ende seines jungen Lebens. In seiner neuen Aufgabe als Brigadier werden ihm Menschen anvertraut, deren fiktionale Transposition dem Leser aus *La route des Flandres* bekannt ist: »(...) lui et deux autres (un juif malingre, garçon de course (ou commis, ou comptable) dans une boutique de drap de la rue des Francs-Bourgeois et un jockey: un Italien – ou du moins pourvu d'un nom italien quoiqu'il fût mobilisé dans l'armée française – qui montait en obstacle« (225). Und es kehrt auch der ganze Alptraum des Flandernfeldzuges wieder, mitsamt dem wahnwitzigen Todesritt des stoisch indifferenten Kavallierieobristen, aus dessen selbstmörderischer Gelassenheit einst die Fiktion um den Erzähler und Augenzeugen Georges entstanden sein mochte. Von wesentlichen (ursprünglich rigiden, inzwischen freilich auch in der Theorie aufgeweichten) Postulaten des autobiographischen Paktes weicht die ausdrücklich als Roman bezeichnete eindringliche Erzählung, deren Materialien zum detaillierten Vergleich mit früheren Simon-Texten, insbesondere *La route des Flandres* und *Histoire*, geradezu einladen, freilich insofern ab, als die perspektivegebende Figur nicht in der ersten, sondern wie alle anderen in der dritten Person auftritt. Trotzdem ist die Fiktionalität dieses Werkes durchsichtig für die individuelle und familiäre Situation des Autors, was nicht nur durch temporale (insbesondere Alter des Protagonisten) und topographische Indikatoren, sondern vor allem auch durch den Initiationsweg des Protagonisten bis zur aktiven Teilhabe an der Literatur nahegelegt wird. In der Beschreibung der Akazie, mit der die Schlußsequenz des Romans endet – und die auch bereits in *Histoire* (25) vorgekommen war, Autobiographisches und Fiktionales miteinander verbindend –, metaphorisiert sich das Schreiben (»plumes«,

»folioles«) als Neuanfang der Hoffnung, als Erwachen (»se réveillait«) und Energie (»s'ébrouait«, »se secouait«):

»Un soir il s'assit à sa table devant une feuille de papier blanc. C'était le printemps maintenant. La fenêtre de la chambre était ouverte sur la nuit tiède. L'une des branches du grand acacia qui poussait dans le jardin touchait presque le mur, et il pouvait voir les plus proches rameaux éclairés par la lampe, avec leurs feuilles semblables à des plumes palpitant faiblement sur le fond de ténèbres, les folioles ovales teintées d'un vert cru par la lumière électrique remuant par moment comme des aigrettes, comme animées soudain d'un mouvement propre, comme si l'arbre tout entier se réveillait, s'ébrouait, se secouait, après quoi tout s'apaisait et elles reprenaient leur immobilité.« (380)

Diesem Roman scheint übrigens Jean Rouaud für sein anrührendes Familienportrait *Les champs d'honneur* (Prix Goncourt 1990) überdeutliche sprachliche und sogar inhaltliche Anregungen zu verdanken: ein Zeichen unter anderen für das Fortwirken des Nouveau Roman. Die inzwischen mit unterschiedlicher Intensität und Klarheit geführte Diskussion, ob derartig gattungstypologisch eklektizistisch verfahrende Texte wie die Werke der ›nouvelle autobiographie‹, vor allem die Trilogie Robbe-Grillets, noch Ausläufer der Moderne oder, eben gerade wegen des Eklektizismus, typische Postmoderne seien – eine Fragestellung, die auch bereits an die späten Fiktionen des Nouveau Roman herangetragen wurde –, ist letztlich wenig hilfreich, da sie ein reines Wortdefinitionsproblem darstellt und zum Werkverständnis kaum etwas Lohnendes beizutragen vermag. Sinnvoller ist es, darauf zu verweisen, daß bereits Patrick Modiano (in vielen seiner Romane, besonders in *Livret de famille*, 1977, und *Remise de peine*, 1988) oder (der der Gruppe OULIPO angehörige und heute erst in seiner Bedeutung voll gewürdigte) Georges Perec (*W ou le souvenir d'enfance*, 1975) ›autobiographische‹ Texte geschrieben hatten, in denen Fiktion und Lebenserinnerung auf ungewöhnliche Weise so miteinander verbunden waren, daß beiden Elementen die gleiche Gewichtung zuteil wurde. Zweifellos konnte eine solche Literatur, auch wenn sie von spezifischen existentiellen Leidenserfahrungen zeugte und daher weniger offensichtlich ästhetisierend und poetologisch daherkam, strukturell und gattungstypologisch den Boden bereiten für das, was inzwischen als neue Autobiographie auf das Konto der Nouveaux Romanciers gebucht wird.

7.6 Ein neuer Nouveau Roman?

Schließlich ist noch zu fragen, ob der Nouveau Roman, von dem sich seine ›Erfinder‹ gleichsam eben doch bis zu einem gewissen Grad inzwischen selbst verabschiedet zu haben scheinen, vielleicht in den Jahren der allgemeinen moderaten Rückbesinnung doch noch einmal wieder als Gattung bei anderen Autoren auferstanden ist. Manche sind der Ansicht, daß die einst an der Geburt des neuen Romantyps entscheidend beteiligten »Editions de Minuit« auch weiterhin die Hüter dieser Tradition seien. Namen wie Jean-Philippe Toussaint, Jean Echenoz, Christian Oster, sämtlich beheimatet in jenem Verlag, dem Robbe-Grillet lange als Lektor zur Verfügung stand, werden in diesem Zusammenhang genannt.

In der Tat sind diese Erzähler gewiß alles andere als epigonale Bewahrer realistischer Traditionen. Ob sie aber den Roman noch einmal ›revolutionieren‹ können, darf bezweifelt werden. Die komisch-tristen Verweigerungs- und Detektivgeschichten des Belgiers Toussaint haben seit dem Erstling *La salle de bain* (1985) besondere Aufmerksamkeit erregt. Die Figuren verhalten sich motivlos seltsam, nicht angepaßt, wobei sie jedoch vom Erzähler weder analysiert noch beurteilt und schon gar nicht mit einem gesellschaftskonformen Blick als Sonderlinge aufgespießt werden. Ebenso unangebracht wäre es aber sicher auch, sie, die ›Fremden‹, als die bessere Möglichkeit einer verkommenen sozialen Realität zu verstehen; die Toussaint-Romane sind so direkt satirisch nicht gemeint. Wohl aber enthalten sie ein kritisches Potential, dessen Gestaltung diskret an Kafka, aber auch an bestimmte Texte von Emmanuel Bove erinnert. Kafkaeske Anstrengungen sind desgleichen das Prinzip, unter das sich die meist weiblichen Figuren Marie Redonnets stellen (*Splendid Hôtel*, 1986). Jean Echenoz läßt in den Tag hineinlebende Gestalten eine Welt durchziehen, in der sie auf undramatische Weise marginalisiert bleiben (*Cherokee*, 1983). Der Sprachvirtuose und Untergangsvisionär François Bon erinnert mit seinem Roman *Calvaire des chiens* (1990) den Kenner des ursprünglichen Nouveau Roman an Claude Olliers *Eté indien*. In beiden Werken besteht eine ebenso interessante wie ambivalente Beziehung zwischen dem Gesamttext und vorgestellten Filmentwürfen, die auf bestimmte Orte bezogen werden. Der Exotik geheimnisvoller Ferne bei Olliers Pseudo-Agentenroman entspricht bei dem gesellschaftlich engagierteren Neuerer die kritische Phantastik der Miserabilität.

Bei Christian Oster (den Robbe-Grillet entdeckte) schließlich wird ein ironisch-pedantischer Stil der Überpräzision, garniert mit zahlreichen Konjunktiven der Vergangenheit, wie sie dem ersten

Nouveau Roman in der Feder stecken geblieben wären, für Selbstverständlichkeiten bemüht, die dadurch mitten im Alltag etwas still Alptraumhaftes erhalten. In seinem Roman *Le pont d'Arcueil* (1994), einem der jüngsten und konsequentesten Ableger des Nouveau Roman, bewegt sich der Ich-Erzähler in einem engen mentalen und raumzeitlichen Labyrinth, dessen Wege immer wieder bei dem titelgebenden Aquädukt münden. Als Faszinosum für alle Beteiligten vermag er auseinanderliegende Räume und Zeiten miteinander zu verbinden. Die evozierten Frauenfiguren in der Aura zugehöriger Temporalstrukturen: Laure im Zeichen eines von ihr gewollten Abschieds, der ihr einen Vorsprung in der Vergangenheit verschafft, Catherine mit ihrer aufdringlich störenden Präsenz, France in ebenso naher wie ungewisser Zukunft, erstarren immer wieder zu Raumbildern, unterliegen fortwährend der für den Nouveau Roman charakteristischen Spatialisierung. Der Eigenname »Arcueil« (ein Pariser Vorort, dem auch Handke in *Mein Jahr in der Niemandsbucht* zu literarischen Ehren verhilft, S. 282ff.) kontrahiert ›arc‹ und – knirschend gleichsam – ›accueil‹, jene ersehnte Aufnahme, die eben nicht oder vielleicht, wenn sie denn mehr sein sollte als reine Protagonistenimagination, erst ganz am Ende der fast immobilen Geschichte stattfindet.

Allen diesen und ähnlichen Neuerern ist gemein, daß sie ihren Figuren etwas Marionettenhaftes belassen, ihnen Tiefe versagen und meist Unwichtiges zur Geschichte machen oder im Gegenteil potentiell Dramatisches entdramatisieren. Mit solchen Formen narrativer Askese erweist sich diese Generation durchaus noch als Erbe und Fortführer dessen, was man nun schon beinahe die ehrwürdige Tradition des Nouveau Roman nennen möchte.

8. Auswahlbibliographie

8.1. Primärtexte

(Das Verzeichnis enthält nach Möglichkeit die Originaledition des jeweiligen Werkes. Sofern zwei Ausgaben eines Primärtextes angeführt sind, wurde nach der an zweiter Stelle genannten Ausgabe zitiert.)

Samuel Beckett: *Molloy*, Paris 1951
–: *Malone meurt*, Paris 1952
–: *L'Innommable*, Paris 1953
–: *Nouvelles et textes pour rien*, Paris 1958
–: *Comment c'est*, Paris 1961
Michel Butor: *Passage de Milan*, Paris 1954
–: *L'Emploi du temps*, Paris 1956
–: *La Modification*, Paris 1957
–: *Degrés*, Paris 1960
–: *Répertoire I-V*, Paris 1960-1982
–: *Essais sur le roman*, Paris 1960 (Coll. *Idées*, 1969)
–: *Mobile*, Paris 1962
–: *Portrait de l'artiste en jeune singe*, Paris 1967
–: *Improvisations sur Michel Butor. L'écriture en transformation*, Paris 1993
Marguerite Duras: *Un Barrage contre le Pacifique*, Paris 1950
–: *Hiroshima mon amour*, Paris 1959
–: *Le Ravissement de Lol V. Stein*, Paris 1964
–: *Le Vice-consul*, Paris 1965
–: *La Musica*, Paris 1965
–: *La Musica Deuxième*, Paris 1985
–: *Suzanna Andler*, Paris 1968
–: *Détruire dit-elle*, Paris 1969
–: *Aurélia Steiner I-III*. In: *Le Navire Night*, Paris 1979
–: *Agatha*, Paris 1981
–: *Savannah Bay*, Paris 1983
–: *L'Amant*, Paris 1984
Peter Handke: *Mein Jahr in der Niemandsbucht*, Frankfurt 1994
Claude Mauriac: *Le Dîner en ville*, Paris 1959
Claude Ollier: *La Mise en scène*, Paris 1958
–: *Le Maintien de l'ordre*, Paris 1961 (Coll. *Flammarion*, 1988)
–: *Eté indien*, Paris 1963
–: *L'Échec de Nolan*, Paris 1967
–: *Navettes*, Paris 1967

–: *La Vie sur Epsilon*, Paris 1972
–: *Enigma*, Paris 1973 (*P.O.L.*, 1995)
–: *Our ou vingt ans après*, Paris 1974
–: *Fuzzy Sets*, Paris 1975
–: *Marrakch Médine*, Paris 1979
–: *Nébules*, Paris 1981
–: *Mon double à Malacca*, Paris 1982
–: *Déconnection*, Paris 1988
–: *Outback ou l'Arrière-monde*, Paris 1995
Christian Oster: *Le Pont d'Arcueil*, Paris 1994
Robert Pinget: *Entre Fantoine et Agapa*, Paris 1951
–: *Mahu ou le Matériau*, Paris 1952
–: *Le Renard et la Boussole*, Paris 1955
–: *Graal Flibuste*, Paris 1956 (1966)
–: *Le Fiston*, Paris 1959
–: *La Manivelle. Pièce radiophonique*, Paris 1960
–: *Clope au dossier*, Paris 1961
–: *L'Inquisitoire*, Paris 1962 (Coll. *10/18*, 1971)
–: *Quelqu'un*, Paris 1965
–: *Autour de Mortin*, Paris 1965
–: *Le Libera*, Paris 1968
–: *Passacaille*, Paris 1969
–: *Identité suivi de Abel et Bela*, Paris 1971
–: *Fable*, Paris 1971
–: *Paralchimie suivi de Architruc – L'Hypothèse – Nuit*, Paris 1973
–: *Cette voix*, Paris 1975
–: *L'Hypothèse suivi de Abel et Bela*, Paris 1987
–: *L'Ennemi*, Paris 1987
Jean Ricardou: *L'Observatoire de Cannes*, Paris 1961
–: *La Prise de Constantinople*, Paris 1965
–: *Les Lieux-dits*, Paris 1969
–: *Révolutions minuscules*, Paris 1971
Alain Robbe-Grillet: *Les Gommes*, Paris 1953
–: *Pour un Nouveau Roman*, Paris 1955 (Coll. *Idées*, 1963)
–: *Le Voyeur*, Paris 1955
–: *La Jalousie*, Paris 1957
–: *Dans le Labyrinthe*, Paris 1959
–: *L'Année dernière à Marienbad*, Paris 1961
–: *Instantanés*, Paris 1962
–: *L'Immortelle*, Paris 1963
–: *La Maison de rendez-vous*, Paris 1965
–: *Projet pour une révolution à New York*, Paris 1970
–: *Glissements progressifs du plaisir*, Paris 1974
–: *Topologie d'une cité fantôme*, Paris 1976
–: *Un Régicide*, Paris 1978 (Editions *J'ai lu*, 1985)
–: *Souvenirs du triangle d'or*, Paris 1978 (Coll. *Points*)
–: *Djinn. Un trou rouge entre les pavés disjoints*, Paris 1981

–: *Le Miroir qui revient*, Paris 1984
–: *Angélique ou l'enchantement*, Paris 1987
–: *Les derniers jours de Corinthe*, Paris 1994
Nathalie Sarraute: *Martereau*, Paris 1953
–: *Portrait d'un Inconnu*, Paris 1956
–: *L'Ère du soupçon. Essais sur le roman*, Paris 1956
–: *Tropismes*, Paris 1957
–: *Le Planétarium*, Paris 1959
–: *Les Fruits d'Or*, Paris 1963
–: *Entre la Vie et la mort*, Paris 1968
–: *Vous les entendez?*, Paris 1972
–: *»disent les imbéciles«*, Paris 1976
–: *Théâtre 1-5*, Paris 1978
–: *L'Usage de la parole*, Paris 1980
–: *Pour un oui ou pour un non*, Paris 1982
–: *Enfance*, Paris 1983
–: *Tu ne t'aimes pas*, Paris 1989
–: *Ici,* Paris 1995
Claude Simon: *Le Tricheur*, Paris 1946
–: *La Corde raide*, Paris 1947
–: *Le Vent. Tentative de restitution d'un rétable baroque*, Paris 1957
–: *L'Herbe*, Paris 1958
–: *La Route des Flandres*, Paris 1960
–: *Le Palace*, Paris 1962
–: *Histoire*, Paris 1967
–: *La Bataille de Pharsale*, Paris 1969
–: *Les Corps conducteurs*, Paris 1970
–: *Orion aveugle*, Paris 1970
–: *Triptyque*, Paris 1973
–: *Leçon de choses*, Paris 1975
–: *Géorgiques*, Paris 1981
–: *Discours de Stockholm*, Paris 1986
–: *L'Acacia*, Paris 1989
Philippe Sollers: *Portrait du joueur*, Paris 1985

8.2 Sekundärliteratur

8.2.1 Gesamtüberblicke und Grundlagentexte

zum Nouveau Roman

Theodor W. Adorno: *Noten zur Literatur II*, Frankfurt a. M. 1961
René-Marill Albérès: *Histoire du roman moderne*, Paris 1962
–: *L'Aventure intellectuelle du XXe siècle. Panorama des littératures europénnes 1900 – 1970*, [4]Paris 1969
Wolfgang Asholt(Hg.): *Intertextualität und Subversität. Studien zur Romanliteratur der achtziger Jahre in Frankreich*, Heidelberg 1994

Pierre A. G. Astier: *La crise du roman français et le nouveau réalisme. Essai de synthèse sur les nouveaux romans*, Paris 1968

Jean-Bertrand Barrère: *La cure d'amaigrissement du roman*, Paris 1964

Karlheinz Barck, Brigitte Burmeister: »Marxismus und Literaturtheorie in Frankreich«, *Lendemains* 5 (1976) S. 25-52

Françoise Baqué: *Le nouveau roman*, Paris 1972

Roland Barthes: *Le Degré zéro de l'écriture*, Paris 1953

–: *Essais critiques*, Paris 1964

Roland Barthes et al.: *Littérature et réalité*, Paris 1971

Jean Baudrillard: *L'Échange symbolique et la mort*, Paris 1976

Christiane Baumann, Gisela Lerch (Hrsg.): *Französische Literatur der 80er Jahre. Extreme Gegenwart*, Bremen 1989

Jacques Bersani, Michel Antrand, Jacques Lecarme, Bruno Vercier: *La Littérature en France depuis 1945*, Paris 1970

Maurice Blanchot: »Plus loin que le Degré Zéro«, *La nouvelle Nouvelle Revue Française* 1 (1953,2), S. 485-494

–, *L'Ecriture du désastre*, Paris 1980

Pierre de Boisdeffre: *La Cafetière est sur la table ou Contre le »Nouveau Roman«*, Paris 1967

Pierre Boncenne (éd.): *La Bibliothèque idéale*, édition revue et corrigée, Paris 1992

Celia Britton: *Nouveau Roman. Fiction, theorie and politics*, London / New York 1992

Christa und Peter Bürger (Hrsg.): *Postmoderne: Alltag, Allegorie und Avantgarde*, Frankfurt a. M. 1987

Peter Bürger (Hg.): *Vom Ästhetizismus zum Nouveau Roman*, Frankfurt a. M. 1975

Colloque sur le Nouveau Roman, Univ. de New York, automne 1982

Michel Contat (éd.): *L'auteur et le manuscrit*, Paris 1991

Lucien Dällenbach: *Le récit spéculaire. Essai sur la mise en abyme*, Paris 1977

Jacques Derrida: *La dissémination*, Paris 1972

–, *Marges de la philosophie*, Paris 1972

Beeke Dummer: *Von der Narration zur Deskription. Generative Textkonstitution bei Jean Ricardou, Claude Simon und Philippe Sollers*, Amsterdam 1988

Raymond Osemwegie Elaho: *Entretiens avec le nouveau roman (Interviews avec Michel Butor, Robert Pinget, Alain Robbe-Grillet et Claude Simon)*, Sherbrooke 1985

Winfried Engler: *Der französische Roman im 20. Jahrhundert. Welt im Text – Text als Welt*, Stuttgart / Berlin / Köln 1992

Esprit, nouv. série, 26,2 (juill.-août 1958) (Sondernummer zum Nouveau Roman)

John Fletcher: *New directions in litterature. Critical approaches to a contemporary phenomen*, London 1968

Michel Foucault: *L'ordre du discours*, Paris 1971

–: *Histoire de la sexualité*, 3 vol., Paris 1976-1984

–: *Résumé des cours 1970-1982*, Paris 1989

Manfred Frank: *Das Sagbare und das Unsagbare. Studien zur deutsch-französischen Hermeneutik und Texttheorie.* Erweiterte Neuausgabe, Frankfurt a. M. 1990

Lucien Goldmann: *Pour une sociologie du roman*, Paris 1964

Jürgen Grimm (Hg.): *Französische Literaturgeschichte*, ³Stuttgart 1994

Georges Gusdorf: *Savoir du roman et roman du savoir.* In: Henk Hillenaar, Evert van der Starre (éds.): *Le Roman, le récit et le savoir*, Groningen 1986, S. 1-16

Ilana Hammerman: *Formen des Erzählens in der Prosa der Gegenwart. An Beispielen von Philippe Sollers, Robert Pinget und Claude Simon*, Stuttgart 1979

Philippe Hamon: *La Description littéraire. De l'Antiquité à Roland Barthes: une anthologie*, Paris 1991

Klaus W. Hempfer: *Poststrukturale Texttheorie und narrative Praxis. Tel Quel und die Konstitution eines Nouveau Nouveau Roman*, München 1976

Guy Hennebelle (éd.): *Les annés de l'utopie. Bilan critique des idées sages et folles des décennies 60 et 70*, Paris 1993

Wolf Hollerbach: »Ich, Welt, Bewußtsein und Literatur: Überlegungen zu einer literarischen Theorie des Nouveau Roman«, *Zeitschrift für französische Sprache und Literatur* XC (1980), S. 97-129

Dieter Hornig: *Aspekte des französischen Desillusionsromans*, Wien / Köln / Graz 1981

Anne Jefferson: *The Nouveau Roman and the poetics of fiction*, Cambridge 1980

Robert Emmet Jones: *Panorama de la nouvelle critique en France de Gaston Bachelard à J. P. Weber*, Paris 1968

Johanna Kahr: *Entpersönlichende Personenerwähnung im modernen französischen Roman*, Amsterdam 1976

Peter Kemper (Hg.): *Postmoderne oder Der Kampf um die Zukunft. Die Kontroverse in Wissenschaft, Kunst und Gesellschaft*, Frankfurt a. M. 1988

Marianne Kesting: *Auf der Suche nach der Realität*, München 1972

Fritz Peter Kirsch: *Epochen des französischen Romans*, Darmstadt 1986

Gerd Krause: *Tendenzen im französischen Romanschaffen des 20. Jahrhunderts. Nouveau Roman – traditioneller Roman*, Frankfurt a. M. 1962

Julia Kristeva: *Séméiotiké*, Paris 1988

Barbara Kuhn: *A la recherche du livre perdu: der Roman auf der Suche nach sich selbst am Beispiel von Michel Butor:* La modification *und Alain Robbe-Grillet:* La jalousie, Bonn 1994

Jacques Lacan: *Ecrits*, 2 vol., Paris 1966-1971

Wolf-Dieter Lange (Hg.): *Kritisches Lexikon der romanischen Gegenwartsliteraturen*, Tübingen 1984ff. (Lose-Blatt-Sammlung)

– (Hg.): *Französische Literatur des 20. Jahrhunderts*, Bonn 1986

Morton P. Levitt: *Modernist survivors. The contemporary novel in England, the United States, France, and Latin America*, Columbus 1987

Michel Mansuy (éd.): *Positions et oppositions sur le roman contemporain*, Paris 1971

Claude Mauriac: *L'Alittérature contemporaine*, Paris 1958
Joachim Mecke: *Roman-Zeit. Zeitformung und Dekonstruktion des französischen Romans der Gegenwart*, Tübingen 1990
Vivian Mercier: *The New Novel. From Queneau to Pinget*, New York 1971
Micromégas 20 (janv. – avril 1981) (Sondernummer zum Nouveau Roman)
Hans Joachim Müller: *Der französische Roman von 1960 bis 1973*, Wiesbaden 1975
Maurice Nadeau: *Le roman français depuis la guerre*, Paris 1963
Klaus Netzer: *Der Leser des Nouveau Roman*, Frankfurt a. M. 1970
Claudette Oriol-Boyer: *Nouveau roman et discours critique*, Grenoble 1990
Réal Ouellet (éd.): *Les critiques de notre temps et le Nouveau Roman*, Paris 1972
Bernard Pingaud: *L'expérience romanesque. Essais*, Paris 1983
Leo Pollmann: *Der Neue Roman in Frankreich und Lateinamerika*, Stutgart / Berlin / Köln 1968
–: *Der französische Roman im 20. Jahrhundert*, 1970
Gustav Ragletti: *Möglichkeiten autobiographischen Erzählens nach 1945. Typen und Tendenzen*, Basel (Diss.) 1983
Jean Ricardou: *Problèmes du nouveau roman*, Paris 1967
–: *Pour une théorie du nouveau roman*, Paris 1971
–: *Le Nouveau Roman*, Paris 1973
–: *Nouveaux problèmes du roman*, Paris 1978
–: *Le Nouveau Roman; Les Raisons de l'ensemble*. Nouvelle édition mise à jour et augmentée, Paris 1990
Jean Ricardou, Françoise van Rossum-Guyon (éds.): *Nouveau Roman: hier, aujourd'hui*, 2 vol., Paris 1972
David Riesman: *Die einsame Masse. Eine Untersuchung der Wandlungen des amerikanischen Charakters*. Mit einer Einführung in die deutsche Ausgabe von Helmut Schelsky, Hamburg 1958
Marthe Robert: *Livre de lectures*, Paris 1977
Raymond Roussel: *Comment j'ai écrit certains de mes livres*, Paris 1963
Günther Schiwy: *Der französische Strukturalismus*, Reinbek bei Hamburg 1969
Sigrid Schmid-Bortenschläger: *Konstruktive Literatur. Gesellschaftliche Relevanz und literarische Tradition experimenteller Prosa-Großformen im deutschen, englischen und französischen Sprachraum nach 1945*, Bonn 1985
Jürgen Schramke: *Zur Theorie des modernen Romans*, München 1974
Dina Sherzer: *Representation in Contemporary French Fiction*, Lincoln / London 1986
John Sturrock: *The French Novel. Claude Simon, Michel Butor, Alain Robbe-Grillet*, London 1969
Tel Quel. Théorie d'ensemble, Paris 1968
Raimund Theis, Hans Siepe (Hrsg.): *Le plaisir de l'intertexte. Formes et fonctions de l'intertextualité. Roman populaire – Surréalisme – André Gide – Nouveau Roman (Actes du Colloque à l'Université de Duisburg)*, Frankfurt a. M. / Bern / New York 1986
Michael Tilby (Hg.): *Beyond the nouveau roman. Essays on the Contemporary French Novel*, New York 1990

Micheline Tison-Braun: *Le Moi décapité. Le Problème de la personnalité dans la littérature française contemporaine*, New York / Bern / Frankfurt a. M. 1990

Alfonso de Toro: *Die Zeitstruktur im Gegenwartsroman am Beispiel von G. Garcia Marquez' Cien anos de soledad, M. Vargas Llosas La casa verde und A. Robbe-Grillets La maison de rendez-vous*, Tübingen 1986

Jean-Claude Vareille: *Fragments d'un imaginaire contemporain. Pinget, Robbe-Grillet, Simon*, Paris 1989

Bruno Vercier, Jacques Lecarme avec la participation de Jacques Bersani: *La Littérature en France depuis 1968*, Paris 1982

Winfried Wehle: *Französischer Roman der Gegenwart. Erzählstruktur und Wirklichkeit im Nouveau Roman*, Berlin 1972

– (Hg.): *Nouveau Roman*, Darmstadt 1980

Wolfgang Welsch (Hg.): *Wege aus der Moderne. Schlüsseltexte der Postmoderne-Diskussion*, Weinheim 1988

Peter Widmer: *Subversion des Begehrens. Jacques Lacan oder die zweite Revolution der Psychoanalyse*, Frankfurt a. M. 1990

Julius Wilhelm: *›Nouveau roman‹ und ›anti-théâtre‹. Robbe-Grillet, Butor, Sarraute, C. Simon, Beckett, Ionesco, Adamov, Genet*, Stuttgart 1972

Kurt Wilhelm: *Der Nouveau Roman. Ein Experiment der französischen Gegenwartsliteratur*, Berlin 1969

Gerda Zeltner: *Das Wagnis des französischen Gegenwartsromans. Die neue Welterfahrung in der Literatur*, Reinbek bei Hamburg 1960

Gerda Zeltner-Neukomm: *Das Ich und die Dinge. Versuche über Ponge, Cayrol, Robbe-Grillet, Le Clézio*, Köln / Berlin 1968

–: *Im Augenblick der Gegenwart. Moderne Formen des französischen Romans*, Frankfurt a. M. 1974

–: *Der Roman in den Seitenstraßen. Neue Strukturen in der französischen Epik*, Stuttgart 1991

Peter V. Zima, Johan Strutz (Hrsg.): *Europäische Avantgarde*, Frankfurt a. M. / New York / Paris 1987

zum Theater des Nouveau Roman

Alba Amoia (Hg.): *Off-Stage Voices. Interviews with Modern French Dramatists*, New York 1975

Wilfried Floeck (Hg.): *Zeitgenössisches Theater in Deutschland und Frankreich*, Tübingen 1989

Jean Duvignaud, Jean Lagoutte: *Le théâtre contemporain. Culture et contre-culture*, Paris 1974

Arnaud Rykner: *Théâtres du nouveau roman: Sarraute, Pinget, Duras*, Paris 1988

Konrad Schoell (Hg.): *Literatur und Theater im gegenwärtigen Frankreich. Opposition und Konvergenz*, Tübingen 1991 *zum Nouveau Cinéma*

Franz-Josef Albersmeier: *Theater, Film und Literatur in Frankreich. Medienwechsel und Intermedialität*, Darmstadt 1992
Cahiers du cinéma 185 (Noël 1966)
Jean-Michel Frodon: *L'Age moderne du cinéma français. De la Nouvelle Vague à nos jours*, Paris 1995
Marcel Martin: *Le cinéma français depuis la guerre*, Paris 1984
Bruce Morrissette: *Novel and Film. Essays in two genres*, Chicago 1985
Jacques Sichier: *Le cinéma français de 1945 à nos jours*, t. II, Paris 1991

zur ›nouvelle autobiographie‹

Autobiographie et biographie. Colloque franco-allemand de Heidelberg. Textes réunis et prés. par Mireille Calle-Gruber et Arnold Rothe, Paris 1989
Doris Grüter: *Autobiographie und Nouveau Roman. Ein Beitrag zur literarischen Diskussion der Postmoderne*, Münster / Hamburg 1994
Philippe Lejeune: *Le pacte autobiographique*, Paris 1975
–: *Je est un autre. L'autobiographie, de la littérature aux médias*, Paris 1980
–: *Moi aussi*, Paris 1986
–: »Nouveau Roman et retour à l'autobiographie«. In: Michel Contat (éd.): *L'Auteur et le manuscrit*, Paris 1991
Oliver Sill: *Zerbrochene Spiegel. Studien zur Theorie und Praxis modernen autobiographischen Erzählens*, Berlin / New York 1991

8.2.2 Literatur zu einzelnen Autoren

zu Michel Butor

René-Marill Albérès: *Michel Butor*, Paris 1964
Nouha Al-Hakim: *Butor romancier de la ville à travers ses romans* Passage de Milan, L'Emploi du temps, La Modification, Degrés, Thèse 3e cyle Univ. de Paris IV 1985
Françoise Aubral: *Michel Butor. Une introduction, un choix de textes, une bibliographie*, Paris 1973
Madeleine Chapsal: *Les écrivains en personne*, Paris 1960
Bernd Dauer: *Wirklichkeitsflucht und Entfremdung. Studien zur Erzählstruktur in den Romanen Alain Robbe-Grillets und Michel Butors*, Heidelberg 1976
Henri Desoubeaux: *La mort et le double. Lecture de* Passage de Milan *de Michel Butor*, thése 3e cyle Univ. de Paris VIII 1986
Barbara Fürstenberger: *Butors literarische Träume. Untersuchungen zu* Matière de rêves I-V, Heidelberg 1987
Michael A. Grant: *Michel Butor. L'emploi du temps*, London 1973
William P. Helling: »Léon Delmont, héros virgilien?« *Chimères* XVIII,l (automne 1985), S. 49-76

Els Jongeneel: *Butor et le pacte romanesque. Ecriture et lecture dans* L'Emploi du temps, Degrés, Description de San Marco *et* Intervalle, Paris 1988

Reinhard Krüger: »Michel Butors *Palais Miniature* und Italo Calvinos kybernetische *macchina scrivente.*« In: Wolfgang Asholt (Hg.): *Intertextualität und Subversivität. Studien zur Romanliteratur der achtziger Jahre in Frankreich*, Heidelberg 1994, S. 75-94

Michel Leiris: »Le Réalisme mythologique de Michel Butor«, *Critique* 129 (févr. 1958) (Wiederabdruck in *La Modification*, Coll. *Double*, 1990)

Barbara Mason: *Michel Butor: a checklist*, London 1979

Patrice Quéréel: *La modification de Michel Butor*, Paris 1973

Georges Raillard (éd.): *Butor. Centre International de Cerisy-la-Salle. Colloque du 24 juin au 1er juillet 1973*, Paris 1974

Résistances. Conversations aux antipodes. Michel Butor et Michel Launay, Paris 1983

Françoise van Rossum-Guyon: *Critique du roman. Essai sur* La Modification *de Michel Butor* (Diss.), Paris 1970

Jean Roudaut: *Michel Butor ou le Livre futur*, Paris 1964

Leon S. Roudiez: *Michel Butor*, Columbia 1965

Leo Spitzer: »Quelques aspects de la technique des romans de Michel Butor«. In: ders.: *Etudes de style. Précédé de Leo Spitzer et la lecture stylistique par Jean Starobinski*, Paris 1970, S. 482-531

Gisela Thiele: *Die Romane Michel Butors. Untersuchungen zur Struktur von* Passage de Milan, L'emploi du temps, La modification, Degrés, Heidelberg 1975

Jennifer Waelti-Walters: *Michel Butor*, Amsterdam 1992

Bernard Valette: »L'Œuvre romanesque de Michel Butor une écriture de la modernité?« *La Revue des Lettres Modernes* 1052-1057 (1992), S. 61-94

Friedrich Wolfzettel: *Michel Butor und der Kollektivroman. Von* Passage de Milan *zu* Degrés (Diss.), Heidelberg 1969

Margrit Zobel-Finger: *Michel Butor*. In: Wolf-Dieter Lange (Hg.), *Kritisches Lexikon der romanischen Gegenwartsliteraturen*, Tübingen 1984

zu Marguerite Duras

Franz-Josef Albersmeier: »Die Auseinandersetzung um die Montage als filmhistorisches Paradigma«. In: Horst Fritz (Hg.): *Montage in Theater und Film*, Tübingen, Basel 1993, S. 201-214

Yann Andréa: *M. D.*, Paris 1983

Aliette Armiel: *Marguerite Duras et l'autobiographie*, Paris 1990

L'Arc 98 (1985) (Sondernummer Marguerite Duras)

Danielle Bajomée: *Duras ou la douleur*, Bruxelles 1989

Madeleine Borgomano: *L'écriture filmique de Marguerite Duras*, Paris 1985

Christiane Blot-Labarrère: *Marguerite Duras*, Paris 1992

Mireille Calle-Gruber: »L'Amour fou, femme fatale. Marguerite Duras: Une réécriture sublime des archétypes les mieux établis en littérature«, *La Revue des Lettres modernes* 1052-1057 (1992), S. 13-59

Marguerite Duras: *Die grünen Augen. Texte zum Kino*, München / Wien 1987

–, Xavière Gauthier: *Les Parleuses*, Paris 1974

–, Michelle Porte: *Les lieux de Marguerite Duras*, Paris 1977

Bettina von Galen: »Marguerite Duras«. In: Wolf-Dieter Lange (Hg.): *Kritisches Lexikon der romanischen Gegenwartsliteraturen*, Tübingen 1986

Janice Berkowitz Gross: »Women writing across purposes. The theater of Marguerite Duras and Nathalie Sarraute«, *Modern Drama* XXXII (1989), S. 39-47

Michel Foucault, Hélène Cixous: »À propos de Marguerite Duras«, *Cahiers Renaud-Barrault* 89 (1975), S. 8-22

Jacques Guicharnaud: »The terrorist marivaudage of Marguerite Duras«, *Yale French Studies* 46 (1971), S. 113-124

Julia Kristeva: »La maladie de la douleur: Duras«. In: dies.: *Soleil noir. Dépression et mélancolie*, Paris 1987, S. 227-265

Jacques Lacan: »Hommage fait à Marguerite Duras, du ravissement de Lol V. Stein«, *Cahiers Renaud-Barrault* 52 (1965), S. 7-15

Marcelle Marini: *Territoires du féminin. Avec Duras*, Paris 1977

Jean Pierrot: *Marguerite Duras*, Paris 1986

Ilma Rakusa (Hg.): *Marguerite Duras*, Frankfurt a. M. 1988

Revue des Sciences humaines 202 (1986) (Sondernummer Marguerite Duras)

Micheline Tison-Braun: *Marguerite Duras*, Amsterdam 1985

Alain Vircondelet: *Duras. Biographie*, Paris 1991

Sylvia Williams: »Marguerite Duras' ›India Song – texte théâtre film‹«, *Australian Journal of French Studies* 23 (1986), S. 277-289

zu Claude Ollier

Nicole Aas-Rouxparis: *L'espace fictionnel dans* La mise en scène *de Claude Ollier*, New York / Bern / Frankfurt a. M. 1990

Jean V. Alter: »L'enquête policière dans le Nouveau Roman: La Mise en Scène«, *Revue des Lettres Modernes* 94-99 (1964), S. 83-104

Ingrid Axmann, Joachim Umlauf (éds.): »Dossier. Claude Ollier. Quelque chose d'autre a commencé peut-être«, *Lendemains* 65 (1992), S. 42-71

Philippe Boyer: »Topographies pour jeux de pistes«. Vorwort zu: *Claude Ollier: La Mise en Scène*, Paris 1982, S. 9-38

Andrea Calì: *Autobiographie et rêve chez Ollier*, Lecce 1991

Sjef Houppermans (éd.): *Recherches sur l'œuvre de Claude Ollier*, Groningen 1985

Robin Knee: »Unmuddling Ollier's *Fuzzy sets*. An intra/intertextual essay«, *Symposium* XXXVIII (1984), S. 311-320

Cecile Lindsay: *Reflexivity and revolution in the New Novel. Claude Ollier's fictional cycle*, Columbus 1990

Gerhard Mies: *Die Darstellung der gegenständlichen Welt in den Romanen Alain Robbe-Grillets und Claude Olliers* (Diss.), Bonn 1981

Carsten G. Pfeiffer: *Claude Ollier. Eine Einführung*, Tübingen 1991

–: *»Simulacre, simulation – déconnection, obscuration*. Der Wandel des öffentlichen Diskurses bei Jean Baudrillard und Claude Ollier«, *Lendemains* 65 (1992), S. 53-57

Claude Simon: »Le retour du facteur humain. Un nouvel épisode de l'œuvre de Claude Ollier«, *La Pensée* 258 (juillet-août 1987), S. 77-88

zu Robert Pinget

»Autour de Mortin de Robert Pinget, texte intégral, mise en scène de Jacques Seiler (avec des textes d'Alain Crombecque, Jean-Claude Lieber et Anne-Brigitte Kern)«, *L'Avant-scène Théâtre* 813-814 (1er juillet 1987), S. 1-62

Tony Duvert: »La Parole et la fiction«, *Critique* (mai 1968), S. 443-461

Etudes littéraires XIX,3 (hiver 86/87) (Sondernummer Robert Pinget)

Walter Helmut Fritz: »Robert Pinget«. In: Wolf-Dieter Lange (Hg.): *Kritisches Lexikon der romanischen Gegenwartsliteraturen*, Tübingen 1984

Robert Henkels: *The novel as quest*, University of Atlanta 1975

Margarete Kraft: *Schreiben in entfremdeter Wirklichkeit. Die Romane Robert Pingets*, Bern 1975

Jean-Claude Lieber: *Réalisme et fiction dans l'œuvre de Pinget*. Thèse d'Etat, Univ. de Paris IV, 1985

Michèle Praeger: *Les romans de Pinget. Une écriture des possibles*, Lexington / Kentucky 1987

Robert Pinget à la lettre. Entretiens avec Madeleine Renouard, Paris 1992

Jean Roudaut: *Ce qui nous revient*, Paris 1981

Joseph Philip Szarka: *Narrative organization and the sense of selfhood in the novels of Pinget*, Thèse Univ. Cambridge, 1985

S. J. Treanor: *The development of form, technique and theme in the novels of Pinget*, Thèse Queen's Univ., Belfast 1984

zu Jean Ricardou

Gérard Arseguel: »*La Prise de Constantinople* ou l'Observatoire de la parole«, *Cahiers du Sud* 387-388 (1966), S. 307-311

Pierre Caminade: »Vers une nouvelle poétique? La métaphore structurelle de Jean Ricardou«, *Courrier international du Centre d'études poétiques* (avril 1969), S. 3-19

Beeke Dummer: *Von der Narration zur Deskription. Generative Textkonstitution bei Jean Ricardou, Claude Simon, Philippe Sollers*, Amsterdam 1988

Edith Fournier: »Une écriture du mouvant«, *Médiation* 6 (été 1963), S. 117-126

Lynn Anthony Higgins: *Jean Ricardou's Poetics*, Ann Arbor/Mich. 1977

Hélène Prigogine: »Jean Ricardou ou l'Écriture aux prises avec le livre«, *Synthèses*, mars 1966, S. 190-196

Michael Riffaterre: *Essais de stylistique structurale*, Paris 1970 *zu Alain Robbe-Grillet*

Jean Alter: *La Vision du Monde d'Alain Robbe-Grillet*, Genève 1966

Roy Armes: *The Films of Alain Robbe-Grillet*, Amsterdam 1981

Olga Bernal: *Alain Robbe-Grillet. Le roman de l'absence*, Paris 1964

Karl Alfred Blüher (Hg.): *Robbe-Grillet zwischen Moderne und Postmoderne. ›Nouveau Roman›, ›Nouveau Cinéma‹ und ›Nouvelle Autobiographie*, Tübingen 1992

Jean-Jacques Brochier: *Alain Robbe-Grillet*, Lyon 1985

Robert Brock: *Lire, enfin, Robbe-Grillet*, New York u. a. 1991

Mireille Calle-Gruber: »Quand le Nouveau Roman prend les risques du romanesque«. In: Mireille Calle-Gruber, Arnold Rothe (éds.): *Autobiographie et Biographie. Colloque de Heidelberg*, Paris 1989, S. 185-199

A. R. Chadwick, V. Harger-Grinling, J. Ritcey: *Alain Robbe-Grillet: une bibliographie*, St. Johns 1987

Dominique Chateau, François Jost: *Nouveau cinéma, nouvelle sémiologie. Essai d'analyse des films de Robbe-Grillet*, Paris 1979

Brigitta Coenen-Mennemeier: »Der Kriminalroman als Drehscheibe für Tradition und Moderne in Frankreich«. In: Martin Brunkhorst, Gerd Rohmann, Konrad Schoell (Hrsg.): *Klassiker-Renaissance. Modelle der Gegenwartsliteratur*, Tübingen 1991, S. 227-246

–: »*Rrose Sélavy*. Homonymie als literarisches Verfahren«. In: Arnold Arens (Hg.): *Text-Etymologie. Untersuchungen zu Textkörper und Textinhalt. Festschrift für Heinrich Lausberg zum 75. Geburtstag*, Stuttgart 1987, S. 90-104

Gisela Febel: *Mythos und Verdacht. Überlegungen zum Mythos im französischen Roman des 20. Jahrhunderts am Beispiel von Robbe-Grillet*, Frankfurt a. M. 1984

John Fletcher: *Alain Robbe-Grillet*, London / New York 1983

Dale W. Fraizer: *Alain Robbe-Grillet. An Annotated Bibliography of Critical Studies 1953-1972*, Metuchen 1973

André Gardies, Robbe-Grillet: *Textes et propos de Robbe-Grillet. Points de vue critiques, témoignages, filmographie, bibliographie, documents iconographiques*, Paris 1972

–: *Le cinéma de Robbe-Grillet. Essai sémio-critique*, Paris 1983

Gérard Genette: *Figures I*, Paris 1966

Doris Grüter: »Autobiographie im Zeitalter des Mißtrauens: *Le Miroir qui revient* von Alain Robbe-Grillet und *Livret de famille* von Patrick Modiano«. In: Wolfgang Asholt (Hg.): *Intertextualität und Subversivität. Studien zur Romanliteratur der achtziger Jahre in Frankreich*, Heidelberg 1994, S. 197-214

Alfred Hornung, Ernstpeter Ruhe (Hrsg.): *Autobiographie & Avant-garde. Alain Robbe-Grillet – Serge Doubrovsky – Rachid Boudjedra – Maxime Hong Kingston – Raymond Federman – Ronald Sukenick*, Tübingen 1992

Franz-Josef Knapstein: *Nouveau Roman und Ideologie. Die Methodologisierung der Kunst durch Alain Robbe-Grillet*, Frankfurt a. M. / Bern / New York / Nancy 1984

Ilona Leki: *Alain Robbe-Grillet*, Boston 1983

Bruce Morrissette: *Les romans de Robbe-Grillet*. *Préface de Roland Barthes*, Paris 1963

Roberto Nepoti: *Robbe-Grillet*, Florenz 1978

Michael Nerlich: *Apollon et Dionysos ou la science incertaine des signes. Montaigne, Stendhal, Robbe-Grillet.Essai sur l'herméneutique à partir du corps vivant et l'aventure de la production esthétique*, Marburg 1989

–: »Dialog mit Texten«, *Lendemains* 60 (1991), S. 44-71

Manfred Nowak: *Die Romane Alain Robbe-Grillets. Von* Les Gommes *bis* Projet pour une révolution à New York. *Struktur und Genre des Erzählwerks*, Heidelberg 1982

Ursula Reckermann: »Alain Robbe-Grillet: Instantanés«. In: Hans Georg Coenen (Hg.): *Repères. La littérature française à travers l'explication d'œuvres choisies*, t. 1: *Prose narrative et philosophique*, Frankfurt a. M. 1985, S. 191-200

Jean Ricardou (éd.): *Robbe-Grillet: Analyse, théorie*, 2 vol. (Colloque de Cerisy du 29 juin au 8 juillet 1975), Paris 1976

Alain Robbe-Grillet: »Mes romans, mes films et mes ciné-romans«. (Interview mit J.-J. Brochier), *Magazine littéraire* 6 (1967), S. 10-20

–: »Über die Avantgarde«, *Lendemains* 5 (1976), S. 13-23

–: *Neuer Roman und Autobiographie*. Übers. Hans Rudolf Picard, Konstanz 1987

–: *»Je n'ai jamais parlé d'autre chose que de moi«*. In: Michel Contat (éd.): *L'auteur et le manuscrit*, Paris 1991

Michel Rybalka: »Bibliographie«, *Obliques* 16-17 (1978), S. 263-277

»Schwerpunkt: Alain Robbe-Grillet«, *Lendemains* 20 (1980), S. 3-112

Ben Stoltzfuss: *Alain Robbe-Grillet. Life, Work and Criticism*, Frederictown 1987

Irene Wellershoff: *Innen und Außen. Wahrnehmung und Vorstellung bei Alain Robbe-Grillet und Peter Handke*, München 1980

William F. van Wert: *The Film Career of Robbe-Grillet*, Boston 1977

zu *Nathalie Sarraute*

André Allemand: *L'œuvre romanesque de Nathalie Sarraute*, Neuchâtel / Lausanne 1980

L'Arc 95 (1984) (Sondernummer Nathalie Sarraute)

Sheila M. Bell: *Nathalie Sarraute. A Bibliography*, London 1982

Simone Benmussa: *Nathalie Sarraute*, Lyon 1987

Eric Berne: *Games People Play*. Deutsch: *Spiele der Erwachsenen. Psychologie der menschlichen Beziehungen*, Reinbek bei Hamburg 1967

Gretchen Rous Besser: *Nathalie Sarraute*, Boston 1979

Françoise Calin: *La vie retrouvée. Etude de l'œuvre romanesque de Nathalie Sarraute*, Paris 1976

Alan J. Clayton: *Nathalie Sarraute ou le tremblement de l'écriture*, Paris 1989

Brigitta Coenen-Mennemeier: *Der Roman im Zeitalter des Mißtrauens. Untersuchungen zu Nathalie Sarraute*, Frankfurt a. M. 1974

—: »Die Dramaturgie der ›sous-conversation‹. Zum Theater von Marguerite Duras, Nathalie Sarraute und Danièle Sallenave«. In: Konrad Schoell (Hg.): *Literatur und Theater im gegenwärtigen Frankreich. Opposition und Konvergenz*, Tübingen 1991, S. 89-101

Mimica Cranaki, Yvon Belaval: *Nathalie Sarraute*, Paris 1965

Digraphe 32,3 (1984) (Sondernummer Nathalie Sarraute)

Christian Donadille: »Les langages de Nathalie Sarraute. Etude de l'expression orale comme signe d'appartenance à une classe, à travers le verbal féminin dans *Martereau*, de Nathalie Sarraute«, *Romans 20/50*, no 13 (juin 1992), S. 207-223

Elisabeth Eliez-Rüegg: *La conscience d'autrui et la conscience des objets dans l'œuvre de Nathalie Sarraute* (Diss.), Bern 1972

Winfried Floeck: »›Sous-conversation‹ als ›conversation‹. Nathalie Sarrautes Theater auf der Suche nach den verborgenen Reizbewegungen der Seele«. In: ders. (Hg.): *Zeitgenössisches Theater in Deutschland und Frankreich*, Tübingen 1989, S. 181-191

Denise Goitein: »À propos d'Isma. Réflexions sur le théâtre de Nathalie Sarraute«, *French Studies* 30 (1976), S. 43-56

Erika Höhnisch: *Das gefangene Ich. Studien zum inneren Monolog in modernen französischen Romanen*, Heidelberg 1967

Jean-Luc Jaccard: *Nathalie Sarraute*, Zürich 1967

Ludovic Janvier: *Une parole exigeante: Le nouveau roman*, Paris 1964

Catherine Leroux: »La perte du sacré. ›Enfance‹ de Sarraute«, *Recherches sur l'imaginaire* XV (1986), S. 384-409

Carmen Licari: »›Qu'est-ce qu'il y a, qu'est-ce qui s'est passé? mais rien‹. Entretiens avec Nathalie Sarraute«, *Francofonia* 9 (autumno 85), S. 3-16

Ehrhart Linsen: »Nathalie Sarraute«. In: Wolf-Dieter Lange (Hg.): *Kritisches Lexikon der romanischen Gegenwartsliteraturen*, Tübingen 1984

René Micha: *Nathalie Sarraute*, Paris 1966

Werner Mittenzwei: »Der Streit zwischen nicht-aristotelischer und aristotelischer Kunstauffassung. Die Brecht-Lukács-Debatte.« In: ders. (Hg.): *Dialog und Kontroverse mit Georg Lukács*, Leipzig 1975, S. 153-203

Anne Neuschäfer: »Zur Funktion des Dialogs in Nathalie Sarrautes Theaterstücken. Eine Aufführungsanalyse der deutschen Erstaufführung von *Elle est là* und *Pour un oui ou pour un non* in Mainz«. In: Winfried Floeck (Hg.): *Zeitgenössisches Theater in Deutschland und Frankreich*, Tübingen 1989, S. 193-205

Anthony Newman: »La Fonction déclarative chez Nathalie Sarraute«, *Poétique* 14 (1973), S. 210-224

—: *Une poésie des discours. Essai sur les romans de Nathalie Sarraute*, Genf 1976

Hans Rudolf Picard: »Der autobiographische Diskurs nach dem Nouveau Roman. Erinnerung, Sozialisation und Textstruktur in ›Enfance‹ von Sarraute«, *Romanistische Zeitschrift für Literaturgeschichte* XVI (1992), S. 405-420

Jean Pierrot: *Nathalie Sarraute*, Paris 1990

Friederike Plessing: *Darstellung der Wirklichkeit in den Romanen von Nathalie Sarraute*, Graz 1974

Christhild Radloff-Bermbach: *Die Darstellung der Frau im Werk Nathalie Sarrautes* (Diss.), Frankfurt a. M. 1984

Sabine Raffy: *Sarraute romancière. Espaces intimes*, New York / Bern / Frankfurt a. M. / Paris 1988

David Riesman: *The lonely Crowd*. Deutsch: *Die einsame Masse. Eine Untersuchung der Wandlungen des amerikanischen Charakters*, Reinbek bei Hamburg 1967

Arnaud Rykner: *Nathalie Sarraute*, Paris 1991

Nathalie Sarraute: »Le gant retourné«, *Cahiers Renaud-Barrault* 89 (1975), S. 70-79

Gudrun Scholz: *Kompositionsprinzipien ästhetischer Zeichen auf semiotischer Basis. Analysen von Nathalie Sarraute und René Magritte*, Duisburg 1980

Micheline Tison-Braun: *Nathalie Sarraute ou la recherche de l'authenticité*, Paris 1971

Christine B. Wunderli-Müller: *Le thème du masque et les banalités dans l'œuvre de Nathalie Sarraute* (Diss.), Zürich 1970

Gerda Zeltner: »Quelques remarques sur l'art dramatique de Nathalie Sarraute«, *Digraphe* 32 (mars 1984), S. 102-107

zu Claude Simon

Didier Alexandre: *Le corps dans les romans de Claude Simon. Introduction à la lecture du paysage simonien* (Diss.), Paris 1983

–: *Claude Simon. Photogr. par Arnaud Claass*, Paris 1991

Bernard Andrès: *Profils du personnage chez Claude Simon*, Paris 1992

Aline Baehler: »Aspects du personnage simonien. Corinne«, *Versants* 16 (1989), S. 119-130

Michel Bertrand: *Langue romanesque et parole scripturale. Essai sur Claude Simon*, Paris 1987

Jean Bessière (éd.): *Hybrides romanesques. Fiction (1960-1985)*, Paris 1988

François Bon: »Claude Simon, fantastique et tragédie (›L'Acacia‹)«, *Critique* XLV (1989), S. 980-996

Celia Britton: *Claude Simon, writing the visible*, Cambridge 1987

Robert Burden: *John Fowles, John Hawkes, Claude Simon*, Würzburg 1980

Mireille Calle-Gruber: »Claude Simon, le temps, l'écriture. A propos de ›L'Acacia‹«, *Littérature* 83 (oct. 1991), S. 31-42

Lucien Dällenbach: *Claude Simon*, Paris 1988

Alastair B. Duncan (ed.): *Claude Simon. New Directions. Collected papers*, Edinburgh 1985

Winfried Engler: »›Présentifier‹ und ›représenter‹. Pedantische und unzuverlässige ›écriture‹. Zu Claude Simon: L'Invitation (1987)«. In: Wolfgang Asholt (Hg.): *Intertextualität und Subversivität. Studien zur Romanliteratur der achtziger Jahre in Frankreich*, Heidelberg 1994, S. 39-58

Entretiens 31 (1972) (Sondernummer Claude Simon)

Michael Evans: *Claude Simon and the transgressions of modern art*, Basingstoke 1988

Georges Gottlieb: *Bio-bibliographie et »petit dictionnaire Claude Simon«*, Argenteuil 1993

Anselm Haverkamp, Renate Lachmann (Hrsg.): *Gedächtniskunst: Raum – Bild – Schrift. Studien zur Mnemotechnik*, Frankfurt a. M. 1991

Till R. Kuhnle: »Claude Simon und der Nouveau Roman. Erträge und Desiderate der Forschung aus literatursoziologischer Perspektive«, *Romanistische Zeitschrift für Literaturgeschichte* XV (1991), S. 216-245

–: *Chronos und Thanatos. Zum Existentialismus des ›nouveau romancier‹ Claude Simon*, Tübingen 1995

Helga Kutscha: *Strukturierungsmöglichkeiten von Bildern und Szenenausschnitten. Untersuchungen am Beispiel der Werke von Claude Simon* (Diss.), Innsbruck 1986

Margot Lindahl: *La conception du temps dans deux romans de Claude Simon*, Stockholm 1991

J. A. E. Loubère: *The Novels of Claude Simon*, Ithaca / London 1975

Guy A. Neumann: *Échos et correspondances dans* Triptyque *et* Leçon de choses *de Claude Simon*, Lausanne 1983

Wolfram Nitsch: *Sprache und Gewalt bei Claude Simon: Interpretationen zu seinem Romanwerk der sechziger Jahre*, Tübingen 1992

Mary Orr: »Mot à mot. Translation as (inter)textual generator in five novels by Claude Simon«, *New Comparison* 8 (autumn 1989), S. 66-74

Henri Pevel: »Résonances mallarméennes du Nouveau Roman«, *Médiations* 7 (printemps 1964), S. 95-113

Cora Reitsma-La Brujeere: *Passé et présent dans* Les Géorgiques de Claude Simon. *Etude intertextuelle et narratologique d'une reconstruction de l'Histoire*, Amsterdam 1992

Jean Ricardou (éd.): *Claude Simon. Analyse, théorie. Colloque de Cerisy-la-Salle 1974*, Paris 1975

Ralph Sarkonak: *Les carrefours du texte*, Toronto 1986

Konrad Schoell: »Claude Simon«. In: Wolf-Dieter Lange (Hg.): *Lexikon der romanischen Gegenwartsliteraturen*, Tübingen 1984

Marcel Séguier (éd.): *Claude Simon. Entretiens*, Toulouse / Paris 1972

Jean Starobinski, G. Raillard, L. Dällenbach, R. Dragonetti: *Sur Claude Simon*, Paris 1987

Stuart Sykes: »Ternary Form in three Novels by Simon«, *Symposium* 32 (1978), S. 25-40

–: *Les romans de Claude Simon*, Paris 1979

Emmanuel Vaslin: »›Acacia‹ de Claude Simon, une vision mythique de l'histoire«, *Recherches sur l'imaginaire* XX (1990), S. 445-458

Jean-Pierre Vidal: »L'espace de la distinction ou le secrétaire général et l'invité particulier«, *RSH* LXXXIV, 220 (oct.-déc. 90), S. 131-155

Barbara Vinken: »Makulatur. Oder von der Schwierigkeit zu lesen. Claude Simons ›Leçon de choses‹«, *Poetica* XXI (1989), S. 403-428

Axel Wasmuth: *Subjektivität, Wahrnehmung und Zeitlichkeit als poetologische*

Aspekte bei Simon. Untersuchungen zu den Romanen Le vent, L'herbe *und* La route des Flandres (Diss.), Hamburg 1979

Kurt Wilhelm: »Claude Simon als Nouveau Romancier«, *Zeitschrift für Französische Sprache und Literatur* LXXV,4 (Dez. 1965), S. 309-352

zu Philippe Sollers

Roland Barthes: *Sollers écrivain*, Paris 1979

Brigitte Chardin: *Sollers – Moravia*, Paris 1991

Philippe Forest: *Philippe Sollers*, Paris 1992

Doris Grüter: »Philippe Sollers: Portrait du Joueur«, in: dies.: *Autobiographie und Nouveau Roman. Ein Beitrag zur literarischen Diskussion der Postmoderne*, Münster / Hamburg 1994, S. 190-246

Ilana Hammermann: *Formen des Erzählens in der Prosa der Gegenwart am Beispiel von Philippe Sollers, Robert Pinget und Claude Simon*, Stuttgart 1979

Bernard Sichère: »Apologie du joueur«, *L'Infini* 11 (1985), S. 107-110

Michael Tilby (ed): *Beyond the Nouveau Roman*, New York / Oxford / Munich 1990

Personenregister

Angaben zur Autorin

Brigitta Coenen-Mennemeier, Dr. phil., Professorin für Neuere französische Literatur.

Langjährige Lehrtätigkeit am Romanischen Seminar der Universität Münster.

Zahlreiche Buch- und Aufsatzpublikationen zu französischen Schriftstellern des 20. Jahrhunderts (u.a. Claudel, Anouilh, Sartre, Sarraute, Modiano, Le Clézio) sowie zu Fragen der Gattungstypologie (Lyrik, Theater, Kriminalroman). Mitarbeit am »Kritischen Lexikon der romanischen Gegenwartsliteraturen« und anderen Sammelwerken. Mitautorin der bei J.B. Metzler erschienenen »Französischen Literaturgeschichte«, 3. Aufl. 1994.

Sammlung Metzler

Printed in the United States
By Bookmasters